••• **Títulos relacionados**

IFCD0110 CONFECCIÓN Y PUBLICACIÓN DE PÁGINAS WEB

[DISPONIBLE CERTIFICADO COMPLETO]

Solicítalos en:
- Librería
- www.paraninfo.es
- Solicitudes nacionales +34 914 463 350
- Solicitudes fuera de España +34 913 308 907, +34 913 308 919

Programación con lenguajes de guion en páginas web
UF1305

Carlos Caballero González

Edición y maquetación: Ediciones Nobel, S. A.
Impresión: Liberdigital (Casarrubuelos, Madrid)

ISBN: 978-84-283-6353-2
Depósito legal: M-11335-2024

Impreso en España

A mis padres, hermanos y amigos por inculcarme los valores que conforman lo que soy.

A mis alumnos, porque sin ellos no hubiera tenido sentido este trabajo.

Carlos Caballero es doctor e ingeniero en Informática *cum laude* (2007 y 2013). Los estudios de doctorado realizados en «tecnologías informáticas» tienen mención especial de calidad por parte del MEC. Además, es titulado de varios másteres oficiales por la Escuela Técnica Superior de Ingeniería en Informática de Málaga (Inteligencia Artificial e Ingeniería del *software*) y por la Escuela Técnica Superior de Ingenieros Industriales de la Universidad CEU-San Pablo (Prevención de Riesgos Laborares).

El autor es funcionario de carrera, profesor de las especialidades de Informática y de Sistemas y Aplicaciones Informáticas dependiente de la Junta de Andalucía desde el año 2008, imparte docencia directa a alumnos de ciclo formativo de grado superior de la familia profesional de Informática y comunicaciones (Desarrollo de aplicaciones web cliente, Desarrollo de aplicaciones web servidor, Diseño de interfaces web...). Además, imparte docencia en los estudios de Informática, Multimedia y Telecomunicación de la Universitat Oberta de Cataluña desde el curso 2013/2014.

Índice

Introducción normativa XV

1. **Metodología de la programación** 1
   Introducción 3
   1.1. Lógica de programación 3
        1.1.1. Descripción y utilización de operaciones lógicas 4
        1.1.2. Secuencias y partes de un programa 11
   1.2. Ordinogramas 12
        1.2.1. Descripción de un ordinograma 12
        1.2.2. Elementos de un ordinograma 13
        1.2.3. Operaciones en un programa 14
        1.2.4. Implementación de elementos y operaciones
               en un ordinograma 15
   1.3. Pseudocódigos 16
        1.3.1. Descripción de pseudocódigo 17
        1.3.2. Creación del pseudocódigo 18
   1.4. Objetos 20
        1.4.1. Descripción de objetos 20
        1.4.2. Funciones de los objetos 20
        1.4.3. Comportamiento de los objetos 21
        1.4.4. Atributos de los objetos 21
        1.4.5. Creación de objetos 22
   1.5. Ejemplos de códigos en diferentes lenguajes 23
        1.5.1. Códigos en lenguajes estructurales 23
        1.5.2. Códigos en lenguajes *scripts* 24
        1.5.3. Códigos en lenguajes orientados a objetos 25
   Actividades 26

2. **Lenguajes de guion** 29
   Introducción 31
   2.1. Características del lenguaje 31
        2.1.1. Descripción del lenguaje orientado a eventos 31

2.1.2. Descripción del lenguaje interpretado. 32

2.1.3. La interactividad del lenguaje de guion 33

2.2. Relación del lenguaje de guion y el lenguaje de marcas 35

2.2.1. Extensión de las capacidades del lenguaje de marcas. 36

2.2.2. Adición de propiedades interactivas 36

2.3. Lenguaje de marcas: HTML5. 37

2.4. Sintaxis del lenguaje de guion 48

2.4.1. Etiquetas identificativas dentro del lenguaje de marcas 48

2.4.2. Especificaciones y características de las instrucciones. 50

2.4.3. Elementos del lenguaje de guion 51

2.4.4. Objetos del lenguaje de guion 54

2.4.5. Tipos de *scripts*: inmediatos, diferidos e híbridos. 57

2.5. Ejecución de un *script*. 57

2.5.1. Ejecución al cargar la página 57

2.5.2. Ejecución después de producirse un evento 58

2.5.3. Ejecución del procedimiento dentro de la página 58

2.5.4. Tiempos de ejecución. 59

2.5.5. Errores de ejecución 61

Actividades 62

3. **Elementos básicos del lenguaje de guion** 69

Introducción. 71

3.1. Variables e identificadores. 71

3.1.1. Declaración de variables 71

3.1.2. Operaciones con variables 75

3.2. Tipos de datos 76

3.2.1. Datos booleanos 77

3.2.2. Datos numéricos. 78

3.2.3. Datos de texto 80

3.3. Operadores y expresiones. 82

3.3.1. Operadores de asignación 83

3.3.2. Operadores de comparación 85

3.3.3. Operadores aritméticos 86

3.3.4. Operadores sobre bits 87

3.3.5. Operadores lógicos. 90

3.3.6. Operadores de cadenas de caracteres 93

3.3.7. Operadores especiales. 93

3.3.8. Expresiones de cadena 96

3.3.9. Expresiones aritméticas. 96

3.3.10. Expresiones lógicas 96

3.4. Estructuras de control 98

    3.4.1. Sentencia IF 98

    3.4.2. Sentencia WHILE 100

    3.4.3. Sentencia FOR 102

    3.4.4. Sentencia SWITCH 107

3.5. Funciones 108

    3.5.1. Definición de funciones. 108

    3.5.2. Sentencia RETURN 110

    3.5.3. Propiedades de las funciones 111

    3.5.4. Funciones predefinidas del lenguaje de guion 112

    3.5.5. Creación de funciones 114

    3.5.6. Particularidades de las funciones en el lenguaje 114

3.6. Instrucciones de entrada/salida 115

    3.6.1. Descripciones y funcionamiento de las instrucciones
de entrada/salida 115

    3.6.2. Sentencia PROMPT 115

Actividades 118

4. Desarrollo de *scripts* 127

Introducción 129

4.1. Herramientas de desarrollo, utilización 129

    4.1.1. Crear *scripts* con herramientas de texto 129

    4.1.2. Crear *scripts* con aplicaciones web 133

    4.1.3. Recursos en web para la creación de *scripts* 134

4.2. Depuración de errores: errores de sintaxis y de ejecución 135

    4.2.1. Definición de los tipos de errores 135

    4.2.2. Escritura del programa fuente 136

    4.2.3. Compilación del programa fuente 137

    4.2.4. Corrección de errores de sintaxis 138

    4.2.5. Corrección de errores de ejecución 138

    4.2.6. Funciones para controlar los errores 140

Actividades 142

5. Gestión de objetos del lenguaje de guion 145

Introducción 147

5.1. Jerarquía de objetos 147

    5.1.1. Descripción de objetos de la jerarquía 147

    5.1.2. Propiedades compartidas de los objetos 149

    5.1.3. Navegar por la jerarquía de los objetos 149

5.2. Propiedades y métodos de los objetos del navegador 152

    5.2.1. El objeto superior *window* 152

5.2.2. El objeto *navigator* 158

5.2.3. URL actual *(location)* 160

5.2.4. URL visitada por el usuario 162

5.3. Propiedades y métodos de los objetos del documento 163

5.3.1. Propiedades del objeto *document* 164

5.3.2. Ejemplos de propiedades de *document* 165

5.3.3. Métodos de *document* 171

5.3.4. Flujo de escritura del documento 178

5.4. Propiedades y métodos de los objetos del formulario 179

5.4.1. Propiedades principales del objeto *form* 180

5.4.2. Métodos del objeto *form* 182

5.5. Elementos del DOM 184

5.5.1. Propiedades de los elementos del DOM 184

5.5.2. Métodos de los elementos 190

Actividades 198

6. **Los eventos del lenguaje de guion** 201

Introducción 203

6.1. Utilización de eventos 203

6.1.1. Definición de eventos 203

6.1.2. Acciones asociadas a los eventos 204

6.1.3. Jerarquía de los eventos desde el objeto Windows 206

6.2. Eventos en elementos de formulario 214

6.2.1. OnSelect 214

6.2.2. OnChange 216

6.3. Eventos de ratón 217

6.3.1. OnMouseDown 218

6.3.2. OnMouseMove 219

6.3.3. OnMouseOver y OnMouseOut 220

6.3.4. OnMouseUp 222

6.4. Eventos de teclado 222

6.4.1. OnKeyPress 222

6.4.2. OnKeyDown 224

6.4.3. OnKeyUp 225

6.5. Eventos de enfoque 226

6.5.1. OnBlur 226

6.5.2. OnFocus 228

6.6. Eventos de formulario 230

6.6.1. OnReset 230

6.6.2. OnSubmit 232

6.7. Eventos de ventana 233

     6.7.1. OnMove 233

     6.7.2. OnResize.. 233

   6.8. Otros eventos 234

     6.8.1. OnUnload 234

     6.8.2. OnLoad... 235

     6.8.3. OnClick 236

     6.8.4. OnDragdrop...237

     6.8.5. OnError... 239

     6.8.6. OnAbort 240

  Actividades 242

7. Búsqueda y análisis de *scripts* 245

  Introducción... 247

  7.1. Búsqueda en sitios especializados 247

     7.1.1. Páginas oficiales.. 247

     7.1.2. Tutoriales 248

     7.1.3. Foros 251

     7.1.4. Bibliotecas 252

  7.2. Operadores booleanos.. 264

     7.2.1. Funcionamiento de los operadores booleanos 264

     7.2.2. Utilización en distintos buscadores........................... 265

  7.3. Técnicas de búsqueda.. 266

     7.3.1. Expresiones.. 266

     7.3.2. Definiciones de búsquedas................................... 267

     7.3.3. Especificaciones 268

  7.4. Técnicas de refinamiento de búsquedas............................ 269

     7.4.1. Utilización de separadores 269

     7.4.2. Utilización de elementos de unión 269

  7.5. Reutilización de *scripts*... 270

     7.5.1. *Scripts* gratuitos.. 270

     7.5.2. Generalización de códigos 270

  Actividades 273

Introducción normativa

La Ley Orgánica 3/2022, de 31 de marzo, de ordenación e integración de la Formación Profesional, contiene una disposición derogatoria única que afecta a la regulación de los certificados de profesionalidad, ahora denominados **Certificados Profesionales.** La referida normativa deroga la Ley Orgánica 5/2002, de 19 de junio, de las Cualificaciones y de la Formación Profesional, y abre un escenario de cambios que se irán implementando progresivamente.

La Ley Orgánica 3/2022, de 31 de marzo, de ordenación e integración de la Formación Profesional implica que toda la formación es acumulable. La oferta formativa se estructura de forma escalonada, siendo los Certificados Profesionales un nivel intermedio (Grado C) de una escala que va desde el Grado A hasta el E.

En los artículos 35 a 38 de la Ley 3/2022 se describe en qué consisten estos Certificados Profesionales: su oferta, formación asociada, estructura, duración, acceso, titulación y validez. Posteriormente, esta normativa se completa con lo dispuesto en el Real Decreto 659/2023, de 18 de julio, que desarrolla la ordenación del sistema de Formación Profesional. Concretamente en los artículos 67 a 81 es donde se hace referencia a la oferta formativa de Grado C, correspondiente a los Certificados Profesionales.

Están agrupados en 26 familias profesionales con características comunes del sector. En la actualidad hay más de medio millar de Certificados Profesionales incluidos en el Repertorio Nacional. Esta cifra no deja de crecer. Además, cada certificado está específicamente regulado por un real decreto.

Un Certificado Profesional corresponde al Grado C de la oferta del Sistema de Formación Profesional. Es un documento oficial, con validez en todo el territorio nacional y debe constar en el Catálogo Nacional de Ofertas de Formación Profesional, que certifica la capacitación para el desarrollo de una actividad profesional.

Debe detallar los módulos profesionales superados y los estándares de competencia profesional asociados a él e incluidos en el **Catálogo Nacional de Estándares de Competencias Profesionales**, así como su correspondencia con el Marco Español de Cualificaciones.

Despliegan su validez en un doble ámbito, laboral y académico:

- En el contexto laboral tienen validez profesional, porque acreditan las competencias en una determinada profesión. Para poder trabajar en algunas profesiones, se exigen determinadas cualificaciones, y los certificados sirven para acreditarlas.

- Asimismo, tienen validez académica, puesto que permiten continuar un itinerario formativo siempre que se cumplan los requisitos de acceso para cursar la titulación deseada. De tal modo que, los Certificados Profesionales que sean parte de un Grado D permitirán la matrícula modular para completar los módulos establecidos en el currículo y obtener el correspondiente título de técnico básico, técnico o técnico superior con validez en todo el territorio nacional.

Para obtener un Certificado Profesional (Grado C) es preciso cumplir con los requisitos de acceso para realizar la formación.

Estructura de los Certificados Profesionales

I. Identificación: denominación, familia y área profesional a la que pertenecen; nivel de cualificación profesional (1, 2 o 3); cualificación profesional de referencia; entorno profesional y módulos formativos que esté previsto cursar junto con la duración de cada uno de ellos.

II. Perfil profesional: incluye las competencias profesionales requeridas en el mercado laboral. En todas ellas se concretan las realizaciones profesionales y los criterios de realización.

III. Formación: describe los módulos formativos que esté previsto cursar para adquirir las competencias requeridas. En cada uno de ellos se indican las capacidades que se pretende alcanzar y la duración del módulo de prácticas no laborales —PNL—, para el que cabe solicitar exención si se cumplen determinados requisitos.

IV. Prescripciones de las personas formadoras.

V. Requisitos mínimos de espacios, instalaciones y equipamiento.

Los Certificados Profesionales se identifican con una denominación concreta y un código alfanumérico propio, y sirven para acreditar una determinada cualificación profesional. Cada certificado está asociado a una relación de unidades de competencia que, a su vez, se vinculan con una serie de módulos formativos específicos. Algunos módulos están integrados por unidades formativas y tanto unos como otras son, en ocasiones, transversales, lo que significa que se trata de contenidos incluidos en más de un Certificado Profesional.

Los Certificados Profesionales se articulan en tres niveles de competencia profesional (1, 2 y 3) conforme a lo dispuesto en el que será el Catálogo Nacional de Estándares de Competencias Profesionales, anteriormente Catálogo Nacional de Cualificaciones Profesionales (CNCP), según los criterios establecidos de conocimientos, iniciativa, autonomía y complejidad de las tareas, en cada una de las ofertas de Formación Profesional.

La oferta formativa dirigida a la obtención de los Certificados Profesionales tiene carácter modular para favorecer la acreditación parcial acumulable de la formación recibida y posibilitar así el avance en el itinerario de Formación Profesional para cualquiera que sea la situación laboral de cada persona en cada momento.

En definitiva, el Grado C constituye la oferta, parcial y acumulable, del sistema de Formación Profesional, de varios módulos profesionales del catálogo modular de Formación Profesional por razón de su significado en el mercado laboral y conducente a la obtención de un Certificado Profesional.

Las ofertas de Grado C de Formación Profesional tendrán por objeto módulos profesionales incluidos previamente en el catálogo modular de formación profesional y asociados al Catálogo Nacional de Estándares de Competencias Profesionales.

Finalidad de los Certificados Profesionales

- Contribuir a la ordenación de un Sistema de Formación Profesional al servicio de un régimen de formación y acompañamiento profesionales que sea capaz de responder con flexibilidad a los intereses, expectativas y aspiraciones de cualificación profesional de las personas a lo largo de su vida.

- Combinar escuela y empresa situando a la persona en el centro del sistema.

- Facilitar el aprendizaje permanente de toda la ciudadanía mediante una formación abierta, flexible y accesible, estructurada de forma modular, a través de la oferta formativa asociada al certificado.

- Acreditar las cualificaciones profesionales o las unidades de competencia recogidas en estas, independientemente de su vía de adquisición, bien sea través de la vía formativa, o mediante la experiencia laboral o vías no formales de formación.

- Favorecer, tanto a nivel nacional como europeo, la transparencia del mercado de trabajo.

- Contribuir a la calidad de la oferta de Formación Profesional.

Este libro

El presente libro desarrolla la unidad formativa denominada *Programación con lenguajes de guion en páginas web,* UF1305.

Dicha unidad formativa está asociada a la Unidad de Competencia UC0951_2, forma parte del Módulo Formativo MF0951_2 *Integración de componentes* software *en páginas web* perteneciente a la Cualificación Profesional de referencia IFC297_2, de nivel 2, incluida en el Certificado de Profesionalidad denominado *Confección y publicación de páginas web*, dentro de la familia profesional Informática y comunicaciones.

Según el Real Decreto 1531/2011, de 31 de octubre modificado por el RD 628/2013, de 2 de agosto, los contenidos que en esta obra se recogen se corresponden con una duración de 90 horas.

Tanto la estructura como el desarrollo del libro se ajustan al citado real decreto y más concretamente a los contenidos de la unidad formativa que le da título *Programación con lenguajes de guion en páginas web*, UF1305.

Contenidos

1. Metodología de la programación
   - Lógica de programación.
     - Descripción y utilización de operaciones lógicas.
     - Secuencias y partes de un programa.
   - Ordinogramas.
     - Descripción de un ordinograma.
     - Elementos de un ordinograma.
     - Operaciones en un programa.
     - Implementación de elementos y operaciones en un ordinograma.
   - Pseudocódigos.
     - Descripción de pseudocódigo.
     - Creación del pseudocódigo.
   - Objetos.
     - Descripción de objetos.
     - Funciones de los objetos.
     - Comportamientos de los objetos.
     - Atributos de los objetos.
     - Creación de objetos.

- Ejemplos de códigos en diferentes lenguajes.
    - Códigos en lenguajes estructurales.
    - Códigos en lenguajes *scripts*.
    - Códigos en lenguajes orientados a objetos.

2. **Lenguaje de guion**
    - Características del lenguaje.
        - Descripción del lenguaje orientado a eventos.
        - Descripción del lenguaje interpretado.
        - La interactividad del lenguaje de guion.
    - Relación del lenguaje de guion y el lenguaje de marcas.
        - Extensión de las capacidades del lenguaje de marcas.
        - Adición de propiedades interactivas.
    - Sintaxis del lenguaje de guion.
        - Etiquetas identificativas dentro del lenguaje de marcas.
        - Especificaciones y características de las instrucciones.
        - Elementos del lenguaje de guion.
            - ✓ Variables.
            - ✓ Operaciones.
            - ✓ Comparaciones.
            - ✓ Asignaciones.
        - Objetos del lenguaje de guion.
            - ✓ Métodos.
            - ✓ Eventos.
            - ✓ Atributos.
            - ✓ Funciones.
    - Tipos de *scripts*: inmediatos, diferidos e híbridos.
        - *Script* dentro del cuerpo del lenguaje de marcas.
            - ✓ Ejecutables al abrir la página.
            - ✓ Ejecutables por un evento.
        - *Script* dentro del encabezado de lenguajes de marcas.
        - *Script* dentro del cuerpo del lenguaje de marcas.
    - Ejecución de un *script*.
        - Ejecución al cargar la página.
        - Ejecución después de producirse un evento.
        - Ejecución del procedimiento dentro de la página.
        - Tiempos de ejecución.
        - Errores de ejecución.

3. Elementos básicos del lenguaje de guion
   - Variables e identificadores.
     - Declaración de variables.
     - Operaciones con variables.
   - Tipos de datos.
     - Datos booleanos.
     - Datos numéricos.
     - Datos de texto.
     - Valores nulos.
   - Operadores y expresiones.
     - Operadores de asignación.
     - Operadores de comparación.
     - Operadores aritméticos.
     - Operadores sobre bits.
     - Operadores lógicos.
     - Operadores de cadenas de caracteres.
     - Operadores especiales.
     - Expresiones de cadena.
     - Expresiones aritméticas.
     - Expresiones lógicas.
     - Expresiones de objeto.
   - Estructuras de control.
     - Sentencia IF.
     - Sentencia WHILE.
     - Sentencia FOR.
     - Sentencia BREAK.
     - Sentencia CONTINUE.
     - Sentencia SWITCH.
   - Funciones.
     - Definición de funciones.
     - Sentencia RETURN.
     - Propiedades de las funciones.
     - Funciones predefinidas del lenguaje de guion.
     - Creación de funciones.
     - Particularidades de las funciones en el lenguaje de guion.
   - Instrucciones de entrada/salida.
     - Descripción y funcionamiento de las instrucciones de entrada y salida.

- ✓ Lectura de teclado de datos.
- ✓ Almacenamiento en variables.
- ✓ Impresión en pantalla del resultado.
- Sentencia PROMPT.
- Sentencia DOCUMENT.WRITE.
- Sentencia DOCUMENT.WRITE.

4. **Desarrollo de** *scripts*
   - Herramientas de desarrollo, utilización.
     - Crear *scripts* con herramientas de texto.
     - Crear *scripts* con aplicaciones web.
     - Recursos en web para la creación de *scripts*.
   - Depuración de errores: errores de sintaxis y de ejecución.
     - Definición de los tipos de errores.
     - Escritura del programa fuente.
     - Compilación del programa fuente.
     - Corrección de errores de sintaxis.
     - Corrección de errores de ejecución.
   - Mensajes de error.
     - Funciones para controlar los errores.

5. **Gestión de objetos del lenguaje de guion**
   - Jerarquía de objetos.
     - Descripción de objetos de la jerarquía.
     - Propiedades compartidas de los objetos.
     - Navegar por la jerarquía de los objetos.
   - Propiedades y métodos de los objetos del navegador.
     - El objeto superior Windows#.
     - El objeto *navigator*.
     - URL actual *(location)*.
     - URL visitada por el usuario.
     - Contenido del documento actual *(document)*.
       - ✓ Título, color del fondo y formularios.
   - Propiedades y métodos de los objetos del documento.
     - Propiedades del objeto *document*.
     - Ejemplos de propiedades de *document*.
     - Métodos de *document*.

- Flujo de escritura del documento.
- Métodos *open* () y *close* () de *document*.
  - Propiedades y métodos de los objetos del formulario.
    - Propiedades principales del objeto *form (Name, action,method, target)*.
    - Métodos del objeto *form (submit, reset, get, post)*.
  - Propiedades y métodos de los objetos del lenguaje.
    - *Document* (escribir texto, color fuente, color fondo, obtener elementos del documento actual HTML, título de la página).
    - *Windows (open)*.
    - *History (go)*.
    - *Location* (servidor).
    - *Navigator* (nombre, versión y detalles del navegador).

6. Los eventos del lenguaje de guion
  - Utilización de eventos.
    - Definición de eventos.
    - Acciones asociadas a los eventos.
    - Jerarquía de los eventos desde el objeto Windows.
  - Eventos en elementos de formulario.
    - OnSelect (al seleccionar un elemento de un formulario).
    - OnChange (al cambiar el estado de un elemento del formulario).
  - Eventos de ratón. Eventos de teclado.
    - Eventos de ratón.
      ✓ OnMouseDown (al pulsar sobre un elemento de la página).
      ✓ OnMouseMove (al mover el ratón por la página).
      ✓ OnMouseOut (al salir del área ocupada por un elemento de la página).
      ✓ OnMouseOver (al entrar el puntero del ratón en el área ocupada por un elemento de la página).
      ✓ OnMouseUp (al soltar el usuario el botón del ratón que anteriormente había pulsado).
    - Eventos de teclado:
      ✓ OnKeyDown (al pulsar una tecla el usuario).
      ✓ OnKeyPress (al dejar pulsada una tecla un tiempo determinado).
      ✓ OnKeyUp (al liberar la tecla apretada).
  - Eventos de enfoque.
    - OnBlur (cuando un elemento pierde el foco de la aplicación).
    - OnFocus (cuando un elemento de la página o la ventana ganan el foco de la aplicación).

- Eventos de formulario.
  - OnReset (al hacer clic en el botón de reset de un formulario).
  - OnSubmit (al pulsar el botón de enviar el formulario).
- Eventos de ventana.
  - OnMove (al mover la ventana del navegador).
  - OnResize (al redimensionar la ventana del navegador).
- Otros eventos.
  - OnUnload (al abandonar una página).
  - OnLoad (al terminar de cargarse la página o imágenes).
  - OnClick (al hacer clic en al botón del ratón sobre un elemento de la página).
  - OnDragDrop (al soltar algo que se ha arrastrado sobre la página).
  - OnError (al no poderse cargar un documento o una imagen).
  - OnAbort (al detenerse la carga de una imagen, de la página o irse de la página).

7. Búsqueda y análisis de *scripts*
   - Búsqueda en sitios especializados.
     - Páginas oficiales.
     - Tutoriales.
     - Foros.
     - Bibliotecas.
   - Operadores booleanos.
     - Funcionamiento de los operadores booleanos.
     - Utilización en distintos buscadores.
   - Técnicas de búsqueda.
     - Expresiones.
     - Definiciones de búsquedas.
     - Especificaciones.
   - Técnicas de refinamiento de búsquedas.
     - Utilización de separadores.
     - Utilización de elementos de unión.
   - Reutilización de *scripts*.
     - *Scripts* gratuitos.
     - Generalización de códigos.

■ Nota del Editor

En Ediciones Paraninfo estamos comprometidos con la calidad de la formación e intentamos que nuestros materiales respondan fielmente y con rigor a las necesidades de todos cuantos confían en nuestro sello editorial.

Tratamos de dar respuesta a los currículos de las unidades formativas y de los módulos que integran los distintos Certificados Profesionales, equilibrando la parte teórica con la práctica para que los procesos de aprendizaje se conviertan en experiencias gratificantes, tanto para docentes como para las personas inmersas en los procesos formativos.

Nuestros objetivos son contribuir de forma decisiva a afianzar aprendizajes, ayudar a adquirir destrezas que tengan significado para el empleo y conseguir potenciar el desarrollo personal.

Para lograrlo contamos con excelentes autores, expertos en las materias que abordan, en la mayoría de los casos docentes de dichas especialidades con dilatada experiencia tanto profesional como académica, porque buscamos perfiles familiarizados con los contextos laborales concretos a los que se refieren nuestros manuales.

Confiamos en poder serte de ayuda y esperamos tus impresiones acerca de nuestro trabajo. Sean positivas o negativas, serán muy bien recibidas y, sin duda, nos ayudarán a seguir mejorando y trabajando con ilusión para continuar siendo un referente en formación para el empleo.

Agradecemos tu confianza en nuestros manuales. Todo nuestro equipo queda a tu total disposición. Puedes contactar con nosotros en esta dirección de correo electrónico:

info@paraninfo.es

1. Metodología de la programación

Contenido

1.1. Lógica de programación.

1.2. Ordinogramas.

1.3. Pseudocódigos.

1.4. Objetos.

1.5. Ejemplos de códigos en diferentes lenguajes.

Actividades.

Introducción

La programación es el proceso de diseñar, codificar, depurar, mantener y optimizar el código fuente de aplicaciones *software,* tomando en cuenta principios de arquitectura, buenas prácticas y seguridad. El código fuente se escribe en un lenguaje de programación específico. Dependiendo del lenguaje y del paradigma de programación elegidos, los desarrolladores dispondrán de distintas herramientas y metodologías de trabajo. Los lenguajes de programación predominantes son los de alto nivel, ya que proporcionan una sintaxis más comprensible y cercana al lenguaje humano, a menudo utilizando términos en inglés. Antes de implementar una solución para un problema del mundo real, es esencial diseñar un algoritmo. Un algoritmo se define como una secuencia finita y ordenada de instrucciones diseñadas para resolver un problema específico. Los algoritmos pueden representarse mediante notación gráfica y pseudocódigo, y ser implementados en un lenguaje de programación a través del código fuente.

Un enfoque tradicional que muchos desarrolladores de *software* han seguido para resolver problemas es el siguiente:

1. Representar el problema utilizando diagramas de flujo (ordinogramas).

2. Traducir estos diagramas a pseudocódigo para tener una visión estructurada del proceso.

3. Convertir el pseudocódigo en código ejecutable utilizando un lenguaje de programación específico.

Es importante señalar que, dependiendo del entorno y de la metodología de desarrollo adoptada, estos pasos pueden variar o integrarse con otras técnicas.

En este capítulo, presentamos la lógica de programación y las herramientas esenciales que todo desarrollador debería conocer.

1.1. Lógica de programación

La lógica de programación es la base fundamental de cualquier desarrollo de *software*. Al desarrollar una aplicación que aborde un problema específico del mundo real, se debe comenzar con un análisis que comprende:

- **Identificación de los pasos o acciones** necesarios para resolver el problema.

- **Determinación de cómo se traducirán** esos pasos a instrucciones codificadas en un lenguaje de programación.

Es vital distinguir entre *lógica de programación* y *programación*. La programación se refiere al conocimiento y uso de técnicas específicas de un lenguaje de programación para automatizar tareas. En contraste, la lógica de programación se centra en el diseño técnico y estructurado del *software*, abarcando desde la concepción de soluciones hasta su implementación en código.

1.1.1. Descripción y utilización de operaciones lógicas

Los computadores procesan la información en formato binario, usando los valores 0 y 1, que representan "falso" y "verdadero" respectivamente. Las operaciones lógicas, que operan con estos valores binarios, son fundamentales en la programación y en la lógica de circuitos de computadores. Cada variable en estas operaciones lógicas puede tener un valor de verdadero (1) o falso (0). Las operaciones lógicas básicas incluyen:

- Suma lógica (OR).
- Producto lógico (AND).
- Negación (NOT).
- XOR (OR Exclusiva).
- NAND.
- NOR.

Para entender mejor estas operaciones, se suelen utilizar tablas de verdad. Estas tablas muestran los posibles resultados de las operaciones lógicas basándose en las combinaciones de entradas de verdadero (1) y falso (0).

Suma lógica (OR)

La operación suma lógica (OR) devuelve un valor verdadero (1) si al menos una de sus entradas es verdadera (1). Devuelve falso (0) solo si ambas entradas son falsas. Aquí está su tabla de verdad:

X	Y	X OR Y
0	0	0
0	1	1
1	0	1
1	1	1

Para comprender mejor cómo funciona la operación suma lógica (OR) en la vida cotidiana y en distintos contextos, consideremos los siguientes ejemplos prácticos que ilustran su aplicación:

1. **Luces de un automóvil**: imagina que un coche tiene dos interruptores para encender una luz: uno en la puerta del conductor y otro en la puerta del copiloto. Si cualquiera de las dos puertas se abre (interruptor activado), la luz se enciende.

Puerta del conductor (X)	Puerta del copiloto (Y)	Luz (X OR Y)
Cerrada (0)	Cerrada (0)	Apagada (0)
Abierta (1)	Cerrada (0)	Encendida (1)
Cerrada (0)	Abierta (1)	Encendida (1)
Abierta (1)	Abierta (1)	Encendida (1)

2. **Sistema de alarma**: considera un sistema de alarma que se activa si se detecta movimiento o si se rompe una ventana. El sistema usará una operación OR para determinar si se debe activar la alarma:

Movimiento detectado (X)	Ventana rota (Y)	Alarma (X OR Y)
No (0)	No (0)	Desactivada (0)
Sí (1)	No (0)	Activada (1)
No (0)	Sí (1)	Activada (1)
Sí (1)	Sí (1)	Activada (1)

Producto lógico (AND)

El resultado de la operación lógica AND es verdadero (1) solamente cuando todas sus variables de entrada son verdaderas. Devuelve falso (0) cuando cualquiera de sus variables de entrada es falsa. Aquí está su tabla de verdad:

X	Y	X AND Y
0	0	0
0	1	0
1	0	0
1	1	1

Para comprender mejor cómo funciona la operación producto lógico (AND) en la vida cotidiana y en distintos contextos, consideremos los siguientes ejemplos prácticos que ilustran su aplicación:

1. **Sistema de seguridad con dos llaves**: imagina una puerta que solo se abre cuando se insertan y giran dos llaves diferentes al mismo tiempo. Esta situación se puede representar como una operación AND:

Llave A (X)	Llave B (Y)	Puerta (X AND Y)
No girada (0)	No girada (0)	Cerrada (0)
Girada (1)	No girada (0)	Cerrada (0)
No girada (0)	Girada (1)	Cerrada (0)
Girada (1)	Girada (1)	Abierta (1)

2. **Ingreso en un sistema con doble autenticación**: un sistema informático permite el acceso a un usuario solo si ingresa una contraseña correcta y, adicionalmente, introduce un código enviado a su teléfono móvil. La operación AND determina si el acceso se concede:

Contraseña correcta (X)	Código ingresado correctamente (Y)	Acceso (X AND Y)
Incorrecta (0)	Incorrecto (0)	Denegado (0)
Correcta (1)	Incorrecto (0)	Denegado (0)
Incorrecta (0)	Correcto (1)	Denegado (0)
Correcta (1)	Correcto (1)	Concedido (1)

Negación (NOT)

Esta operación es unaria, lo que significa que solo tiene una variable de entrada. Es conocida como inversión lógica, ya que invierte el valor de su entrada. Si la entrada es verdadera (1), la salida será falsa (0) y viceversa.

X	NOT X
0	1
1	0

Para ilustrar mejor cómo funciona la operación NOT en contextos prácticos, consideremos los siguientes ejemplos:

1. **Interruptor de luz inverso**: imagina una habitación con un interruptor especial. Cuando el interruptor está en la posición "apagado" (0), la luz está encendida, y cuando está en la posición "encendido" (1), la luz está apagada.

Interruptor (X)	Luz (NOT X)
Apagado (0)	Encendida (1)
Encendido (1)	Apagada (0)

2. **Sistema de alarma silencioso**: considera un sistema de alarma en una tienda que, cuando está activado (1), no emite un sonido audible, pero envía una notificación al dueño. Cuando está desactivado (0), suena una alarma.

Sistema (X)	Alarma (NOT X)
Activado (1)	Silencioso (0)
Desactivado (0)	Sonoro (1)

XOR (OR exclusiva)

La operación XOR, conocida como "OR Exclusiva", produce un valor verdadero (1) solo cuando exactamente una de sus dos entradas es verdadera, y un valor falso (0) cuando ambas entradas son iguales, ya sean verdaderas o falsas.

X	Y	X XOR Y
0	0	0
0	1	1
1	0	1
1	1	0

Para ilustrar cómo funciona esta operación en escenarios prácticos, consideremos los siguientes ejemplos:

1. **Interruptor doble**: imagina dos interruptores que controlan una única bombilla. La bombilla se enciende solo si uno de los interruptores está en la posición "encendido", pero no ambos.

Interruptor 1 (X)	Interruptor 2 (Y)	Luz (X XOR Y)
Apagado (0)	Apagado (0)	Apagada (0)
Apagado (0)	Encendido (1)	Encendida (1)
Encendido (1)	Apagado (0)	Encendida (1)
Encendido (1)	Encendido (1)	Apagada (0)

2. **Sistema de seguridad con dos llaves**: considera una puerta que requiere dos llaves para abrirla. Si solo una llave está insertada, la puerta se abre. Pero si ambas llaves están insertadas, permanece cerrada.

Llave 1 (X)	Llave 2 (Y)	Puerta (X XOR Y)
Ausente (0)	Ausente (0)	Cerrada (0)
Ausente (0)	Presente (1)	Abierta (1)
Presente (1)	Ausente (0)	Abierta (1)
Presente (1)	Presente (1)	Cerrada (0)

NAND

La operación NAND es una operación que combina las operaciones AND y NOT. Esencialmente, produce un resultado verdadero (1) a menos que ambas entradas sean verdaderas. En otras palabras, aplica una operación AND entre las entradas y luego invierte el resultado.

X	Y	X NAND Y
0	0	1
0	1	1
1	0	1
1	1	0

Para esclarecer aún más, consideremos los siguientes ejemplos:

1. **Control de acceso con doble autenticación**: imagina un sistema donde tienes dos formas de acceso: una tarjeta y un código PIN. Puedes entrar si falta una de las formas de acceso, pero si intentas usar ambas, el acceso se deniega.

Tarjeta (X)	Código PIN (Y)	Acceso (X NAND Y)
Ausente (0)	Ausente (0)	Permitido (1)
Ausente (0)	Presente (1)	Permitido (1)
Presente (1)	Ausente (0)	Permitido (1)
Presente (1)	Presente (1)	Denegado (0)

2. **Sistema de seguridad en una máquina**: supongamos que hay una máquina peligrosa que solo puede operarse con guantes y gafas de seguridad. Si falta uno de estos elementos de seguridad, la máquina se enciende con una señal de advertencia. Pero si se utilizan ambos, la máquina se apaga completamente como precaución.

Guantes (X)	Gafas (Y)	Máquina (X NAND Y)
No usados (0)	No usadas (0)	Encendida con advertencia (1)
No usados (0)	Usadas (1)	Encendida con advertencia (1)
Usados (1)	No usadas (0)	Encendida con advertencia (1)
Usados (1)	Usadas (1)	Apagada (0)

NOR

La operación NOR es otra operación compuesta que combina las operaciones OR y NOT. En esencia, produce un resultado verdadero (1) solo cuando ambas entradas son falsas. De manera más específica, se aplica una operación OR entre las entradas y luego se invierte el resultado.

X	Y	X NOR Y
0	0	1
0	1	0
1	0	0
1	1	0

Para ilustrar mejor la operación NOR, consideremos los siguientes ejemplos:

1. **Sistema de luces en una sala de conferencias**: en una sala de conferencias, hay dos interruptores para encender las luces: uno en la entrada y

otro en el podio. Las luces se encienden solo si ambos interruptores están en la posición de apagado.

Interruptor entrada (X)	Interruptor podio (Y)	Luces (X NOR Y)
Apagado (0)	Apagado (0)	Encendidas (1)
Apagado (0)	Encendido (1)	Apagadas (0)
Encendido (1)	Apagado (0)	Apagadas (0)
Encendido (1)	Encendido (1)	Apagadas (0)

2. **Sistema de riego automático para plantas**: este sistema está diseñado para regar automáticamente un jardín. El sistema de riego se activa solo si no hay luz solar (indicando que es de noche o está nublado) y el suelo está seco (indicando la necesidad de agua).

Estado de luz solar (X)	Humedad del suelo (Y)	Sistema de riego (X NOR Y)
Sol presente (1)	Húmedo (1)	No riega (0)
Sol presente (1)	Seco (0)	No riega (0)
Sin sol (0)	Húmedo (1)	No riega (0)
Sin sol (0)	Seco (0)	Riega (1)

Ejemplo de aplicación: composición de operadores lógicos

Al enfrentarnos a una expresión lógica compleja, es común descomponerla y evaluarla paso a paso, comenzando por las operaciones internas. Este enfoque nos permite entender y construir el resultado de la expresión de manera sistemática.

Consideremos la siguiente expresión: **A OR (A NAND (NOT B))**.

Esta expresión combina tres operadores lógicos: OR, NAND y NOT. A continuación, evaluaremos esta expresión paso a paso, utilizando una tabla de verdad:

A	B	NOT B	A NAND (NOT B)	A OR (A NAND (NOT B))
0	0	1	1	1
0	1	0	1	1
1	0	1	0	1
1	1	0	1	1

Como podemos observar, descomponemos la expresión en partes para evaluarla. Primero, calculamos el valor de **NOT B**. Luego, aplicamos el operador **NAND** entre A y el resultado anterior. Finalmente, tomamos A y lo combinamos con el resultado de la operación **NAND** usando el operador **OR** para obtener el resultado final de la expresión.

1.1.2. Secuencias y partes de un programa

Una aplicación *software* (programa de *software*) es esencialmente una serie de instrucciones, diseñadas para transformar datos de entrada en información útil o resultados específicos. Estos resultados pueden ser mostrados directamente al usuario, almacenados para su posterior consulta, o ambos. A nivel estructural, un programa se puede dividir en varios componentes esenciales:

- **Declaraciones**. Esta sección inicial del código es donde se definen y se inician variables, constantes, estructuras de datos y demás componentes que requieran espacio de memoria.

  - **Variables**. Son espacios de memoria que el programador reserva para almacenar y manipular información durante la ejecución del programa.

  - **Constantes**. Al igual que las variables, las constantes ocupan un espacio en memoria, pero, como su nombre indica, su valor no cambia a lo largo de la ejecución del programa.

- **Instrucciones**. Aquí es donde la acción realmente ocurre. Estas son las operaciones y los comandos que el computador ejecutará, y se pueden subdividir en:

  - **Entrada de datos**. Captura de información a través de diferentes medios, ya sea directamente del usuario, de archivos, bases de datos, entre otros.

  - **Procesamiento de datos**. Aquí el programa transforma y manipula los datos de entrada para producir los resultados deseados.

  - **Salida de datos**. Presenta los resultados al usuario o los almacena para su posterior uso.

En cuanto a su naturaleza y función, las instrucciones pueden clasificarse en:

- **Instrucciones de declaración.** Estas instrucciones se encargan de reservar espacio en memoria para alojar datos.

- **Primitivas.** Representan las operaciones básicas que el computador puede realizar.

  — **Asignación.** Designa valores específicos a las variables.

  — **De entrada.** Captura datos de dispositivos externos, como teclados o sistemas de almacenamiento.

  — **De salida.** Envía datos a dispositivos externos, como pantallas, sistemas de almacenamiento o impresoras.

- **Compuestas.** Estas instrucciones no se ejecutan de inmediato, sino que actúan como conjuntos de instrucciones primitivas.

  — **De control.** Estas instrucciones determinan cómo se ejecuta el flujo del programa, permitiendo flexibilidad y adaptabilidad en la ejecución.

    ✓ **Alternativas.** Estas instrucciones permiten a un programa tomar diferentes rutas dependiendo de ciertas condiciones.

    ✓ **Repeticiones.** Como su nombre indica, permiten que ciertos conjuntos de instrucciones se repitan bajo condiciones definidas.

1.2. Ordinogramas

En el proceso del desarrollo de aplicaciones *software* se debe comenzar por el diseño de este. El diseño de una aplicación *software* comienza por el ordinograma, posteriormente se procede a redactar el código en pseudocódigo y finalmente se codifica en un lenguaje en concreto.

1.2.1. Descripción de un ordinograma

Un ordinograma es una representación gráfica de las instrucciones de una aplicación *software*. Este es el primer y fundamental paso en el diseño de *software*, ya que los errores en esta fase se propagarán a etapas posteriores. Estas representaciones, ya sean en soporte físico o digital, documentan el *software*. La Figura 1.1 ilustra un ordinograma básico para sumar dos números ingresados por teclado. A continuación, detallaremos sus elementos y operaciones fundamentales.

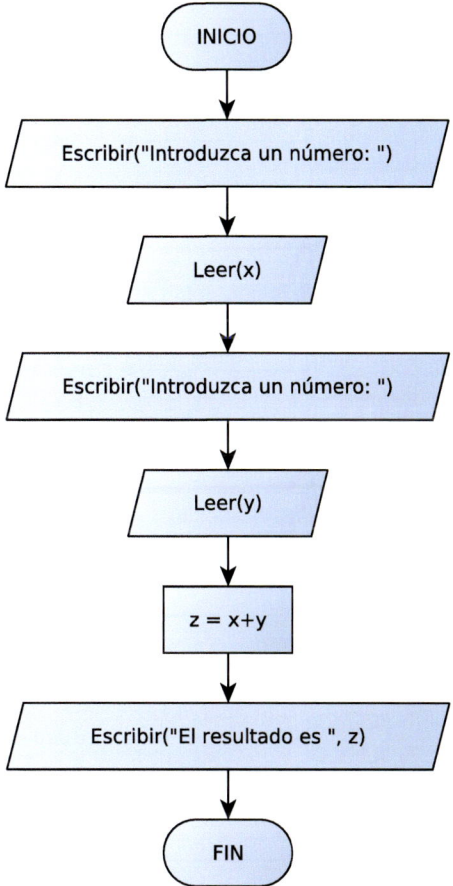

Figura 1.1. Ordinograma de una aplicación *software*.

1.2.2. Elementos de un ordinograma

Los ordinogramas, si bien flexibles en diseño, siguen reglas ampliamente aceptadas:

- Cada uno comienza con **INICIO** y concluye en **FIN**.

- Palabras claves como **INICIO**, **FIN**, **MOSTRAR** y **LEER** se escriben en mayúsculas.

- Se estructuran de arriba hacia abajo y de izquierda a derecha.

- Evitan pseudocódigo o lenguajes de programación específicos, priorizando la abstracción.

- Buscan simplicidad, minimizando instrucciones e iteraciones.

Los componentes esenciales de los ordinogramas se detallan en la Figura 1.2.

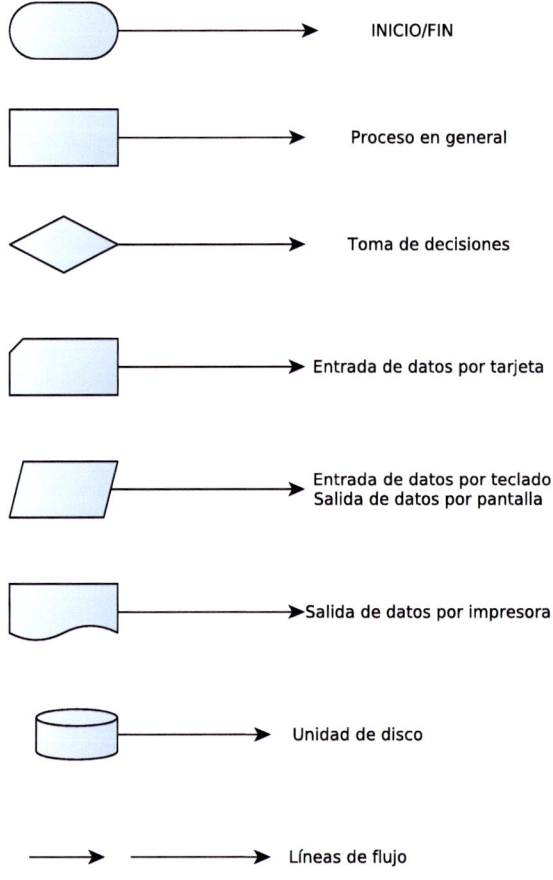

Figura 1.2. Elementos del ordinograma.

1.2.3. Operaciones en un programa

Las operaciones en un ordinograma definen las instrucciones que se deben seguir. Para ilustrarlo, consideremos un ordinograma que determine si un número introducido desde el teclado es par o impar.

- **INICIO**: marca el comienzo del ordinograma.

- **LEER**: captura el número introducido por el usuario.

- Si el número es par, entonces **IMPRIMIR**: "El número es par".

- Si el número es impar, entonces **IMPRIMIR**: "El número es impar".

- **FIN**: indica la conclusión del ordinograma.

Es importante notar que las operaciones utilizadas no están atadas a un lenguaje de programación específico; son aplicables a cualquier contexto de implementación.

1.2.4. Implementación de elementos y operaciones en un ordinograma

El ordinograma es una herramienta valiosa para visualizar la solución a un problema. A continuación, se ilustra cómo diseñar un ordinograma empleando los componentes previamente descritos. En la Figura 1.3, se presenta un ordinograma que toma un número del usuario y devuelve un mensaje indicando si es par o impar.

Pasos para construir este ordinograma:

- Establecer los puntos de **INICIO** y **FIN**.

- Solicitar al usuario que ingrese un número, almacenándolo en una variable usando las palabras reservadas **ESCRIBIR** y **LEER**.

- Evaluar si el número es par o impar. Esta decisión bifurcará el flujo del ordinograma, dado que el mensaje que se mostrará depende de esta evaluación.

- Según la decisión anterior, la operación **IMPRIMIR** mostrará el mensaje correspondiente.

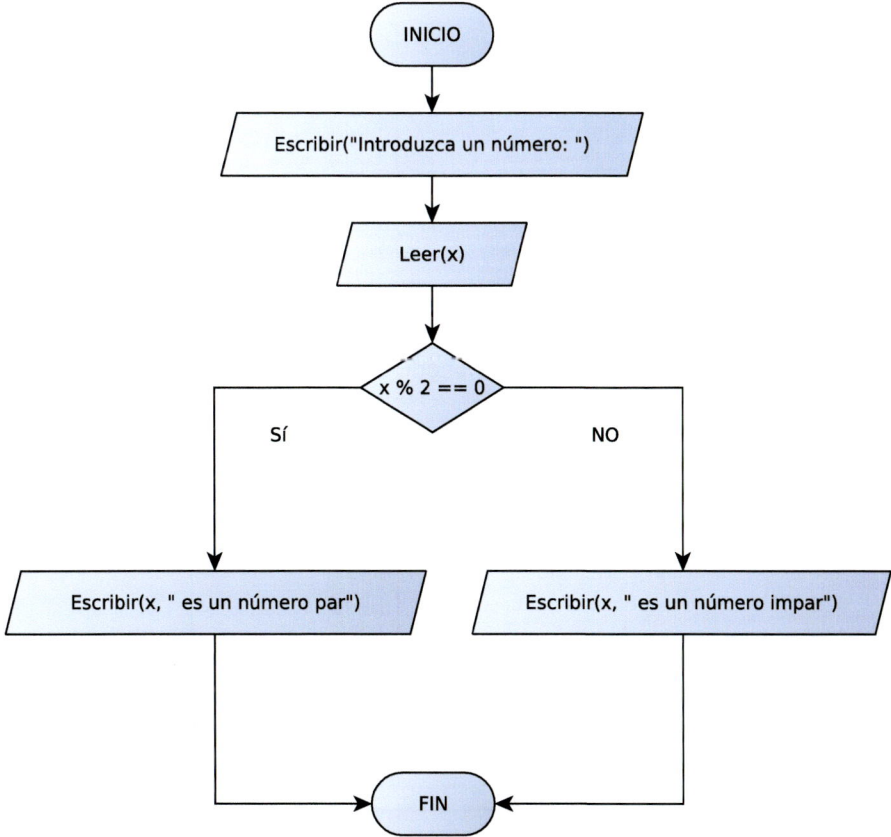

Figura 1.3. Ejemplo de ordinograma de una aplicación básica.

1.3. Pseudocódigos

El pseudocódigo es una representación textual de un algoritmo, que prioriza la legibilidad para las personas por encima de la ejecutabilidad para las máquinas. Es una herramienta esencial para visualizar el flujo lógico antes de embarcarse en la programación específica.

A diferencia de un lenguaje de programación completo, el pseudocódigo no se rige por una sintaxis estricta, pero sigue ciertos patrones que facilitan su comprensión. Las principales secciones de un pseudocódigo incluyen:

- **Cabecera**: donde se nombra el algoritmo.

- **Declaraciones**: se definen las variables, constantes y sus tipos de datos.

- **Cuerpo**: aquí se enumeran las operaciones e instrucciones del algoritmo.

En esencia, el pseudocódigo es una herramienta intermedia entre la idea inicial y el código final, siendo una forma efectiva de comunicar el diseño lógico del programa.

```
Nombre pseudocódigo.
    Declaración de variables y constantes.
    Inicio.
        Cuerpo del pseudocódigo.
    Fin.
```

Para consolidar la comprensión, ilustraremos con un ejemplo práctico. En el Ejemplo 1.1, encontraremos el pseudocódigo que determina el área de un rectángulo, utilizando su base y altura.

```
Cálculo del área de un rectángulo
    VARIABLES: BASE, ALTURA, AREA son números reales.
    CONSTANTES: no se utiliza ninguna
    Inicio
        Escribir "Introduzca la base y la altura"
        Leer BASE, ALTURA
        Calcular AREA = BASE * ALTURA
        Escribir "El área del rectángulo es "AREA
    Fin
```

Ejemplo 1.1. Pseudocódigo de un programa que calcula el área de un rectángulo.

El ejemplo destaca que el pseudocódigo lleva por título 'Cálculo del área de un rectángulo'. Seguidamente, declaramos tres variables esenciales: **BASE**, **ALTURA** y **AREA**, todas definidas como enteros. El cuerpo principal del pseudocódigo se compone de instrucciones sencillas: inicialmente, se solicita al usuario la base y la altura con un mensaje claro (*Introduzca la base y la altura*). Luego, los datos ingresados se almacenan en las variables correspondientes, **BASE** y **ALTURA**. Es relevante notar que la fórmula para calcular el área (**BASE * ALTURA**) es intuitiva y fácil de comprender, a pesar de su afinidad con el lenguaje de máquina. Concluimos el pseudocódigo mostrando al usuario el valor calculado en **AREA**.

1.3.1. Descripción de pseudocódigo

A la hora de diseñar algoritmos con pseudocódigo, es fundamental familiarizarse con ciertas normas. Aunque el pseudocódigo es un lenguaje ficticio y sus reglas pueden adaptarse, hay convenciones ampliamente aceptadas. Los tipos de datos que se suelen utilizar son los siguientes:

- **Enteros** (1, 5, -5, 0, -1).

- **Reales** (1.1, 2.5x10^3, -0.5).

- **Caracteres**. Cualquier letra de la A-Z y de la a-z. Si se quiere introducir otro carácter diferente, se suele especificar como carácter especial.

- **Lógicos**. Verdadero (1) o falso (0).

Además, se debe diferenciar entre variables y constantes en el apartado de declaraciones.

- **Variables:** datos cuyo valor puede variar durante la ejecución.

- **Constantes:** datos cuyo valor permanece inmutable. Ejemplos clásicos son el número PI o el carácter de salto de línea (\n). No obstante, puedes definir cualquier constante según la necesidad.

En cuanto a la interacción con el usuario, se emplean las instrucciones **ESCRIBIR** y **LEER**. Por ejemplo, para guardar un dato ingresado por el usuario, usaríamos **LEER** *variable*; y para mostrar un dato, **ESCRIBIR** *variable*.

Finalmente, en el pseudocódigo, es común la necesidad de asignar un valor a una variable no proporcionado por el usuario. Esta operación se conoce como asignación, utilizando el operador =. Por lo tanto, para asignar el valor 3 a una variable llamada 'número', escribiríamos *numero = 3*.

1.3.2. Creación del pseudocódigo

En esta sección se van a presentar diferentes pseudocódigos de diferentes problemas que van a servir para ilustrar al lector de cómo se deben construir los mismos.

El Ejemplo 1.2 ilustra un pseudocódigo para sumar y multiplicar dos números proporcionados por el usuario. En él, se declaran cuatro variables: **NUMERO1** y **NUMERO2**, que almacenan las entradas del usuario, y **SUMA** y **PRODUCTO**, que guardan los resultados de las operaciones. El flujo del pseudocódigo es directo: primero recopila las entradas del usuario leyendo el **NUMERO1** y **NUMERO2**, luego ejecuta las operaciones de suma y multiplicación, almacenándolas en las variables **SUMA** y **PRODUCTO**, finalmente concluye mostrando los resultados.

```
Suma y producto de dos números
   VARIABLES: NUMERO1, NUMERO2, SUMA, PRODUCTO son números reales.
   CONSTANTES: no se utiliza ninguna
   Inicio
      Escribir "Introduzca los números"
      Leer NUMERO1, NUMERO2
      Calcular  SUMA = NUMERO1 + NUMERO2;
      Calcular PRODUCTO = NUMERO1 * NUMERO2;
      Escribir "La suma de los dos números es "SUMA;
      Escribir "El producto de los dos números es "PRODUCTO;
   Fin
```

Ejemplo 1.2. Pseudocódigo que calcula la suma y producto de dos números.

El Ejemplo 1.3 presenta un pseudocódigo que compara un número proporcionado por el usuario (**NUMERO1**) con una constante predefinida en el programa (**VALOR1**). Tras recibir **NUMERO1**, utiliza la instrucción **SI** para verificar si este es igual a **VALOR1**. Dependiendo del resultado de esta comparación, se desplegará un mensaje u otro.

```
Compara números
   VARIABLES: NUMERO1 es un número real.
   CONSTANTES: VALOR1 es un número real.
   Inicio
      Escribir "Introduzca el número"
      Leer NUMERO1
      Si NUMERO1 == VALOR1
            Escribir "Los números son iguales";
      Sino
            Escribir "Los números son diferentes";
      Fin Si
   Fin
```

Ejemplo 1.3. Pseudocódigo de un programa que compara si un número es igual que una constante.

El Ejemplo 1.4 presenta un pseudocódigo que utiliza la estructura de control repetitiva **PARA**. Esta estructura repite un conjunto de instrucciones un cierto número de veces. En este caso, el objetivo es calcular y mostrar la suma de los primeros cinco números entre 1 y 1000 que son divisibles por un número dado por el usuario.

La sección de declaraciones es bastante interesante, ya que define varias variables y constantes. Las variables incluyen: **SUMA** (inicialmente 0), **DIVISOR** y **NUMERO** (ambos números reales) y **CONTADOR** (inicialmente 0, un número entero). Algunas variables tienen valores iniciales, ya que estos son necesarias para los cálculos posteriores. Además, se definen dos constantes: MAXIMO_NUMERO=1000 y PRIMEROS=5. Estas constantes brindan flexibilidad y abstracción al pseudocódigo. Por ejemplo, si el usuario quisiera extender el rango hasta 500 o 750 en lugar de 1000, simplemente cambiaría el valor de **MAXIMO_NUMERO**. De manera similar, ajustar **PRIMEROS** modificaría cuántos números divisibles se buscan.

En el cuerpo del pseudocódigo, se le pide al usuario el número **DIVISOR**. Luego, la estructura **PARA** se usa para iterar desde 1 hasta **MAXIMO_NUMERO**. En cada iteración, se verifica si **NUMERO** es divisible por **DIVISOR**. Si es divisible, se añade a **SUMA** y se incrementa **CONTADOR**. Una vez que **CONTADOR** alcanza el valor de **PRIMEROS**, el algoritmo se detiene.

```
Calcular y mostrar la suma de los cinco primeros números entre 1 y 1000 que sean
divisibles por otro número dato
    VARIABLES: SUMA=0, DIVISOR, NUMERO  son números reales.
            CONTADOR=0 es un número entero
    CONSTANTES: MAXIMO_NUMERO=1000, PRIMEROS=5;
    Inicio
      Escribir "Introduzca el número entre el que debe ser divisor"
      Leer DIVISOR
      Para NUMERO desde 1 hasta MAXIMO_NUMERO hacer
        Si DIVISOR divide a NUMERO
          SUMA = SUMA + NUMERO;
          CONTADOR = CONTADOR + 1;
        Fin Si
        Si CONTADOR == PRIMEROS
           Interrumpir
        Fin Si.
      Fin Para
      Escribir "La suma de los números es "SUMA;
    Fin
```

Ejemplo 1.4. Pseudocódigo de un programa que utiliza un bucle PARA.

1.4. Objetos

Un objeto es un concepto utilizado en el paradigma de programación orientado a objetos (POO). Un objeto trata de reflejar un elemento del mundo real, pero trasladado a la programación. Por ejemplo, se pueden identificar objetos de diferentes tipos como `Alumnos`, `Profesores` o `Electrodomésticos`. Este paradigma de programación trata de agrupar tanto datos como funciones asociadas a un mismo elemento. Siguiendo con el ejemplo anterior, los datos asociados a un `Alumno` podrían ser `nombre`, `apellidos`, `edad` o `curso`. Por otro lado, las operaciones asociadas a un `Alumno` pueden ser `generarMatricula`, `expedirTitulo`; etc.

1.4.1. Descripción de objetos

Los objetos son entidades únicas con datos y funciones particulares. Siguiendo el ejemplo de los alumnos, cada uno tiene su `nombre`, `apellidos` y `edad`; pero todos son, esencialmente, alumnos. Esta plantilla general de "alumno" se llama **clase**, y cada alumno individual es un **objeto**, una **instancia** de esa clase.

Es fundamental diferenciar entre **clase** y **objeto**. Mientras que una clase es una especificación abstracta, un objeto es su manifestación concreta en la memoria del computador. Piense en la clase como un molde y en los objetos como las figuras resultantes de ese molde. En programación orientada a objetos, es común manejar listas de estos objetos, todos originados de una única clase.

La diferencia más clara entre los conceptos de clases y objetos es que las clases son las especificaciones *estáticas* codificadas en un lenguaje de programación, mientras que un objeto es un elemento concreto y *dinámico,* instanciado en la memoria de un computador que se ha construido de acuerdo con la plantilla (clase).

1.4.2. Funciones de los objetos

Las funciones que son definidas en los objetos se denominan métodos y permiten realizar operaciones con los datos del objeto. Estos métodos permiten modificar los atributos de los objetos o interactuar con datos del mundo exterior aplicados a los atributos de dicho objeto.

Por ejemplo, en la clase `Alumno`, el método relativo a `generarMatricula` tomará las asignaturas en las que está matriculado el alumno y generará la matrícula en el sistema en función de esta propiedad. Del mismo modo, el método `expedirTitulo` generará un título diferente según cada alumno en función de los cursos aprobados.

1.4.3. Comportamiento de los objetos

El comportamiento de un objeto se refleja en sus métodos u operaciones posibles. Estos objetos no operan en aislamiento; interactúan y se comunican entre sí. Por ejemplo, un objeto `alumno` podría requerir interactuar con otro objeto `secretaría` para obtener detalles de su matriculación. La interacción entre objetos y la manera en que se comunican es esencial en la programación orientada a objetos. Diseñar interfaces de comunicación efectivas entre objetos representa uno de los desafíos más destacados de este paradigma.

El comportamiento de un objeto en la programación orientada a objetos (POO) se manifiesta a través de las operaciones que puede ejecutar, conocidas como métodos. Mientras que los atributos definen el estado de un objeto, los métodos definen cómo actúa y reacciona un objeto ante ciertas situaciones o estímulos.

En un sistema basado en POO, los objetos no operan en aislamiento. Se comunican entre sí, enviándose mensajes que provocan acciones o cambios en el estado de otros objetos. Por ejemplo, un objeto "alumno" puede enviar un mensaje al objeto "secretaría" solicitando detalles de su matrícula. Estos mensajes son invocaciones a los métodos disponibles en el objeto receptor.

1.4.4. Atributos de los objetos

Cada objeto, en el paradigma de programación orientada a objetos (POO), tiene características que lo distinguen y definen, conocidas como atributos. Estos atributos son esenciales para determinar el estado de un objeto en un momento dado y actúan como variables que almacenan información específica sobre ese objeto.

Los atributos pueden ser de diversos tipos. Estos pueden ser tipos de datos primitivos, como enteros, cadenas o booleanos. No obstante, también pueden referirse a otros objetos. En ciertos escenarios complejos, un objeto puede contener otros objetos en forma de listas, diccionarios o cualquier otro tipo de estructura de datos.

Considerando la clase `alumno`, sus atributos podrían incluir `nombre`, `apellido`, `edad` y `DNI` como datos primitivos. Pero, al mismo tiempo, podría tener un atributo más complejo, como `asignaturasMatriculadas`, que sería una lista compuesta por objetos de la clase `asignatura`. Cada asignatura, a su vez, podría tener sus propios atributos, como `nombreAsignatura`, `codigoAsignatura` y `profesorEncargado`.

1.4.5. Creación de objetos

La clase actúa como un prototipo o plantilla a partir de la cual se crean los objetos. Mientras que la clase define la estructura y el comportamiento, el objeto es la manifestación concreta de esa definición, ocupando un espacio en la memoria del sistema.

Por tanto, cada objeto es esencialmente una estructura de datos en memoria que contiene atributos y tiene acceso a métodos específicos definidos por su clase. A diferencia de las clases, que son definiciones estáticas, los objetos son dinámicos y consumen memoria durante su existencia. Una gestión inadecuada de la creación y destrucción de objetos puede dar como resultado en problemas de memoria.

La programación orientada a objetos está sustentada en los siguientes principios:

- **Encapsulamiento**: facilita el ocultamiento de la implementación interna de un objeto, exponiendo solo interfaces claras para interactuar con él.

- **Herencia**: permite que una nueva clase derive o herede propiedades y comportamientos de una clase preexistente. Esto promueve la reutilización de código. Un buen ejemplo es una clase `ClienteVIP` que hereda atributos y métodos de una clase `Cliente`, pero añade funcionalidades adicionales.

- **Sobrecarga**: se refiere a la capacidad de definir múltiples métodos con el mismo nombre, pero con diferentes parámetros. Es importante notar que la sobrecarga no permite métodos con el mismo nombre y la misma lista de parámetros, incluso si tienen diferentes tipos de retorno. En el ejemplo 1.5 se muestra un ejemplo de dos métodos que se llaman igual `setPrecio`, pero con diferentes parámetros, en el que uno no recibe ningún parámetro y el otro recibe un `nuevoPrecio` que le será asignado. Es posible definir los dos métodos, aunque tengan el mismo nombre, ya que se ejecutará uno u otro en función del tipo de parámetros recibidos. No es posible tener dos métodos con el mismo nombre y número y tipo de argumentos.

```java
public void setPrecio() {
    precio = 3.50;
}
public void setPrecio(float nuevoPrecio) {
    precio = nuevoPrecio;
}
```

Ejemplo 1.5. Sobrecarga de métodos.

- **Polimorfismo**: este principio permite que los objetos de diferentes clases se utilicen a través de la misma interfaz. Esencialmente, es una extensión de la sobrecarga, pero aplicada a la herencia, permitiendo que un objeto heredado tenga una implementación diferente de un método heredado.

1.5. Ejemplos de códigos en diferentes lenguajes

A lo largo de la historia de la programación, hemos visto la evolución de múltiples paradigmas, cada uno con un enfoque y técnica distintos. Estas diferencias se reflejan claramente en los lenguajes de programación específicos que surgieron de estos paradigmas. En esta sección se van a presentar diferentes códigos implementados en diferentes paradigmas de programación para que se pueda apreciar la diferencia de codificación entre ellos. En concreto, se verán ejemplos de lenguajes de programación estructurado, lenguajes de *script* y orientados a objetos.

1.5.1. Códigos en lenguajes estructurales

En el Ejemplo 1.6 se muestra un código desarrollado en el lenguaje de programación C++. Este ejemplo determina el valor máximo de tres números recibidos como argumentos. Es decir, se ha desarrollado una función llamada mayor, que recibe tres números a, b y c, que permite determinar cuál de ellos es el mayor. Las variables han sido definidas de tipo entero para simplificar el problema, y el valor que retornará la función se llama max y también ha sido definida del tipo entero. El algoritmo comprueba inicialmente mediante una estructura if si el valor de la variable *a* es mayor que la variable b para posteriormente comprobar si es mayor también que la variable c y poder determinar, por un lado, si el número mayor es a o c. Por otro lado, si el valor de la variable a no es mayor que la variable b se debe comprobar con un if si la variable b es mayor o no que la variable c para determinar finalmente cuál es el valor máximo de los tres recibidos como argumentos. Esta función finaliza con la sentencia return que permite devolver el valor calculado por esta función.

```
int mayor(int a, int b, int c){
    int max;
    if (a > b){
        if (a > c){
            max = a;
        } else {
            max = c;
```

```
        }
    } else {
        if (b > c){
            max = b;
        } else {
            max = c;
        }
    }
    return max;
}
```

Ejemplo 1.6. Cálculo del máximo de tres números en lenguajes estructurales.

1.5.2. Códigos en lenguajes *Scripts*

Los lenguajes de *scripts* tienen aplicaciones específicas, como la administración de sistemas mediante *shell scripts* y el desarrollo de páginas web desde el lado del cliente. En el Ejemplo 1.7, se presenta un código para una página web desarrollada con JavaScript. Es importante señalar que el código de JavaScript se aloja dentro de las etiquetas `<script> </script>`, que es la convención estándar para integrar código JavaScript en un documento HTML. El propósito del ejemplo es calcular el factorial de 10. Para lograrlo, se define una función llamada "factorial", que utiliza recursividad, una técnica de programación donde una función se llama a sí misma. Una vez definida, esta función se ejecuta con el argumento 10, y el resultado se muestra en un contenedor con el identificador "resultado".

```html
<html>
<head> <title> Ejemplo de lenguaje Script</title></head>
<body>
  Cálculo del factorial de 10
  <div id="resultado"></div>
  <script>
    function factorial(n) {
      if (n === 0) {
          return 1;
      }
      return n * factorial(n - 1);
    }
    document.getElementById('resultado').innerHTML =
factorial(10);
  </script>
</body>
</html>
```

Ejemplo 1.7. Página web utilizando un lenguaje de *scripts*.

1.5.3. Códigos en lenguajes orientados a objetos

En el Ejemplo 1.8 se muestra el código relativo a una clase en el lenguaje de programación JAVA. En esta clase se definen coches y, por tanto, la clase recibe el nombre de Coche. La información que se almacena de cada coche es marca, kilómetros y color. Además, cada objeto coche dispondrá de los métodos de encender, acelerar y apagar.

```java
public class Coche {
    String marca;
    float kilometros;
    String color;
    public Coche(String marca, float kilometros, String color) {
        this.marca = marca;
        this.kilometros = kilometros;
        this.color = color;
    }
    void encender() {
        System.out.println("El coche está encendido.");
    }
    void acelerar() {
        System.out.println("El coche está acelerando.");
    }
    void apagar() {
        System.out.println("El coche está apagado.");
    }
}
```

Ejemplo 1.8. Código generado utilizando un lenguaje orientado a objetos.

ACTIVIDADES

1.1. ¿Qué es la programación y qué implica?

1.2. ¿Qué es el código fuente y en qué se escribe?

1.3. ¿Cómo influye el lenguaje de programación en el proceso de desarrollo de *software*?

1.4. Define el término *algoritmo* y menciona algunas formas en las que puede ser representado.

1.5. Explica el proceso tradicional de tres pasos que siguen muchos desarrolladores para resolver problemas.

1.6. ¿Cuál es la diferencia entre lógica de programación y programación?

1.7. ¿Por qué es importante distinguir entre lógica de programación y programación?

1.8. ¿En qué formato procesan los computadores la información?

1.9. ¿Qué son las operaciones lógicas y por qué son fundamentales en la programación?

1.10. ¿Qué son las tablas de verdad y para qué se utilizan?

1.11. Razona con qué operación lógica (AND, OR, NOT...) se resuelven los siguientes escenarios:

    1.11.1. Puerta de seguridad de un laboratorio: para acceder a un laboratorio de alta seguridad, existen dos tarjetas de acceso: una para el administrador y otra para el técnico. Ambas tarjetas deben ser escaneadas simultáneamente para que la puerta se abra. Si solo se escanea una, la puerta permanecerá cerrada.

    1.11.2. Alarma de piscina: hay sensores en las dos entradas de una piscina; uno, en el lado profundo y otro, en el lado menos profundo. Si alguien entra por cualquiera de los dos lados, la alarma sonará.

    1.11.3. Control de luces en una sala de conferencias: hay dos interruptores en una sala; uno, en la entrada y otro, junto al proyector. Las luces solo se encienden si ambos interruptores están apagados. Si alguno o ambos están encendidos, las luces permanecerán apagadas.

1.11.4. Sistema de refrigeración en un servidor: hay dos sensores, uno que detecta la temperatura y otro que detecta la humedad. El sistema de refrigeración solo se apaga si ambos sensores detectan niveles críticos (alta temperatura y humedad) simultáneamente.

1.11.5. Encendido de una lámpara decorativa: hay dos interruptores, uno en cada extremo de una habitación. La lámpara se enciende si solo uno de los interruptores está activado. Si ambos están activados o desactivados, la lámpara permanecerá apagada.

1.11.6. Control automático de un calentador de agua: si el sensor detecta que el agua está caliente (estado verdadero), el calentador se apaga. Si el agua está fría (estado falso), el calentador se enciende.

1.12. Dadas las siguientes expresiones lógicas combinadas, se te pide que completes las correspondientes tablas de verdad, mostrando paso a paso la evaluación de cada operación.

1.12.1. (A AND B) XOR C

1.12.2. (A OR B) NOR (NOT C)

1.12.3. (A XOR B) AND (B NAND C)

1.12.4. NOT (A AND B) XOR (C OR A)

1.12.5. (A NAND B) NOR (C XOR A)

1.13. ¿Qué son las declaraciones en el contexto de un programa de *software* y cuáles son sus dos subcomponentes principales mencionados en el texto?

1.14. Enumera y describe brevemente las tres clasificaciones de instrucciones según su naturaleza y función mencionadas en el texto.

1.15. ¿Qué son las instrucciones de control y cuáles son los dos tipos mencionados en el texto? Explique brevemente cada uno.

1.16. Construye los ordinogramas y su versión en pseudocódigo correspondientes a las siguientes aplicaciones *software*:

1.16.1. Se piden dos números reales al usuario por teclado y el sistema calculará y mostrará el resultado de la suma, resta, multiplicación y división.

1.16.2. Modifica el *software* anterior de modo que se muestre al usuario un menú con opciones para seleccionar la operación que desea realizar (suma, resta, multiplicación o división). En función de la opción seleccionada, se calculará y mostrará al usuario el resultado de la operación.

1.16.3. Se pide al usuario un carácter y el sistema mostrará si el carácter es vocal o no.

1.16.4. Se pide al usuario un número y se debe mostrar por pantalla el factorial de dicho número. Ten en cuenta que la idea es construir la operación factorial. Es decir, que no se debería poner dentro del ordinograma "factorial (numero)".

1.16.5. Se piden al usuario tres números. Los dos primeros corresponden al límite inferior y límite superior de un rango. Utilizando el tercer número se debe comprobar si este se encuentra entre el límite inferior y superior. En caso de que se encuentre en el rango, se mostrará un mensaje *"El número está en el rango"*; en caso contrario, se mostrará el mensaje *"El número no está en el rango"*.

1.16.6. Se solicitarán cuatro números enteros al usuario y la aplicación debe devolver los números ordenados de menor a mayor.

1.16.7. Se solicitará a un usuario un número entero correspondiente al número de artículos vendidos, posteriormente se solicitará el precio de cada unidad del producto. El sistema calculará el coste total de la operación teniendo en cuenta que al precio calculado se le debe aumentar el 21 % correspondiente al IVA.

1.16.8. Se piden cinco números al usuario y se mostrará el promedio de la operación.

2. Lenguajes de guion

Contenido

2.1. Características del lenguaje.

2.2. Relación del lenguaje de guion y el lenguaje de marcas.

2.3. Lenguaje de marcas: HTML5.

2.4. Sintaxis del lenguaje de guion.

2.5. Ejecución de un *script*.

Actividades.

Introducción

Un **guion**, en informática, es un fichero generalmente en texto plano que contiene instrucciones destinadas a ser ejecutadas por un intérprete en tiempo real. Estos lenguajes de guion sobresalen por su capacidad para facilitar la interacción directa con los usuarios. Históricamente, eran ampliamente utilizados por administradores de sistemas para comunicarse con los sistemas operativos a través de el *shell*, o intérprete de comandos. Sin embargo, su alcance ha trascendido ese ámbito. Actualmente, lenguajes como JavaScript desempeñan un papel fundamental en el desarrollo de aplicaciones web, permitiendo dinamismo e interacción en tiempo real con el usuario. En este capítulo, exploraremos los lenguajes de guion, sus características distintivas y cómo se integran con otras tecnologías en el ámbito del desarrollo web.

2.1. Características del lenguaje

Los lenguajes de guion, también conocidos como lenguajes de *script*, se ejecutan a través de un intérprete en tiempo real, eliminando la necesidad de compilación previa. En el contexto de aplicaciones web, estos lenguajes se dividen en dos categorías principales: lenguajes **de lado del cliente** y lenguajes **de lado del servidor**.

- **Lenguajes del lado del cliente**: estos *scripts* se ejecutan en los dispositivos de los usuarios finales, generalmente a través de navegadores web como Mozilla Firefox, Google Chrome, Safari y Microsoft Edge. La capacidad para interpretar y ejecutar estos *scripts* varía según el navegador en uso.

- **Lenguajes del lado del servidor**: estos *scripts* operan en el servidor, no en el dispositivo del usuario. Los usuarios acceden al servidor, que luego ejecuta el *script* correspondiente. La ejecución de estos lenguajes depende de los intérpretes instalados y configurados en el servidor.

Las principales características de los lenguajes de guion se describen a continuación.

2.1.1. Descripción del lenguaje orientado a eventos

La programación **orientada a eventos** o **dirigida por eventos** es un paradigma de programación en el cual la estructura y la ejecución del programa viene determinada por los eventos que ocurren en el sistema. Mientras que, en el paradigma de **programación secuencial** el flujo de ejecución del programa sigue la secuencia de sentencias del código fuente del programa.

La programación orientada a eventos permite que el *software* permanezca en un estado de espera (*stand-by*) hasta que se produzca un evento. Este paradigma es ideal para el desarrollo de interfaces de usuario, pues permite la interacción con el usuario. Por ejemplo, la interfaz de usuario de un cajero automático de un banco muestra diferentes opciones mediante una serie de botones, es la acción del usuario al pulsar alguno de los botones la que dispara el evento que gestionará la acción a realizar. Además, algunos eventos pueden ser disparados por el propio sistema. Siguiendo con el ejemplo anterior, si en el cajero automático de un banco transcurre un tiempo determinado sin ninguna acción, el propio sistema dispara un evento que produce la salida del usuario que había introducido su tarjeta.

Algunos ejemplos de utilización de eventos en el desarrollo web:

1. Al hacer clic en un botón de una página web.

2. Al hacer doble clic en un botón de una página web.

3. Al situar el curso sobre un elemento de la página web.

4. Al arrastrar un elemento de una página y dejarlo caer en otra zona de la página.

5. Al transcurrir un tiempo determinado sin que haya interacción.

Las principales características de la programación orientada a eventos son:

1. **Son sistemas multihilos**. No existe un único flujo de ejecución, ya que el flujo de ejecución del programa es diferente según el evento que se dispare. Esto permite que se ejecuten varios fragmentos de código a diferentes velocidades.

2. **Funcionamiento asíncrono**. La ejecución de los eventos puede producirse en cualquier momento, sin disponer de un mecanismo que sincronice cuando se ejecutan o detienen estos.

2.1.2. Descripción del lenguaje interpretado

Un **lenguaje interpretado** es un lenguaje de programación que está diseñado para ser ejecutado utilizando un intérprete. Los lenguajes interpretados también son conocidos como lenguajes de *scripts* o de guion. Algunos lenguajes de programación interpretados son JavaScript, Shell Script, PHP, Python o Ruby.

Por otro lado, un **lenguaje compilado** es un lenguaje de programación que está diseñado para ser previamente **compilado** utilizando una herramienta *software* llamada **compilador**. El compilador traduce las instrucciones del código fuente del programa al lenguaje máquina. El lenguaje máquina es el único lenguaje que entiende el computador y consiste en datos binarios, series de 0 y 1. Una vez que el programa ha sido compilado, se genera una versión **ejecutable** del programa. Algunos lenguajes de programación compilados son C, C++, C#, Java, Visual Basic.

En la Tabla 2.1 se muestran las ventajas e inconvenientes de los lenguajes interpretados.

Tabla 2.1. Ventajas e inconvenientes de los lenguajes interpretados

Ventajas	Inconvenientes
1. **Independencia de plataforma** en los lenguajes interpretados. El mismo código puede ser ejecutado en diferentes sistemas operativos, siempre que se disponga de un intérprete adecuado en el sistema operativo. 2. **La reflexión** es la característica que permite observar y modificar su estructura de alto nivel. 3. Se puede generar **código en caliente** sin necesidad de compilar. 4. **Facilidad de depurar.**	1. Son más **ineficientes en tiempo de ejecución** que los lenguajes compilados, puesto que cada instrucción debe ser interpretada en tiempo real. 2. Es **necesario un intérprete** en la máquina local para poder hacer la ejecución del código fuente. 3. Mayor consumo de recursos, dado que se requiere del intérprete para la ejecución. 4. Posibles problemas de seguridad, ya que el código fuente es accesible.

En esencia, los lenguajes interpretados ofrecen flexibilidad y agilidad en el desarrollo, lo que es especialmente beneficioso en etapas tempranas de diseño o en entornos donde la portabilidad es esencial. Sin embargo, deben considerarse las implicaciones en términos de rendimiento y seguridad.

2.1.3. La interactividad del lenguaje de guion

En el desarrollo de aplicaciones web se suele comenzar utilizando el lenguaje de marcas HTML (*Hyper Text Markup Language*, lenguaje de marcado de hipertexto) para estructurar la página web, pero HTML no permite interactuar de ninguna forma con el usuario final. La incorporación del lenguaje de guion permite la interacción con el usuario, que junto a las otras características (orientación a eventos e interpretado) permite modificar el estado de la página web en función de los parámetros del usuario. Estos lenguajes están diseñados para responder **dinámicamente** a las acciones del usuario, creando una experiencia más inmersiva y adaptable. La interactividad es uno de sus rasgos definitorios y, a continuación, se explorará en profundidad esta característica.

Principios subyacentes de la interactividad:

- **Respuesta inmediata**: una de las mayores ventajas de los lenguajes de guion es su capacidad para responder en tiempo real a las entradas del usuario. Ya sea una acción sencilla, como hacer clic en un botón, o una más compleja, como rellenar un formulario, el lenguaje de guion puede procesar la información y generar una respuesta inmediata.

- **Adaptabilidad**: los lenguajes de guion permiten la creación de aplicaciones y sitios web que pueden adaptarse a diferentes escenarios y requerimientos del usuario. Esta adaptabilidad puede manifestarse en forma de personalizaciones, cambios de tema o adaptaciones basadas en el comportamiento del usuario.

- **Integración con otras tecnologías**: a menudo, los lenguajes de guion trabajan en conjunto con otras tecnologías para crear experiencias interactivas. Por ejemplo, en el desarrollo web, **JavaScript** puede interactuar con **HTML** y **CSS** para modificar la estructura y el estilo de una página dinámicamente.

- **Eventos y manejadores**: en el corazón de la interactividad se encuentran los eventos (como clics, movimientos del ratón o entradas de teclado) y sus correspondientes manejadores, que son bloques de código diseñados para responder a dichos eventos. Los lenguajes de guion suelen ofrecer robustos sistemas de manejo de eventos.

Implicaciones para el desarrollo:

- **Experiencia del usuario mejorada**: al ser capaces de adaptarse y responder a las acciones del usuario, las aplicaciones basadas en lenguajes de guion pueden ofrecer una experiencia más intuitiva y satisfactoria.

- **Desarrollo orientado a eventos**: la interactividad implica un enfoque de desarrollo centrado en eventos, lo que puede requerir un cambio de mentalidad para los desarrolladores acostumbrados a paradigmas más lineales.

- **Consideraciones de rendimiento**: la ejecución constante de *scripts* en respuesta a las acciones del usuario puede tener implicaciones en el rendimiento, especialmente en dispositivos con recursos limitados. Es esencial optimizar el código para garantizar una experiencia fluida.

En resumen, la interactividad de los lenguajes de guion enriquece la experiencia del usuario, permitiendo la creación de aplicaciones y sitios web dinámicos que se adaptan y responden a las necesidades y acciones del usuario en tiempo real.

2.2. Relación del lenguaje de guion y el lenguaje de marcas

Los lenguajes de guion y los lenguajes de marcas son esenciales en el desarrollo web y en muchas otras áreas de la informática. Aunque sirven para propósitos distintos, su relación es estrecha y complementaria. Esta sección se dedica a explorar cómo estos dos tipos de lenguajes trabajan juntos para crear experiencias digitales enriquecidas.

Definición y propósitos:

- **Lenguajes de guion**: se utilizan para definir comportamientos, procesar datos y responder a eventos. Ejemplos comunes incluyen JavaScript, Python y Ruby.

- **Lenguajes de marcas**: se centran en estructurar y presentar contenidos. Los más conocidos en el ámbito del desarrollo web son HTML y XML.

Complementariedad en el desarrollo web:

- **Estructura y presentación**: los lenguajes de marcas, especialmente HTML y CSS, se encargan de estructurar el contenido de una página y determinar su presentación visual.

- **Dinamismo e interacción**: los lenguajes de guion, como JavaScript, aportan la interactividad y dinamismo, permitiendo que la página reaccione a las acciones del usuario o muestre contenido en tiempo real.

Incorporación de *scripts* en documentos de marcas:

- En desarrollo web, es común embeber *scripts* (por ejemplo, JavaScript) directamente en documentos HTML utilizando la etiqueta `<script>`. Esto permite una integración estrecha entre la estructura de la página y su comportamiento.

Manipulación del *Document Object Model* (DOM):

- El DOM representa la estructura de un documento HTML. Los lenguajes de guion, en especial JavaScript, pueden interactuar y modificar el DOM para cambiar el contenido, estructura o estilo de una página dinámicamente.

Tecnologías complementarias:

- AJAX (*Asynchronous JavaScript and XML*) es una técnica que utiliza tanto lenguajes de guion como de marcas. Permite recuperar datos de un servidor y actualizar partes de una página sin necesidad de recargarla completamente.

Estándares y especificaciones:

- Organismos como el W3C establecen estándares tanto para lenguajes de marcas (por ejemplo, HTML5) como para lenguajes de guion (ECMAScript para JavaScript). Esto asegura una interacción y compatibilidad óptimas entre ambas tecnologías.

La estrecha relación entre los lenguajes de guion y los de marcas es fundamental para el desarrollo de aplicaciones web modernas. Mientras que los lenguajes de marcas definen la estructura y presentación, los de guion aportan la lógica y dinamismo. Esta colaboración permite crear experiencias digitales interactivas y altamente personalizadas para el usuario final.

2.2.1. Extensión de las capacidades del lenguaje de marcas

Las tres principales tecnologías utilizadas para el desarrollo de páginas web son HTML, CSS (*Cascading Styles Sheets*) y JavaScript. Cada una de estas tecnologías tiene una funcionalidad diferente que conjuntamente han dado lugar al denominado concepto de HTML5 (no confundir con la versión 5 del estándar HTML que también recibe el mismo nombre).

- **HTML** debe ser utilizado para estructurar la página web. Por ejemplo, para definir párrafos, bloques, listas, imágenes, tablas, formularios, etc.

- **CSS** debe ser utilizada para aplicar estilos visuales. Se encarga de indicar a cada navegador cómo se deben visualizar los diferentes elementos de HTML.

- **JavaScript** debe ser utilizado para la interacción en la página web. En función de los eventos que se producen por parte del usuario o la propia página web.

2.2.2. Adición de propiedades interactivas

Los lenguajes de marcas, como HTML y XML, son esenciales para estructurar y presentar información de manera organizada en la web. Sin embargo, por sí mismos, estos lenguajes no ofrecen la capacidad de realizar acciones complejas, interactivas o adaptativas. Para eso, entran en juego los lenguajes de guion (JavaScript) y las hojas de estilo en cascada (CSS), potenciando y complementando las capacidades básicas de los lenguajes de marcas.

- CSS: estilo y presentación:
  - **Estilización detallada**: CSS proporciona una herramienta detallada para estilar los elementos definidos por HTML, desde colores y fuentes hasta posicionamiento y tamaño.
  - **Adaptabilidad**: con las *Media Queries* de CSS, es posible adaptar la presentación del contenido según las características del dispositivo, como su ancho o si se encuentra en modo retrato o paisaje.
  - **Animaciones y transiciones**: aunque de manera limitada en comparación con los *scripts*, CSS puede gestionar animaciones y transiciones, ofreciendo interacciones básicas sin la necesidad de recurrir a *scripts*.
- JavaScript: interactividad y dinamismo:
  - **Manipulación en tiempo real**: JavaScript puede interactuar con el DOM (*modelo de objeto del documento*) para modificar contenido, estructura y estilo en tiempo real.
  - **Validación de formularios**: antes de enviar información al servidor, los *scripts* pueden verificar la corrección de la información ingresada, mejorando la eficiencia.
  - **Integración con API y servicios externos**: mediante *scripts*, las páginas web pueden integrarse con diversos servicios en línea, desde mapas hasta redes sociales.
  - **Personalización y adaptabilidad**: detectando características del usuario o su dispositivo, los *scripts* adaptan el contenido en consecuencia, ofreciendo una experiencia personalizada.

El lenguaje de marcas (como HTML), las hojas de estilo (CSS) y los lenguajes de guion (JavaScript) conforman la tríada fundamental para la creación de aplicaciones web modernas y dinámicas. Mientras que HTML proporciona la estructura, CSS le da estilo y presentación, y los lenguajes de guion potencian la interactividad y funcionalidad, ofreciendo una experiencia web completa y envolvente.

2.3. Lenguaje de marcas: HTML5

En esta sección se presenta el lenguaje de marcas HTML, el cual se relaciona directamente con el lenguaje de guion, JavaScript.

HTML es esencial para describir y estructurar documentos web. Dichos documentos contienen tanto la información (textos e imágenes) como una serie de marcas, conocidas como etiquetas (*tags*). Estas etiquetas determinan cómo se visualizará la información en el navegador.

HTML5, el estándar más reciente de HTML, está en plena adopción y es compatible con la mayoría de los navegadores modernos. A diferencia de sus predecesores, HTML5 actualiza y mejora el conjunto de etiquetas, eliminando aquellas obsoletas y añadiendo otras que enriquecen la semántica y estructuración de documentos web.

Los documentos HTML constan de:

- **Etiquetas** *(tags)*: delimitadas por corchetes angulares, $<.>$ como inicio de etiqueta y $</.>$ como cierre de etiqueta.

- **Elementos**: combinan etiquetas y contenido. Por ejemplo, un párrafo de texto se encierra entre las etiquetas `<p>` y `</p>`. Algunos elementos, como las imágenes, no tienen contenido, por lo que su etiqueta se cierra con `/>`.

- **Atributos**: situados en la etiqueta de inicio, especifican propiedades del elemento, como `nombreAtributo="valorAtributo"`.

En HTML5, la estructura básica ha evolucionado. En el Ejemplo 2.1 se muestra una página típica de HTML5. Sus componentes clave incluyen:

- `<header>`: representa el encabezado del documento o de una sección. Suelen incluirse títulos con etiquetas de cabecera.

- `<nav>`: designa los elementos de navegación, como menús.

- `<section>`: denota segmentos del documento con contenido relacionado. Las secciones pueden subdividirse en subsecciones.

- `<article>`: especifica un contenido independiente dentro de una sección, como una noticia o blog.

- `<aside>`: proporciona información complementaria o lateral al contenido principal.

- `<footer>`: encapsula detalles al pie de página, como información del autor o derechos de autor.

Este esquema estructural ayuda a los desarrolladores a crear páginas web más organizadas, y a los navegadores a interpretar y presentar el contenido de manera efectiva.

```html
<!DOCTYPE html>
<html lang="es">
 <head>
  <meta charset="utf-8" />
  <title>Título de página</title>
  <link rel="stylesheet" href="./estilos/estilo1.css" type="text/css"
/>
 </head>
 <body>
  <header>
   <h1>Título de página</h1>
  </header>
  <main>
   <nav>
    <ul>
     <li><a href="#">Inicio</a></li>
     <li><a href="#">Archivo</a></li>
    </ul>
   </nav>
   <section id="intro"></section>
   <section>
    <article><!-- Contenido de un artículo --></article>
   </section>
   <aside><!-- Barra Lateral --></aside>
  </main>
  <footer><!-- Pie de Página --></footer>
 </body>
</html>
```

Ejemplo 2.1. Estructura básica de una página HTML5.

Las etiquetas de HTML pueden ser clasificadas según su semántica. Veamos algunas de las etiquetas más comunes y su uso.

Texto

- **p**. Define párrafos en el texto.

- **br**. Inserta un salto de línea.

- **h1, h2, h3, h4, h5, h6**. Define cabeceras, desde el nivel más importante (h1) al menos (h6).

- **strong**. Da importancia al texto. Por defecto se muestra en negrita.

- **em**. Proporciona énfasis al texto (sustituye al elemento *i* que refleja texto en cursiva o iconos en las actuales versiones). Por defecto se muestra en cursiva.

- **mark**. Resalta texto relevante, como términos encontrados en una búsqueda.

- **b**. Especifica importancia cuando no se adapta el texto a ninguna de las anteriores circunstancias. Antes era utilizado para poner el texto en negrita.

- **abbr**. Define una abreviatura o acrónimo. Puede incluir un atributo `title` para proporcionar la versión completa.

- **address**. Define información de contacto, abarcando tanto direcciones físicas como digitales, incluyendo direcciones postales, URL y correos electrónicos.

- **small**. Denota un fragmento de texto con una relevancia secundaria o menor en comparación con el resto del contenido circundante.

- **dfn**. Señala la introducción o definición de un término clave en el documento. Generalmente, el texto se muestra en cursiva para destacar su importancia.

- **code**. Encierra segmentos de código fuente de un programa, habitualmente se muestra en una fuente monoespaciada.

- **var**. Representa el nombre de una variable dentro de un contexto de programación.

- **ins**. Señala un segmento de texto que ha sido añadido o modificado recientemente. Comúnmente, el texto dentro de esta etiqueta aparece subrayado para indicar su reciente incorporación.

- **del**. Denota texto que ha sido eliminado o considerado obsoleto en la versión actual del documento. A menudo, el texto se muestra tachado para enfatizar que ya no es relevante o correcto.

- **kdb**. Indica la entrada del usuario, como teclas o comandos que deben ser ingresados. A pesar de ser una etiqueta más antigua, en combinación con CSS puede ser estilizada para crear efectos visuales atractivos.

- **pre**. Conserva el formato del texto introducido, incluyendo espacios y saltos de línea. Es útil recordar que, por defecto, HTML comprime espacios múltiples y saltos de línea adicionales.

- **samp**. Muestra resultados o mensajes generados por *scripts* o programas.

Citas y referencias

- **cite**. Menciona el título de una obra.

- **Blockquote** y **q**. Son usadas para citas. La diferencia radica en que `<blockquote>` es para citas más extensas mientras que `<q>` es para citas breves.

Entidades HTML

Aunque en HTML5 se define el juego de caracteres en la cabecera y nos permite escribir en cualquier idioma, siempre puede ser interesante escribir los caracteres de modo unívoco y esto se consigue utilizando las entidades HTML. En la Tabla 2.2 se muestra un resumen de algunas entidades HTML de interés para los hispanoparlantes.

Tabla 2.2. Entidades HTML

Entidad	Carácter
á - Á	á – Á
é - É	é – É
í - Í	í – Í
ó - &Oacute	ó – Ó
ú - Ú	ú – Ú
ñ - Ñ	ñ – Ñ
	(espacio en blanco)
&euro	€ (símbolo del euro)

```
<!DOCTYPE html>
<html lang=-"es">
  <head>
   <meta charset="utf-8" />
   <title>Ejemplo de uso de algunos elementos de Texto</title>
  </head>
  <body>
   <header>
    <h1>Título de página</h1>
    <h2>Titular de la página</h2>
    <h3>La primera sub-sección</h3>
```

```
  </header>
  <main>
   <p>
    El lenguaje HTML5 permite especificar fragmentos de texto
según algunos segmentos de texto según su importancia como
<em> importantes </em> o como <strong> los más importantes</
strong>. Además, si este <mark> texto es relevante en este
contexto </mark> también se dispone de una etiqueta propia.
Finalmente, se puede utilizar un elemento antiguo <b> para
marcar el texto</b>.
   </p>
   <p>
    El uso de la etiqueta i
    <del datetime="20100112" cite="http://www.w3c.org">
     es ampliamente utilizada para remarcar texto importante
    </del>
    <ins datetime="20230112"> ha quedado en desuso en el nuevo
estándar</ins>.
   </p>
   <blockquote cite="http://stackoverflow.com">
    <p> Type HTML in the textarea above, and it will magically
appear in the frame below.</p>
   </blockquote>
   <p>Como dijo Edsger W. Dijkstra:
    <q cite="http://en.wikipedia.org/wiki/Edsger_W._Dijkstra">
    La Ciencia de la Computación no tiene que ver con las
computadoras más que la Astronomía con los telescopios.</q></p>
   <p>El lenguaje <abbr title="HyperText Markup Language">HTML</
abbr> es estandarizado por el <abbr title="World Wide Web
Consortium">W3C </abbr>.
   </p>
  </main>
  <footer>
   <small
    >Derechos Reservados &copy;
    <time datetime="2013-10-12">2013 Mi empresita S.L </time>
    <address>C\Torrelaguna, 23, Madrid</address>
   </small>
  </footer>
 </body>
</html>
```

Ejemplo 2.2. Algunos elementos HTML para el marcado de texto, citas y referencias.

Listas

- **ul.** Representa una lista no enumerada. Los ítems de la lista pueden estar precedidos por diversos símbolos como cuadros o círculos, dependiendo del estilo aplicado.

- **ol.** Representa una lista enumerada. Los elementos de la lista pueden estar precedidos por números, letras u otros indicadores, según se defina.

- **li.** Representa un ítem individual de una lista, ya sea enumerada (ol) o no enumerada (ul). Siempre debe estar contenido dentro de una etiqueta ul u ol.

- **dl.** Define una lista de términos y sus definiciones.

- **dt.** Representa un término dentro de una lista de definiciones (dl).

- **dd.** Proporciona la definición correspondiente a un término (dt).

```
<h2>Lista no ordenada:</h2>
<ul>
  <li>Inicio</li>
  <li>Productos</li>
  <li>Servicios</li>
  <li>Contacto</li>
</ul>

<h2>Lista ordenada:</h2>
<ol>
  <li>Percepción visual</li>
  <li>Estructuración Web: HTML5</li>
  <li>Maquetación Web: CSS3</li>
</ol>

<h2>Lista de definiciones:</h2>
<dl>
  <dt>ac</dt>
  <dd> Imprime estadísticas acerca del tiempo que han estado
conectado los usuarios. </dd>
    <dt>adduser</dt>
    <dd>Ver useradd</dd>
    <dt>arptables</dt>
    <dd>Firewall similar en funciones a iptables pero para
    utilizar en arp.</dd>
</dl>
```

Ejemplo 2.3. Utilización de las listas en HTML.

Hiperenlaces e imágenes

- **a.** Crea un enlace hacia otro documento HTML. De forma predeterminada, los navegadores resaltan estos enlaces en color azul y subrayados.

- **base**. Define una URL base para todos los enlaces del documento. Solamente se puede definir una URL y debe estar dentro del elemento head.

- **img**. Incorpora imágenes en un documento HTML.

- **figure**. Agrupa contenidos relacionados, tales como ilustraciones, fotos o fragmentos de código. La posición de este elemento es independiente al flujo normal de la página. Es el mismo concepto que el de imágenes flotantes en los procesadores de texto.

- **figcaption**. Representa una leyenda para el contenido del elemento figure y debe ser anidado dentro de este.

```
<a href="http://www.google.com">Página principal de Google</a><br />
<a href="http://www.ejemplo.com/imagen.jpg">Imagen</a><br />
<a href="http://www.ejemplo.com/fichero.pdf">[PDF]</a><br />
<a href="http://www.ejemplo.com/fichero.doc">[DOC]</a><br />
<a href="http://www.ejemplo.com/pagina1.html">Enlace página 1</a>
<a href="http://www.ejemplo.com/pagina1.html#segunda_seccion">
    Enlace a la sección 2 de la página 1
</a>
<a name="inicio"></a>
<p>Texto de inicio. Se recomienda que sea largo para que se
pueda visualizar el efecto del enlace hacia dicha sección.</p>
<a href="#inicio">Volver al inicio de la página</a>
<p>Texto segundo. Se recomienda que sea largo para que se pueda
visualizar el efecto del enlace hacia dicha sección. </p>
<a href="#inicio">Volver al inicio de la página</a>
<figure>
  <img src="./img/producto1.jpg" alt="TS-0212K" width="200"
height="350" />
  <figcaption>TS-0212K</figcaption>
</figure>
<figure>
  <img src="./img/producto2.jpg" alt="TS-0232K" width="330"
height="220" />
  <figcaption>TS-0232K</figcaption>
</figure>
```

Ejemplo 2.4. Algunos elementos HTML para hiperenlaces e imágenes.

Objetos

- **map**. Define un mapa interactivo basado en una imagen, permitiendo áreas cliqueables dentro de ella. Se asocia con un elemento `img` que provee la imagen a ser mapeada. Por ejemplo, un mapa de España donde cada provincia es un área interactiva.

- **area**. Representa un área específica dentro de un mapa (`map`). Siempre debe estar anidado dentro del elemento `map`. En el ejemplo anterior, cada provincia en el mapa de España sería definida como un área.

```
<img src="spain.jpg" width="145" height="126" usemap="#spain" />
<map name="spain">
  <area shape="rect" coords="0,0,82,126" href="malaga.htm"
alt="Málaga" />
  <area shape="circle" coords="90,58,3" href="sevilla.htm"
alt="Sevilla" />
  <area shape="circle" coords="124,58,8" href="cadiz.htm"
alt="Cádiz" />
</map>
```

Ejemplo 2.5. Utilización de mapas en HTML.

Tablas

- **table**. Representa una tabla compuesta por filas y columnas.

- **tr**. Define una fila de la tabla y debe estar contenida dentro del elemento table.

- **td**. Representa una celda o columna dentro de una fila. Se sitúa dentro del elemento `tr`. Cada `tr` contendrá tantos `td` como celdas requiera.

- **th**. Define una celda de encabezado, que generalmente destaca información importante de la columna.

- **tbody**. Agrupa las filas que contienen los datos principales de la tabla.

- **thead**. Agrupa las filas de encabezado de la tabla, que suelen ser introductorias. Comúnmente, consta de una única fila.

- **tfoot**. Agrupa las filas del pie de la tabla, que frecuentemente resumen o cierran la información presentada. Por lo general, es solo una fila.

- **caption**. Establece el título o descripción general de la tabla.

```
<table>
  <caption>
    <em>Cuota de mercado de los navegadores Web Agosto de
    2024</em>
  </caption>
  <thead>
    <tr>
      <th>Browser</th>
      <th>Share</th>
    </tr>
  </thead>
    <tbody>
      <tr>
        <td>Microsoft Edge</td>
        <td>14.31 %</td>
      </tr>
      <tr>
        <td>Mozilla Firefox</td>
        <td>6.12 %</td>
      </tr>
      <tr>
        <td>Google Chrome</td>
        <td>65.19 %</td>
      </tr>
      <tr>
        <td>Apple Safari</td>
        <td>10.31 %</td>
      </tr>
      <tr>
        <td>Opera</td>
        <td>2.38 %</td>
      </tr>
      <tr>
        <td>Others</td>
        <td>1.69 %</td>
      </tr>
    </tbody>
</table>
```

Ejemplo 2.6. Algunos elementos de HTML para crear tablas.

- **colgroup**. Agrupa y formatea una o más columnas en una tabla, facilitando la aplicación de estilos a grupos de columnas sin tener que estilizar cada celda individualmente.

- **col**. Define las propiedades de estilo para las columnas dentro de un colgroup.

```
<table>
    <colgroup>
     <col span="2" style="background-color: red" />
     <col style="background-color: yellow" />
    </colgroup>
    <thead>
     <tr>
       <th>ISBN</th>
       <th>Título</th>
       <th>Precio</th>
     </tr>
    </thead>
    <tbody>
     <tr>
       <td>3476896</td>
       <td>HTML5</td>
       <td>23€</td>
     </tr>
    </tbody>
</table>
```

Ejemplo 2.7. Utilización de los elementos *colgroup* y *col*.

Formularios

- **form**. Define un formulario para recoger datos del usuario.

- **input**. Campo de entrada para datos, que puede variar en tipo: texto, números, fechas, entre otros.

- **textarea**. Campo de entrada de texto que admite múltiples líneas.

- **select**. Crea un menú desplegable.

- **option**. Representa una opción individual dentro de un menú desplegable.

- **optgroup**. Agrupa opciones relacionadas dentro de un menú desplegable.

- **button**. Representa un botón en el formulario.

- **label**. Proporciona un texto descriptivo asociado a un control específico del formulario.

- **fieldset**. Contenedor que agrupa elementos relacionados del formulario.

- **legend**. Proporciona un título o encabezado para un grupo de controles dentro de un **fieldset**.

```
<form>
    <fieldset>
      <legend align="right">Datos de tu ordenador</legend>
      <label for="modelo">Modelo: </label>
        <input type="text" name="modelo" /><br />
      <label for="incidencia">Sistema que te da el problema: </
    label>
      <select name="incidencia">
        <option value="cpu">CPU</option>
        <option value="impresora">Impresora</option>
      </select>
    </fieldset>
    <button type="button">Enviar</button>
</form>
```

Ejemplo 2.8. Algunos elementos de HTML para la creación de formularios web.

2.4. Sintaxis del lenguaje de guion

JavaScript, reconocido como el "lenguaje de guion" de la web, posee una sintaxis que, aunque familiar para quienes han trabajado con lenguajes basados en C, presenta peculiaridades únicas que le confieren su característico dinamismo y flexibilidad. En esta sección, exploraremos los fundamentos de esta sintaxis, desde la declaración de variables, la estructura de sus funciones, hasta las particularidades de sus operadores. A medida que avancemos, comprenderás cómo se construye un guion (*script*) bien estructurado y cómo JavaScript interpreta y ejecuta tu código. Esta base es esencial para cualquier desarrollador que busque no solo escribir código, sino hacerlo con claridad, eficiencia y precisión.

2.4.1. Etiquetas identificativas dentro del lenguaje de marcas

La relación entre JavaScript y HTML es simbiótica. Mientras HTML define la estructura y presentación de un sitio web, JavaScript le aporta dinamismo e interactividad. A continuación, se describen las etiquetas clave en HTML que nos permiten integrar y gestionar *scripts* de JavaScript:

- Etiqueta `<script>`: esta etiqueta es esencial para integrar código JavaScript dentro de un documento HTML. Puede contener código directamente entre sus etiquetas de apertura y cierre, o hacer referencia a un archivo externo. Puedes visualizar cómo se realiza esta incrustación directa en el documento HTML en el Ejemplo 2.9. Además, para ver cómo se hace uso de JavaScript desde un fichero externo, puedes referirte a los Ejemplos 2.10 y 2.11.

```
<!DOCTYPE html>
<html lang="en">
  <head>
    <title>Incrustación Directa de JavaScript</title>
  </head>
  <body>
    <script>
      alert("¡Hola desde el código JavaScript incrustado!");
    </script>
  </body>
</html>
```

Ejemplo 2.9. Incrustación directa de JavaScript en un documento HTML.

En el Ejemplo 2.9, cuando el navegador interpreta la etiqueta `<script>`, ejecutará el código JavaScript contenido en ella, mostrando "¡Hola, mundo!" en una ventana emergente del navegador.

```
<!DOCTYPE html>
<html lang="en">
  <head>
    <meta charset="UTF-8" />
    <title>Referenciando Archivo JavaScript Externo</title>
    <script src="ejemplo-2.11.js"></script>
  </head>
  <body></body>
</html>
```

Ejemplo 2.10. HTML con vinculación a un fichero JavaScript externo.

```
alert("¡Hola desde el código JavaScript en un fichero externo");
```

Ejemplo 2.11. Código del fichero JavaScript externo.

En los Ejemplos 2.10 y 2.11, en lugar de colocar el código directamente en el documento HTML, se hace referencia a un archivo externo llamado "ejemplo-2.11.js". Esta práctica es recomendable para mantener limpio y ordenado el código, especialmente si estamos trabajando con *scripts* extensos.

- **Etiqueta `<noscript>`**: es una etiqueta de seguridad para aquellos navegadores que no admiten JavaScript o cuando el usuario ha desactivado esta funcionalidad. Nos permite mostrar un mensaje alternativo al usuario, informándole sobre la falta de soporte o la necesidad de JavaScript para el correcto funcionamiento de ciertas partes del sitio.

```html
<!DOCTYPE html>
<html lang="en">
    <head>
      <title>Ejemplo de Uso de noscript</title>
      <script>
        document.write("¡Hola! JavaScript está habilitado.");
      </script>
    </head>
    <body>
      <noscript>
        Parece que JavaScript está deshabilitado en tu
    navegador. Por favor, actívalo para una mejor experiencia.
      </noscript>
    </body>
</html>
```

Ejemplo 2.12. Uso de la etiqueta <noscript> en HTML.

En el Ejemplo 2.12, si un usuario visita esta página y tiene JavaScript habilitado, verá el mensaje "¡Hola! JavaScript está habilitado.". Si, por el contrario, tiene JavaScript deshabilitado o su navegador no lo admite, verá el mensaje dentro de la etiqueta <noscript>.

2.4.2. Especificaciones y características de las instrucciones

El lenguaje JavaScript, reconocido por su versatilidad y dinamismo, cuenta con una serie de características distintivas que esencialmente modelan y definen su comportamiento:

- **Espacios en blanco y nuevas líneas**: JavaScript es indiferente a los espacios en blanco y las nuevas líneas. Es decir, múltiples espacios o saltos de línea no afectan la ejecución del código.

- **Sensibilidad a mayúsculas y minúsculas**: una de las características clave de JavaScript es que distingue entre mayúsculas y minúsculas. Por lo tanto, las variables variable, Variable y VARIABLE se considerarían diferentes entre sí.

- **Tipado dinámico**: en JavaScript, las variables no necesitan un tipo definido en su declaración. El tipo se determina dinámicamente según el valor que se le asigne en tiempo de ejecución.

- **Uso del punto y coma**: aunque no es obligatorio finalizar cada sentencia con un punto y coma (;), se recomienda hacerlo. Es especialmente útil al minificar el código, ya que las herramientas de minificación suelen usar el punto y coma como separador de instrucciones. Este hábito puede prevenir errores inesperados.

- **Comentarios**: JavaScript permite incluir comentarios en el código, lo cual es útil para agregar notas o descripciones. Es importante señalar que estos comentarios se enviarán al navegador del usuario. Por lo tanto, son accesibles y podrían contener información que no querríamos que fuera visible para todos. Es recomendable ser cautelosos sobre qué información se incluye en los comentarios.

En resumen, las instrucciones de JavaScript forman la base de cualquier *script*, y entender sus especificaciones y características es vital para garantizar un código limpio, eficiente y libre de errores.

2.4.3. Elementos del lenguaje de guion

Para comenzar a desarrollar aplicaciones con JavaScript, es esencial familiarizarse primero con sus componentes fundamentales. En el Capítulo 3, no solo exploraremos estos elementos en detalle, sino que también ilustraremos su uso a través de ejemplos prácticos, garantizando un aprendizaje sólido y aplicado. Estos son los pilares básicos sobre los que se construye el lenguaje JavaScript:

Variables

Las **variables** son contenedores de información. Son utilizadas para almacenar y hacer referencia a un valor previamente almacenado. Las variables permiten crear programas genéricos, puesto que el código se abstrae de una única solución (valores concretos).

Las variables pueden almacenar información de diferentes tipos (numéricas, caracteres, booleanos...). La particularidad de JavaScript radica en que no es necesario definir el tipo de dato que una variable contendrá de antemano, debido a su naturaleza de tipado dinámico.

Para declarar variables en JavaScript, se pueden usar las palabras clave var, let o const:

- **var**: antes de la introducción de ES6 (ECMAScript 2015), era la manera estándar de declarar variables. Tiene un alcance funcional.

- **let**: introducido en ES6, permite la declaración de variables con alcance de bloque.

- **const**: también introducido en ES6, se utiliza para declarar constantes, es decir, valores que no deben cambiar durante la ejecución del programa.

Asignaciones

Las **asignaciones** de valor a una variable se producen utilizando un operador especial (=). Las asignaciones de un valor a una variable pueden producirse en el momento que se declara la variable o tras realizar alguna operación.

```javascript
const iva = 21;
let mensaje = "Bienvenido a nuestra tienda Web";
const dias = ["Lunes", "Martes", "Miércoles", "Jueves",
"Viernes", "Sábado", "Domingo"];
let ivaIncluido = true;
```

Ejemplo 2.13. Definición de algunas variables en JavaScript.

En el código proporcionado, utilizamos let y const para declarar distintas variables. La variable iva guarda un número, que es 21. La variable mensaje almacena una cadena de texto que da la bienvenida. Por otro lado, dias contiene una lista de palabras, cada una representando un día de la semana. Finalmente, ivaIncluido guarda un valor especial que indica si algo es verdadero o falso; en este caso, indica "verdadero".

Operaciones

Las **operaciones** permiten obtener o modificar el estado/valor de las variables. Por ejemplo, imagine que necesita realizar la suma de dos números. Esto se puede conseguir realizando la operación sumar sobre las variables que almacenan los valores de los dos números que desea sumar.

Las operaciones se clasifican en las siguientes categorías:

- **Aritméticas**: permiten realizar modificaciones matemáticas, por ejemplo, suma, resta, multiplicación, división, incremento y decremento.

- **Lógicas**: permiten realizar comparaciones lógicas, por ejemplo, mayor que, menor que, igual que, iguales, distintos, y (*and*), o (*or*).

- **Binarias**: operaciones que se realizan a nivel de bits, como pueden ser, desplazamiento a la izquierda, complementos, y (*and*), o (*or*).

- **Otras**: operaciones propias del lenguaje, estas operaciones nos permiten crear nuevas instancias de un objeto (*new*), conocer el tipo de la variable (*typeof*), conocer si un objeto es de una determinada clase (*instanceof*).

```
const iva = 21;
let precio = 200;
let valor;
valor = precio * (iva / 100);
// Alternativamente se podría asignar y realizar la operación.
// let valor = precio * (iva / 100);
```

Ejemplo 2.14. Declaración de variables, asignación y operación en JavaScript.

Comparaciones

Las **comparaciones** determinan relaciones entre variables. Estas comparaciones pueden basarse tanto en valor como en tipo. Por ejemplo, al acceder a una página web, se comparan el usuario y la contraseña ingresados con los almacenados en el servidor para validar la autenticidad. Existen diferentes operadores para realizar estas evaluaciones como ==, ===, !=, !==, >, <, >=, y <=.

```
const a = 10;
const b = "10";
const c = 15;

const isEqualValue = a == b;   // true
const isStrictlyEqual = a === b;   // false
const isNotEqualValue = a != c;   // true
const isNotStrictlyEqual = a !== b;   // true
const isGreater = c > a;   // true
const isLess = a < c;   // true
const isGreaterOrEqual = c >= b;   // true
const isLessOrEqual = a <= b;   // true
```

Ejemplo 2.15. Comparación de variables utilizando diferentes operadores en JavaScript.

2.4.4. Objetos del lenguaje de guion

JavaScript es un lenguaje en el cual se pueden desarrollar aplicaciones basadas en el paradigma de programación orientada a objetos (POO), en concreto, en la versión de la programación orientada a prototipos. La POO es un paradigma en el cual se crean modelos basados en el mundo real. Algunos lenguajes de programación que soportan este paradigma son JAVA, C#, C++, PHP, Ruby, Objective-C o JavaScript.

El punto de vista que hay que tomar en este paradigma es el de tener un conjunto de objetos que cooperan, en lugar de tener un conjunto de funciones o instrucciones que siguen un flujo de ejecución. En la POO cada objeto es una entidad independiente que puede recibir y enviar mensajes a/desde otros objetos del sistema. Los conceptos fundamentales que se manejan en la POO son los siguientes:

* **Clase**: define las características de los objetos. Son los moldes desde los cuales se pueden generar objetos. Por ejemplo, se puede disponer de una clase denominada Coche que permita crear múltiples objetos específicos.

* **Objeto**: es la concreción o instancia de una clase. Siguiendo el ejemplo anterior, se pueden crear diferentes objetos del tipo Coche como podrían ser un Seat o Volkswagen.

* **Atributos**: representan las propiedades o características de los objetos. En el contexto de nuestra clase Coche, podríamos tener atributos como modelo, nombre, color, longitud, número de puertas, etc.

* **Método**: denota las acciones o funciones que un objeto puede realizar. En nuestro contexto los métodos serían arrancar, parar, cambiar de marcha, encender la radio, etc.

* **Constructor**: es un método especial que permite la creación de instancias.

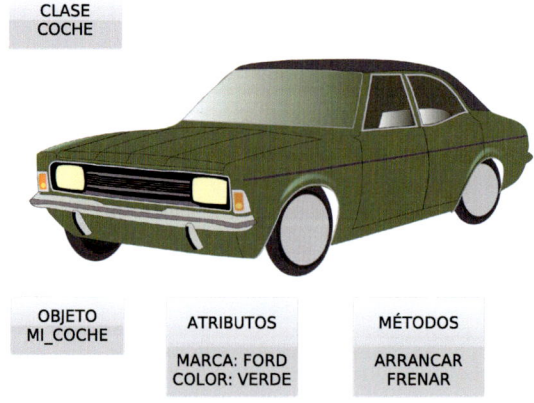

Figura 2.1. Conceptos de programación orientada a objetos.

- **Herencia**: un concepto avanzado de la POO que permite que una clase adquiera propiedades y comportamientos de otra clase. Por ejemplo, de la clase Coche pueden surgir subclases como Turismo o Furgoneta.

En la Figura 2.1 se muestra un ejemplo de clase Coche que ha sido instanciado en un coche llamado Mi_coche el cual tiene como atributos la marca y el color, y métodos como arrancar y frenar.

2.4.4.1. Métodos

Los métodos son las operaciones que puede realizar un objeto, estos métodos se definen en la propia clase. Por ejemplo, la clase *Array* de JavaScript, una estructura de datos que almacena una colección de elementos, tiene métodos incorporados que nos permiten, por ejemplo, añadir o eliminar elementos. Algunos métodos de esta clase son push, pop, shift, unshift. La manera de invocar los métodos es directamente sobre cada uno de los objetos, usando diferentes notaciones para este fin. En concreto, en JavaScript se hace uso del carácter punto (.).

En este ejemplo, push es un método del objeto *array* que permite añadir elementos al final de dicho *array*. Así que, este código inicia con un *array* vacío llamado numeros. Luego, mediante el método push, se agregan dos valores, 5 y 10, al final del *array*. Finalmente, se muestra el contenido del *array*, que ahora es [5, 10], usando console.log.

```javascript
const numeros = [];          // Definimos un array vacío

numeros.push(5);             // Añade el número 5 al final del array
numeros.push(10);            // Añade el número 10 al final

console.log(numeros);        // Muestra: [5, 10]
```

Ejemplo 2.16. Invocación de métodos sobre objetos en JavaScript.

2.4.4.2. Eventos

En la programación, un evento se refiere a la acción o interacción específica que tiene lugar, como el clic de un botón o la presión de una tecla. Los eventos son esenciales en la programación orientada a objetos (POO), ya que permiten que los objetos detecten y respondan a acciones específicas, facilitando la interacción entre diferentes clases o entre el *software* y el usuario.

Cuando ocurre un evento, se "emite" o "lanza" una señal, indicando que ha sucedido algo de interés. Para responder a este evento, necesitamos un "receptor" o "escuchador" que esté "escuchando" esa señal. En la terminología de la POO, estos roles se conocen como "emisor" y "receptor" o, en inglés, *dispatcher* y *listener*.

El proceso generalmente implica que el emisor envíe un mensaje y el receptor responda ejecutando una función o método específico, conocido como manejador de eventos. Aunque la conceptualización y el propósito de los eventos son similares en muchos lenguajes, las implementaciones específicas pueden variar. En la Figura 2.2, se ilustra la comunicación entre objetos a través de la emisión y escucha de eventos.

Modelo Emisor/Receptor

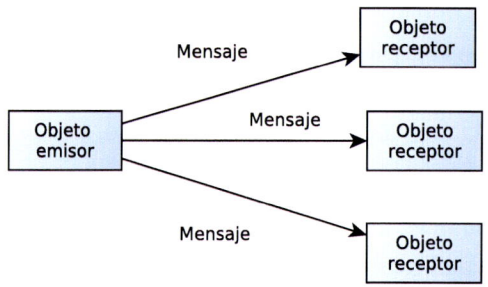

Figura 2.2. Modelo emisor/receptor de paso de mensajes.

2.4.4.3. Atributos

Los atributos representan las propiedades o características específicas de un objeto. Estos se definen en la clase y sirven para dar detalle y contexto a cada instancia del objeto. Tomando como ejemplo una clase *Perro*, los atributos podrían incluir *raza*, *peso*, *edad* y *dueño*. Cada instancia u objeto de la clase *Perro* tendría valores específicos para estos atributos, proporcionando una descripción única de ese perro en particular.

Aunque los atributos describen las propiedades de un objeto, es mediante los métodos, como *ladrar*, *correr* o *comer*, que se define cómo actúa o reacciona ese objeto. Estos métodos, a menudo, interactúan o dependen de los valores de los atributos para su funcionamiento. Por ejemplo, un método que determine la velocidad de *correr* de un perro podría depender de su *edad* o *peso*.

2.4.4.4. Funciones

En el contexto de la programación orientada a objetos, las **funciones** y **métodos** son conceptos que a menudo se entrelazan. Teóricamente, la distinción radica en que las funciones suelen retornar un valor, mientras que los métodos no necesariamente lo hacen. Sin embargo, en la práctica moderna, esta distinción se ha vuelto menos clara, y los términos *función* y *método* son utilizados intercambiablemente. Aunque teóricamente son conceptos diferentes, es esencial reconocer que, en muchos contextos prácticos, se refieren a lo mismo.

2.4.5. Tipos de *scripts:* inmediatos, diferidos e híbridos.

JavaScript, como lenguaje de *script* ampliamente utilizado en el desarrollo web, proporciona flexibilidad en cuanto a cómo y cuándo se ejecuta un *script*. Esta ejecución está determinada, en gran medida, por la posición y atributos del elemento <script> en el documento HTML. Comprender los diferentes tipos de *scripts* y su comportamiento es esencial para garantizar una experiencia de usuario óptima. En esta sección, clasificaremos los *scripts* en tres categorías principales basándonos en su comportamiento de ejecución.

- *Scripts* inmediatos: se ejecutan nada más cargar la página web, deben ir dentro del elemento body.

- *Scripts* diferidos: el *script* es cargado con la página web, pero no se ejecuta hasta que se produce un evento que invoca a las funciones del *script*. Deben ir dentro del elemento body.

- *Scripts* híbridos: el *script* se puede situar tanto dentro del elemento body como del elemento head.

2.5. Ejecución de un *script*

La sección anterior introdujo los diferentes tipos de *scripts* basados en su ubicación dentro del documento HTML. En esta sección, exploraremos ejemplos de código que corresponden a esa clasificación.

2.5.1. Ejecución al cargar la página

El Ejemplo 2.17 ilustra cómo un *script* puede ser configurado para mostrar un mensaje inmediatamente después de que la página web se haya cargado. Para ejecutar código JavaScript en este momento específico, se utiliza el evento onload del objeto window, que se dispara cuando la página se ha cargado completamente.

```
<script>
  window.onload = function () {
    alert("La página ha sido cargada satisfactoriamente");
  };
</script>
```

Ejemplo 2.17. Ejecución de código JavaScript al cargar la página web.

2.5.2. Ejecución después de producirse un evento

Es interesante activar una función cuando ocurre un evento en la página web. En el Ejemplo 2.18, se presenta una página que muestra un mensaje cuando se pulsa el botón del formulario. En este caso, se asoció el botón con el evento `onclick` mediante un atributo del elemento `input`. Esta es una de las formas de vincular eventos con funciones, un tema que se abordará con más profundidad en el Capítulo 6.

```
<!DOCTYPE html>
<html lang="es">
  <head>
    <meta charset="UTF-8" />
    <title>Ejemplo de Evento Onclick</title>
    <script>
      function miFuncion() {
        alert("Se ha pulsado el botón");
      }
    </script>
  </head>
  <body>
    <form>
      <input type="button" onclick="miFuncion()" value="Pulsar" />
    </form>
  </body>
</html>
```

Ejemplo 2.18. Ejecución de código JavaScript después de producirse un evento.

2.5.3. Ejecución del procedimiento dentro de la página

Los navegadores web interpretan el código JavaScript línea por línea, siguiendo el flujo del programa. Por ello, es posible insertar funciones y código JavaScript en cualquier lugar del documento HTML, siempre que estén encapsulados dentro del elemento `<script>`.

```
<!-- Contenido HTML previo -->
<script>
   // Aquí van las sentencias y el código JavaScript
</script>
<!-- Resto del contenido HTML -->
```

Ejemplo 2.19. Ejecución del procedimiento dentro de la página.

2.5.4. Tiempos de ejecución

El **tiempo de ejecución** (*runtime*) es el intervalo de tiempo en el que un programa se ejecuta. Este tiempo es muy importante hoy en día, imagina una página web que tarda más de lo debido en dar una respuesta, lo más seguro es que el usuario abandone la web, puesto que los usuarios no están acostumbrados a grandes periodos de espera.

Por otro lado, **el tiempo de compilación** (*compile-time*) es el intervalo de tiempo en el que un compilador traduce un código de un lenguaje de programación a un código ejecutable por una máquina.

Como ya se sabe, el lenguaje de guion JavaScript no requiere de tiempo de compilación, pero sí es importante el tiempo de ejecución del código de los programas que se desarrollen.

El elemento `<script>` tiene distintos atributos que marcan el momento de ejecución del código.

- **Sin parámetros**: el comportamiento por defecto. Cuando el navegador encuentra un `<script>`, lo procesa de inmediato, pausando la interpretación del HTML hasta que el *script* ha concluido su tarea.

  — **Ventaja**: los *scripts* se ejecutan en el orden en que aparecen.

  — **Desventaja**: puede ralentizar la carga visual y la interactividad de la página, especialmente si el *script* es grande o se descarga lentamente.

- **async**: al agregar el atributo `async`, el navegador descarga el *script* de manera asíncrona sin bloquear la interpretación del HTML. Sin embargo, una vez que el *script* se ha descargado, la ejecución del *script* bloqueará el procesamiento adicional hasta que el *script* se haya ejecutado.

  — **Ventaja**: no bloquea la interpretación del HTML durante la descarga.

  — **Desventaja**: no hay garantía del orden de ejecución. Los *scripts* pueden ejecutarse en un orden diferente al que aparece en el documento.

- **defer**: el atributo `defer` indica que el *script* debe ejecutarse después de que se haya interpretado todo el HTML, y lo hace en el orden en que aparecen los *scripts* en el documento.

  — **Ventaja**: no bloquea la interpretación del HTML y garantiza el orden de ejecución.

  — **Desventaja**: el código JavaScript no se ejecutará hasta que todo el HTML se haya interpretado.

- **module**: se utiliza para cargar módulos ECMAScript(ES6+). Los *scripts* de tipo `module` se difieren por defecto, lo que significa que se ejecutan después de que se haya interpretado todo el HTML. Además, los módulos tienen un alcance de *script* diferente, lo que impide que las variables se agreguen al alcance global.

  — **Ventaja**: permite la importación y exportación de funciones y variables entre módulos.

  — **Desventaja**: no es compatible con navegadores más antiguos.

```html
<!DOCTYPE html>
<html lang="es">
 <head>
   <meta charset="UTF-8" />
   <title>Tipos de ejecución de scripts</title>
  <!-- Sin Parámetros: Se bloqueará el renderizado del
     HTML hasta que este script sea descargado y ejecutado -->
   <script src="sinParametro.js"></script>

   <!-- Module: Funcionará como un script 'defer' y
        permitirá usar módulos ECMAScript -->
   <script type="module" src="moduloScript.js"></script>
 </head>
 <body>
   <!-- Contenido de la página -->

   <button onclick="saludar()">¡Haz click aquí!</button>

   <!-- Async: Se descargará en paralelo y se ejecutará
        tan pronto como esté listo, sin esperar a que el HTML
        esté totalmente cargado -->
   <script src="asyncScript.js" async></script>
```

```
<!-- Defer: Aunque esté en el body, se ejecutará después
     de que se haya cargado todo el HTML -->
<script src="deferScript.js" defer></script>
</body>
</html>
```

Ejemplo 2.20. Formas de incluir *scripts* en un documento HTML.

2.5.5. Errores de ejecución

JavaScript es un lenguaje interpretado, por lo que no cuenta con un compilador que detecte errores previamente. Los fallos se identifican durante la ejecución. Es esencial probar el código en distintos navegadores y versiones, ya que estos ofrecen información valiosa para corregir errores.

ACTIVIDADES

2.1. Define con tus propias palabras los siguientes términos: *guion* en informática, *lenguajes de guion del lado del cliente, lenguajes de guion del lado del servidor* y *programación orientada a eventos*.

2.2. Identificación de eventos: estás diseñando una página web para una tienda en línea. Enumera cinco eventos que podrían ocurrir en esta página y describe qué acción se llevaría a cabo en respuesta a cada evento. Por ejemplo: "Cuando un usuario hace clic en el botón 'Agregar al carrito', el producto seleccionado se añade al carrito de compras del usuario".

2.3. Comparación de lenguajes:

    2.3.1. Enumera tres diferencias clave entre un lenguaje interpretado y un lenguaje compilado.

    2.3.2. Menciona dos ejemplos de lenguajes interpretados y dos ejemplos de lenguajes compilados.

2.4. Análisis de ventajas e inconvenientes:

    2.4.1. Estás desarrollando una aplicación que requiere alta eficiencia en tiempo de ejecución y seguridad. ¿Elegirías un lenguaje interpretado o compilado? Justifica tu respuesta.

    2.4.2. Considera que estás desarrollando un prototipo rápido para una *startup* que necesita ser probado en diferentes plataformas. ¿Qué tipo de lenguaje elegirías y por qué?

2.5. Interactividad del lenguaje de guion:

    2.5.1. ¿Por qué HTML por sí solo no permite una interacción completa con el usuario final?

    2.5.2. Menciona dos principios subyacentes de la interactividad en los lenguajes de guion.

    2.5.3. ¿Qué son los manejadores en el contexto de la interactividad?

    2.5.4. ¿Cómo puede afectar la interactividad al rendimiento de un sitio web?

    2.5.5. Estás desarrollando una página web para una encuesta. Diseña una interacción utilizando un lenguaje de guion donde el usuario debe seleccionar una opción de respuesta y, al hacer clic en un botón, se le muestra un mensaje personalizado basado en su elección. Describe brevemente cómo implementarías esta interacción.

2.6. Relación de lenguajes de guion y lenguajes de marcas:

    2.6.1. ¿Cuál es la principal diferencia entre los lenguajes de guion y de marcas?

    2.6.2. ¿Qué papel juega el DOM en la relación entre los lenguajes de guion y de marcas?

    2.6.3. Menciona una ventaja y una desventaja de usar AJAX en el desarrollo web.

    2.6.4. ¿Cómo se complementan HTML, CSS y JavaScript en el desarrollo web?

2.7. Sección 2.3. Lenguajes de marcas: HTML5.

    2.7.1. Preguntas de comprensión:

        2.7.1.1. ¿Qué es HTML y cuál es su propósito principal?

        2.7.1.2. ¿Cuál es la diferencia entre HTML5 y sus predecesores?

        2.7.1.3. ¿Qué son las etiquetas en HTML y cómo se delimitan?

        2.7.1.4. Menciona tres componentes clave de la estructura básica de HTML5 y describe su función.

        2.7.1.5. ¿Qué es un atributo en HTML y cómo se especifica?

    2.7.2. Actividad práctica: creación de una página web básica con HTML5 que contenga un encabezado, un menú de navegación, una sección principal con un artículo y un pie de página.

- Utiliza la estructura básica del Ejemplo 2.1 como base.

- En el encabezado, añade un título descriptivo para tu página.

- En el menú de navegación, añade al menos tres enlaces: Inicio, Sobre mí y Contacto.

- En la sección principal, crea un artículo con un título, una imagen y un párrafo de texto.

- En el pie de página, añade información como tu nombre y año actual.

2.7.3. Actividad de investigación: investiga y lista al menos cinco etiquetas que se hayan vuelto obsoletas con la llegada de HTML5 y cinco etiquetas nuevas que se hayan introducido en HTML5.

- Utiliza fuentes confiables y actualizadas para tu investigación.

- Para cada etiqueta obsoleta, describe brevemente su función y por qué se considera obsoleta en HTML5.

- Para cada etiqueta nueva, describe su función y cómo enriquece la semántica y estructuración de documentos web.

2.8. Sección 2.3. Lenguajes de marcas: HTML5-Texto.

2.8.1. Definición de etiquetas:

2.8.1.1. ¿Qué etiqueta se utiliza para definir un párrafo en HTML?

2.8.1.2. ¿Cómo se representa una cabecera de nivel 3 en HTML?

2.8.1.3. ¿Qué etiqueta se utiliza para dar énfasis al texto y cómo se muestra por defecto en el navegador?

2.8.1.4. ¿Cuál es la función de la etiqueta `abbr` y qué atributo adicional puede incluir?

2.8.1.5. ¿Qué diferencia hay entre las etiquetas `blockquote` y `q`?

2.8.2. Actividad práctica: crea de un documento HTML que contenga:

- Un encabezado con el título "Mi Primer Documento HTML".

- Un párrafo que describa brevemente lo que estás aprendiendo sobre HTML.

- Una cita de una fuente externa utilizando la etiqueta adecuada.

- Un término clave introducido y su definición.

- Un fragmento de código fuente de un programa simple en cualquier lenguaje de programación, utilizando la etiqueta adecuada.

- Una abreviatura con su versión completa proporcionada como un atributo.

- Un pie de página que contenga información de contacto y derechos de autor.

2.9. Sección 2.3. Lenguajes de marcas: HTML5-Listas, hiperenlaces y mapas.

    2.9.1. Definición de etiquetas de listas:

        2.9.1.1. ¿Qué etiqueta se utiliza para representar una lista no enumerada?

        2.9.1.2. ¿Cómo se representa un ítem individual de una lista?

        2.9.1.3. ¿Qué etiqueta se utiliza para definir un término dentro de una lista de definiciones?

        2.9.1.4. ¿Cuál es la función de la etiqueta *a* en HTML?

        2.9.1.5. ¿Para qué se utiliza la etiqueta `map` y cómo se relaciona con la etiqueta *area*?

    2.9.2. Actividad práctica: crea listas e hiperenlaces en HTML:

- Crea una lista no ordenada que contenga al menos cuatro ítems.

- Crea una lista ordenada que contenga al menos tres ítems.

- Crea una lista de definiciones con al menos tres términos y sus respectivas definiciones.

- Inserta al menos cinco hiperenlaces que redirijan a diferentes páginas web.

- Inserta una imagen de *Unsplash* y crea un hiperenlace en la imagen para que, al hacer clic en ella, redirija a la página principal de *Unsplash*.

2.10. Sección 2.3. Lenguajes de marcas HTML5-Tablas.

Diseña una tabla que represente las ventas de diferentes productos en una tienda durante una semana. La tabla debe tener las siguientes características:

- Debe tener un título descriptivo.

- La primera fila debe ser un encabezado que contenga los días de la semana (lunes a domingo).

- Debe tener al menos 5 productos diferentes.

- Cada fila después del encabezado representa un producto y las ventas de ese producto durante cada día de la semana.

- Utiliza el elemento `colgroup` para resaltar las ventas del fin de semana (sábado y domingo) con un color de fondo diferente.

2.11. Sección 2.3. Lenguajes de marcas HTML5-Formularios.

Crea un formulario de registro para un sitio web de cursos en línea. El formulario debe contener los siguientes campos:

- Nombre completo (campo de texto).
- Correo electrónico (campo de texto específico para *e-mails*).
- Contraseña (campo de contraseña).
- Confirmación de contraseña (campo de contraseña).
- Fecha de nacimiento (campo de fecha).
- Género (menú desplegable con opciones: masculino, femenino, otro).
- Breve descripción sobre ti (campo de texto con múltiples líneas).
- Cursos de interés (menú desplegable con opciones: Programación, Diseño, Marketing, Otros).
- Botón para enviar el formulario.
- Asegúrate de que cada campo tenga su respectiva etiqueta descriptiva.
- Agrupa los campos relacionados utilizando `fieldset` y `legend`.

2.12. Sección 2.4. Sintaxis del lenguaje de guion. Integración de JavaScript en documentos HTML.

    2.12.1. Directa de JavaScript en HTML: crea un documento HTML e incrusta directamente un *script* de JavaScript que muestre un mensaje de bienvenida al usuario utilizando la función *alert*.

    2.12.2. Referenciando un archivo JavaScript externo: crea un archivo externo llamado scriptExterno.js. En este archivo, escribe un código JavaScript que muestre un mensaje diferente al anterior, por ejemplo: "¡Esto proviene de un archivo externo!".

    2.12.3. Uso de la etiqueta <`noscript`>. En el mismo documento HTML, escribe un mensaje dentro de la etiqueta <`noscript`> que informe al usuario si JavaScript está deshabilitado en su navegador.

    2.12.4. Preguntas de reflexión:

        2.12.4.1. ¿Por qué es importante validar los datos del lado del cliente con JavaScript?

2.12.4.2. ¿Cuáles son las ventajas de usar un archivo JavaScript externo en lugar de incrustar el código directamente en el documento HTML?

2.12.4.3. ¿Qué información consideras que no debería incluirse en los comentarios del código JavaScript y por qué?

2.13. Sección 2.4. Sintaxis del lenguaje de guion-Declaración de variables.

2.13.1. Crea un archivo JavaScript y declara las siguientes variables utilizando var, let y const:

- Una variable llamada **nombre** que contenga tu nombre.

- Una variable llamada **edad** que contenga tu edad.

- Una constante llamada PI que tenga el valor de 3.141592653589793.

- Imprime en consola el valor de cada variable.

2.13.2. Asignación de valores:

- Declara una variable llamada precioSinIVA y asigna a esta variable un valor de 100.

- Crea otra variable llamada precioConIVA y asigna el valor de precioSinIVA multiplicado por 1.21 (considerando un IVA del 21 %).

- Imprime en consola el valor de precioConIVA.

2.13.3. Trabajando con *arrays*:

- Declara una constante llamada meses que contenga todos los meses del año.

- Imprime en consola el mes correspondiente a tu cumpleaños utilizando el índice adecuado del *array*.

2.14. Sección 2.4. Sintaxis del lenguaje de guion-Programación orientada a objetos

2.14.1. Define en tus propias palabras los siguientes conceptos: clase, objeto, atributos, método y constructor.

2.14.2. ¿Qué es un evento en programación y cómo se relaciona con la programación orientada a objetos?

2.14.3. ¿Cuál es la principal diferencia teórica entre funciones y métodos?

2.14.4. Describe brevemente los tres tipos de *scripts* mencionados en el contexto: *scripts* inmediatos, *scripts* diferidos y *scripts* híbridos.

2.15. Sección 2.5. Ejecución de un *script*.

2.15.1. ¿Qué evento se utiliza en JavaScript para ejecutar un *script* justo después de que la página web se haya cargado por completo?

2.15.2. ¿Cómo se denomina la acción de hacer clic en un botón o presionar una tecla?

2.15.3. Explica brevemente la diferencia entre tiempo de ejecución y de compilación.

2.15.4. Atributos del *script*: describe la función del atributo `async` en un elemento `<script>`. ¿Y la del atributo `defer`?

2.15.5. Dado que JavaScript es un lenguaje interpretado, ¿en qué momento se detectan los errores?

2.15.6. Crea una página web que contenga lo siguiente:

- Un mensaje en el centro que diga: "¡Bienvenido a mi página web!".

- Un botón debajo del mensaje que diga: "Haz clic en mí".

- Al cargar la página, debe aparecer una alerta que diga: "La página ha sido cargada satisfactoriamente".

- Al hacer clic en el botón, debe aparecer una alerta que diga: "¡Gracias por hacer clic!".

- Para lograr esto, deberás utilizar el evento `onload` del objeto `window` para el mensaje al cargar la página y el evento `onclick` para el botón.

3. Elementos básicos del lenguaje de guion

Contenido

3.1. Variables e identificadores.

3.2. Tipos de datos.

3.3. Operadores y expresiones.

3.4. Estructuras de control.

3.5. Funciones.

3.6. Instrucciones de entrada/salida.

Actividades.

Introducción

Todos los lenguajes de programación comparten estructuras de datos y de control similares, ya que se basan en principios fundamentales compartidos. En este capítulo, abordaremos los conceptos y elementos comunes de estos lenguajes, con un enfoque específico en JavaScript. Comenzaremos con una introducción a las variables, tipos de datos y operadores asociados. Luego, exploraremos estructuras de control esenciales, como `if`, `while`, `for`, `break` y `continue`. Tras consolidar la comprensión de estos elementos básicos, profundizaremos en funciones y las instrucciones de entrada y salida en JavaScript, preparando el terreno para desarrollar aplicaciones más complejas.

3.1. Variables e identificadores

Las variables se definen como espacios de memoria reservados para almacenar valores, los cuales pueden cambiar durante la ejecución del código. Por otro lado, los identificadores son los nombres que se asignan a estas variables para hacer referencia a ellas. Un uso adecuado y coherente de identificadores contribuye a que el programa sea legible y estructurado.

3.1.1. Declaración de variables

En JavaScript, la declaración de variables ha evolucionado a lo largo del tiempo. Aunque tradicionalmente se usaba `var`, actualmente hay opciones más versátiles y recomendadas. Vamos a detallar cada una:

1. `var`. Es el método más antiguo de declaración de variables. Puede ser inicializada con un valor de forma opcional, `var x = 20`. Sin embargo, tiene limitaciones en cuanto a su ámbito de acción. Aunque es posible declarar variables sin usar la palabra clave var (por ejemplo, `x = 20`), esto las convierte automáticamente en globales y puede conducir a comportamientos inesperados en el código. De hecho, muchos consideran esta práctica obsoleta y aconsejan evitarla excepto en situaciones específicas de mantenimiento de código antiguo.

2. `let`. Esta palabra clave se introdujo con ES6 (ECMAScript 2015) y es más versátil que var. Al utilizar `let`, como en `let x = 20`, la variable se declara en el ámbito local del bloque en el que se encuentra, evitando muchos de los problemas asociados con var.

3. `const`. Como su nombre indica, se usa para declarar constantes, es decir, valores que no deben ser reasignados después de su inicialización. Por ejemplo, `const a = 5`.

Respecto a los identificadores, son los nombres que asignamos a las variables y se rigen por ciertas reglas:

- Debe comenzar por una letra, un guion bajo _ o el símbolo de dólar $.

- Se puede utilizar cualquier carácter en formato ISO 8859-1 o letras UNICODE, pudiendo utilizar caracteres que se utilizan en otros idiomas como pueden ser ö, ä, æ, etc.

Ejemplos válidos de identificadores son $99, _nombre, y `variable_N2`. A continuación, se muestra un ejemplo de cómo se definen estas variables en JavaScript:

```javascript
var $99 = "Esto es una cadena";
let _nombre = 23;
const variable_N2 = 10.23;
```

Ejemplo 3.1. Declaración de variables en JavaScript.

Ámbito de variables

Entender el ámbito de una variable es importante para la programación, ya que un mal manejo puede dar como resultado errores inesperados. Así que, una de las definiciones más extendidas para el concepto de ámbito de una variable (*scope*) es el siguiente: **el ámbito de una variable es el contexto del programa en el que ella puede ser utilizada**. Es decir, es la zona del programa donde existe la variable y puede ser utilizada.

En JavaScript existen tres tipos de ámbitos: **global**, **local** y **de bloque**.

- **Ámbito global**: las variables globales son accesibles en cualquier parte del código. Se declaran fuera de funciones y su valor es accesible y modificable por cualquier función o bloque de código.

```javascript
var x = 20;
{
   if(true){
      console.log(x); // Muestra 20
   }
}
```

Ejemplo 3.2. Declaración de una variable con ámbito global en JavaScript.

- **Ámbito local**: las variables con ámbito local son aquellas que se declaran dentro de una función y son solamente accesibles dentro de esa función. Si intentamos acceder a ellas desde fuera de la función, se generará un error.

```
function miPrimeraFuncion(){
    if(true){
      var x = 20;
    }
    console.log(x); // Muestra 20
  }
  console.log(x); // Error: x is not defined
  miPrimeraFuncion();
```

Ejemplo 3.3. Declaración de una variable con ámbito local en JavaScript.

- **Ámbito de bloque**: introducido con ECMAScript 6, este ámbito permite declarar variables que solo son accesibles dentro de un bloque específico de código, como lo son los bloques de las estructuras `if`, `for`, entre otros. Esto se logra mediante la palabra reservada `let`.

```
if(true){
   let x = 20;
}
console.log(x); // Error: x is not defined
```

Ejemplo 3.4. Declaración de una variable con ámbito de bloque en JavaScript.

Diferencias entre variables no inicializadas y variables no declaradas

JavaScript, siendo un lenguaje interpretado, nos brinda distintos comportamientos dependiendo de si una variable ha sido declarada sin asignarle un valor (no inicializada) o si simplemente no ha sido declarada en absoluto. Veamos en detalle estas diferencias:

- **Variables no inicializadas**: a una variable que ha sido declarada, pero no se le ha asignado un valor específico, automáticamente se le asigna el valor **undefined**. Este valor tiene algunas peculiaridades:

  1. En contextos booleanos, se comporta como `false`.

  2. En operaciones aritméticas, se convierte a NaN (*Not a Number*).

- **Variables no declaradas**: si intentamos acceder a una variable que no ha sido declarada previamente en nuestro código, JavaScript lanza una excepción `ReferenceError`.

En el Ejemplo 3.5 podemos observar que hay una clara diferencia entre una variable que ha sido declarada, pero no inicializada (`undefined`) y una que no ha sido declarada en absoluto (lo que provoca un `ReferenceError`).

```javascript
var x;
console.log("El resultado es " + x); // El resultado es
undefined
console.log("El resultado es " + y); // ReferenceError
```

Ejemplo 3.5. Diferencia entre la declaración de una variable y la no declaración.

Hoisting

El *hoisting* es un comportamiento característico de JavaScript, donde las declaraciones de variables y funciones son movidas, o "elevadas", al principio de su contexto actual, ya sea una función o el contexto global. Es importante entender que solo las declaraciones son "elevadas", no las inicializaciones. Es por ello por lo que puede resultar confuso si no se tiene conocimiento de este comportamiento, esto puede llevar a resultados inesperados.

En el Ejemplo 3.8, observamos un código que realiza dos operaciones principales:

- Se declara una variable global, x, con un valor inicial de 10.

- A continuación, se ejecuta una función que, en primer lugar, muestra el valor de x y, posteriormente, declara una variable local, también denominada x, con un valor asignado de 20.

Siguiendo la lógica tradicional, uno podría suponer que:

- El primer `console.log` mostrará el valor 10, haciendo referencia a la variable global x.

- El segundo `console.log` reflejará el valor 20, debido a la variable local x recién definida.

Sin embargo, este razonamiento no tiene en cuenta el *hoisting* de JavaScript. Esta característica particular del lenguaje eleva únicamente la declaración de la variable local x al principio de la función, manteniendo su inicialización en la posición original.

Debido a este comportamiento de *hoisting*, al momento de la ejecución del primer console.log, la variable local x ya ha sido declarada, pero aún no ha sido inicializada. Esto resulta en que tenga un valor de undefined.

Por otro lado, en el Ejemplo 3.9 se muestra cómo el intérprete de JavaScript reorganiza el código tras aplicar el *hoisting*. Aquí, es esencial notar que, al elevar solo la declaración y no la inicialización, nos encontramos con una variable que ha sido declarada, pero que no tiene un valor asignado, resultando en el valor undefined.

```javascript
var x = 10;

(function () {
    console.log("x:", x); // Se espera 10
    var x = 20;
    console.log("x:", x); // Se espera 20
})();
```

Ejemplo 3.6. Código previo a la elevación de variable.

```javascript
var x = 10;

(function () {
    var x; // La variable es elevada
    console.log("x:", x); // undefined
    x = 20;
    console.log("x:", x); // x es 20
})();
```

Ejemplo 3.7. Código procesado tras la elevación de variables.

3.1.2. Operaciones con variables

En JavaScript, la naturaleza y comportamiento de las operaciones dependen del tipo de datos involucrados. A lo largo de este capítulo, se explorarán con más detalle los diferentes tipos de datos (Sección 3.2) y operadores (Sección 3.3) presentes en JavaScript. Los operadores en JavaScript se clasifican en unarios, binarios y, excepcionalmente, existe un operador ternario.

- **Operadores unarios**: estos operadores requieren de un solo operando, el cual puede estar antes o después del operador. Por ejemplo:

  — x--; decrementa el valor de x en uno, utilizando el operador (--).

— `--x;` disminuye primero el valor de x en uno antes de usarlo en otras operaciones.

- **Operadores binarios**: estos operadores actúan sobre dos operandos. El operador se coloca entre ambos operandos. Algunos ejemplos incluyen:

  — `x + y;` suma los valores de x e y utilizando el operador (+).

  — `3 - x;` resta el valor de x a 3 utilizando el operador (-).

También es importante mencionar el **operador ternario** (operador condicional ?), el único operador en JavaScript que trabaja con tres operandos. Se abordará con más detalle en secciones posteriores.

3.2. Tipos de datos

Al realizar operaciones en JavaScript, es fundamental tener en cuenta los tipos de datos de las variables involucradas. Esto se debe a que operar con números no es lo mismo que hacerlo con cadenas de texto, por ejemplo. Para entender y trabajar adecuadamente con las operaciones, es crucial conocer los tipos de datos en JavaScript.

Hasta la fecha, JavaScript cuenta con siete tipos de datos primitivos y un tipo estructural, que es el tipo Objeto.

- **Number**: este tipo de dato incluye tanto números enteros como decimales. Ejemplo: 23 o 1.23.

- **String**: se refiere a cadenas de caracteres. Ejemplo: "Esto es una cadena".

- **Boolean**: tiene solamente dos valores posibles: *true* o *false*. Se utiliza comúnmente para verificar condiciones.

- **Null**: representa un valor nulo o "ausencia de valor".

- **Undefined**: indica que una variable ha sido declarada, pero aún no tiene un valor asignado.

- **Symbol**: introducido en ECMAScript6, es un tipo de dato único e inmutable que se utiliza principalmente como identificador para las propiedades de los objetos.

- **BigInt**: introducido en versiones más recientes de JavaScript, permite representar números enteros de cualquier tamaño, más allá de la capacidad del tipo Number.

Adicionalmente, en cuanto a tipos estructurados, los objetos se pueden describir de la siguiente forma:

- **Objeto**: este tipo incluye diversos subtipos, entre ellos los predefinidos por JavaScript (como Array, Date y RegExp), y también aquellos definidos por los usuarios a través de clases. Aunque los *arrays* son una estructura de datos especial, en JavaScript son tratados como un tipo de objeto.

La Figura 3.1 presenta una representación gráfica de estos tipos de datos en JavaScript. Las secciones subsiguientes profundizarán en la descripción y funcionalidades de cada uno de estos tipos de datos.

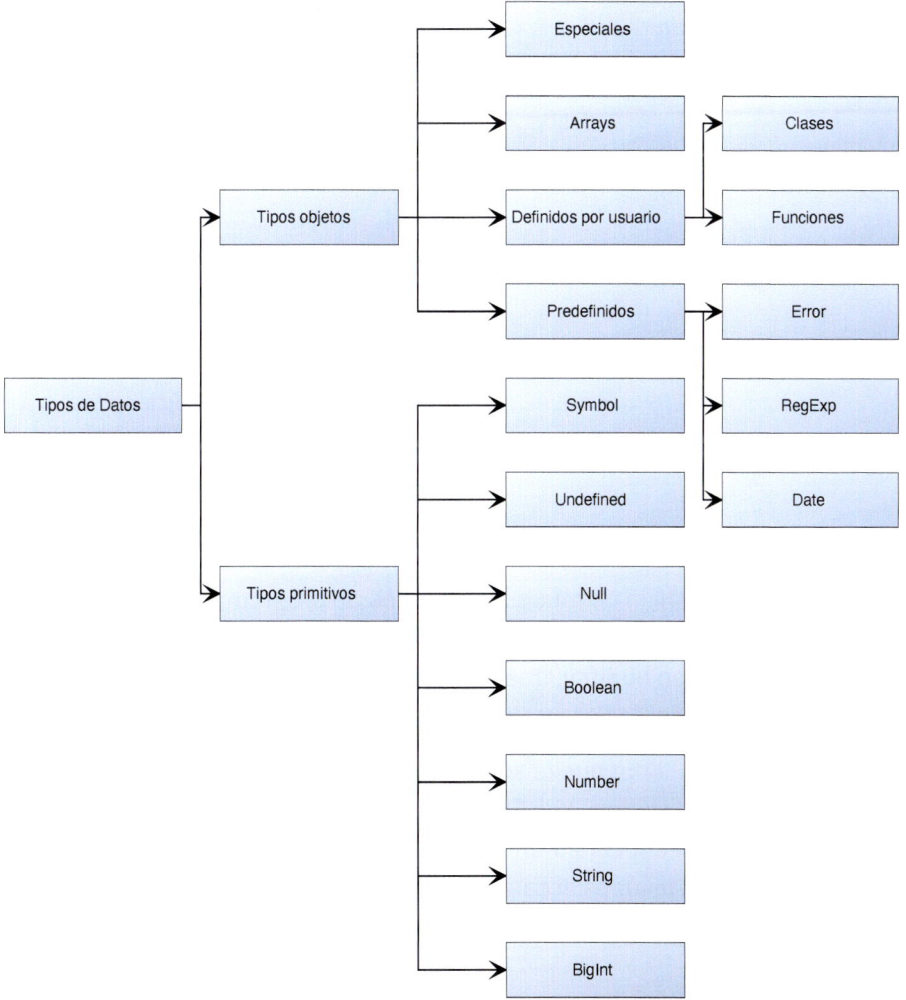

Figura 3.1. Tipo de datos de las variables.

3.2.1. Datos booleanos

Las variables de tipo booleano únicamente pueden adoptar uno de dos valores: *true* o *false*. Estas variables desempeñan un papel esencial en la determinación del flujo de ejecución en programas, dado que se emplean frecuentemente en las condiciones de estructuras de control como `if-else`.

A continuación, un ejemplo actualizado para ilustrar mejor su uso:

```javascript
let aprendiendo = true;

function avanza() {
  alert("¡Sigue adelante!");
}

function revisaDeNuevo() {
  alert("Tómate un momento para revisar el contenido
nuevamente.");
}

if (aprendiendo) {
  avanza();
} else {
  revisaDeNuevo();
}
```

Ejemplo 3.8. Uso de una variable booleana.

3.2.2. Datos numéricos

JavaScript, a diferencia de muchos lenguajes de programación, no distingue entre diferentes tipos de datos numéricos, como `int`, `float` o `double`. En lugar de eso, ofrece el tipo `Number`, que engloba todos esos formatos y utiliza una representación de coma flotante de 64 bits según el estándar IEEE-754.

Un número en JavaScript puede ser un entero o un decimal, separados por un punto (`.`). Los números en JavaScript también pueden ser representados en notación científica, especialmente útil para números muy grandes o pequeños. En JavaScript, usamos el carácter 'e' para denotar el exponente.

```javascript
let numeroEntero = 10;
let numeroDecimal = 10.5;
let numeroDecimal2 = 0.5;
let numeroDecimal3 = 0.5; // Es lo mismo que 0.5
let notacionCientifica = 1234e4; // Equivale a 12340000
let notacionCientifica2 = 1234e-4; // Equivale a 0.1234
```

Ejemplo 3.9. Declaración de números en JavaScript.

También es relevante mencionar que los números decimales en JavaScript tienen una precisión de hasta 15 dígitos, lo que puede causar algunos problemas al hacer operaciones con números decimales, como se muestra a continuación.

```
console.log(0.5 - 0.4); // Da como resultado 0.09999999999999998
console.log(0.4 - 0.3); // Da como resultado 0.10000000000000003
```

Ejemplo 3.10. Precisión en números decimales.

Una solución común a este problema es operar con números enteros y solo usar decimales al presentar resultados.

```
console.log((0.5 * 10 - 0.4 * 10) / 10); // En ambos casos el resultado
console.log((0.4 * 10 - 0.3 * 10) / 10); // es 0.1
```

Ejemplo 3.11. Operaciones con números enteros en lugar de decimales.

En 2023, además del tipo `Number`, JavaScript ha introducido el tipo `BigInt`, que permite trabajar con números enteros de precisión arbitraria, sin limitarse a los 64 bits de precisión de `Number`. `BigInt` es útil para aplicaciones que necesitan manejar números muy grandes.

```
let numeroGrande = 12345678901234567890123456789012345678901234567890n;
let otroNumGrande = BigInt("12345678901234567890123456789012345678901234567890");
```

Ejemplo 3.12. Declaración de números BigInt en JavaScript.

Operaciones con números en JavaScript: casos particulares

Operar con números en JavaScript puede tener ciertas peculiaridades que resulta importante conocer. Estas peculiaridades abordan situaciones específicas que surgen debido a cómo JavaScript maneja los números. A continuación, se destacan algunos de estos casos especiales:

- **NaN** (*Not a Number*): representa un resultado que no es un número válido. A menudo es el resultado de operaciones matemáticas indefinidas o aquellas que no producen un número, como dividir cero por cero o convertir una cadena de texto no numérica en un número. Ejemplo: `let resultado = "texto" * 5;`

- **Infinity**: representa un número infinitamente grande en términos positivos. Puede surgir cuando se tiene una división donde el denominador es cero, o al intentar representar un número mayor al máximo representable en el tipo `Number`. Ejemplo: `let infinito = 1 / 0;`

- **-Infinity**: es la representación de un número infinitamente grande en términos negativos. Ejemplo: `let negInfinito = -1 / 0;`

- **Redondeo cerca de cero**: JavaScript redondea números extremadamente pequeños hacia cero. Esto puede ser importante al trabajar con operaciones que requieran precisión, como cálculos científicos o financieros.

- **Indeterminaciones matemáticas**: en matemáticas, hay situaciones donde ciertos valores u operaciones son indeterminados. JavaScript representa estas indeterminaciones utilizando `NaN`, `Infinity` y `-Infinity`. Es importante ser consciente de esto para prevenir errores inesperados en tus cálculos.

3.2.3. Datos de texto

Las cadenas de texto en JavaScript, conocidas como *strings*, sirven para representar información textual que incluye caracteres individuales, palabras, frases o incluso textos más largos. La delimitación de una cadena de texto se realiza generalmente con comillas dobles (" ") o simples (' '). En el Ejemplo 3.13 se muestra la inicialización de dos variables textuales en las que en primer lugar se utilizan las comillas dobles y posteriormente las simples.

```
let saludo1 = "Este es mi primer mensaje";
let saludo2 = "Este es mi segundo mensaje";
```

Ejemplo 3.13. Declaración de variables textuales.

Es fundamental mantener consistencia en el uso de comillas, ya sea simple o doble, a lo largo de tu código para evitar confusiones. Sin embargo, existen situaciones en las que necesitas incluir comillas como parte del contenido de la cadena. En ese caso se pueden contener unas dentro de otras siendo las comillas que delimitan la variable las primeras y últimas que se definen. En el Ejemplo 3.14 se muestran dos variables que contienen como valor las comillas simples o dobles.

```
let cadenaComillasSimples = "Dentro tenemos 'comillas simples'
como texto";
let cadenaComillasDobles = 'Dentro tenemos "comillas dobles"
como texto';
```

Ejemplo 3.14. Declaración de variables textuales conteniendo comillas simples o dobles.

Para incluir caracteres especiales en una cadena de texto, como comillas, saltos de línea, entre otros, JavaScript proporciona secuencias de escape, que comienzan con una barra invertida (\). En la Tabla 3.1 se muestran los caracteres especiales que se pueden incluir en una variable textual.

Tabla 3.1. Caracteres especiales en las variables textuales

Carácter especial	Salida
\'	' (comilla simple)
\"	" (comilla doble)
\\	\ (barra invertida)
\n	Salto de línea
\r	Retorno de carro
\t	Tabulado

En el Ejemplo 3.15 se muestran variables textuales que utilizan los caracteres especiales para poder incorporar comillas simples, dobles e incluso un salto dc línea.

```
let cadena ="Dentro tenemos 'comillas simples' como texto o
\"comillas dobles\"";
let cadena2 = "Este texto está dividido\nen varias líneas";
```

Ejemplo 3.15. Declaración de variables textuales con caracteres especiales.

3.2.4. Valores nulos

En JavaScript, cuando deseas declarar una variable, pero aún no conoces su valor o si este es indeterminado, puedes inicializarla usando el valor especial null. Es importante distinguir entre null y undefined:

- **null** es una asignación deliberada de un valor nulo o "sin valor" a una variable.

- **undefined** indica que una variable ha sido declarada, pero no se le ha asignado un valor.

Esta distinción se discutió previamente en la Sección 3.1.1.

En el Ejemplo 3.16 se muestra cómo inicializar una variable con valor nulo.

```
let variable_nula = null;
```

Ejemplo 3.16. Declaración de una variable con el valor nulo.

3.3. Operadores y expresiones

Los operadores en JavaScript se categorizan según su función y los operandos con los que trabajan. A lo largo de este libro, exploraremos los siguientes tipos de operadores:

- **Operadores de asignación**: estos determinan cómo se asigna un valor a una variable.

- **Operadores de comparación**: utilizados para comparar dos valores y determinar su relación.

- **Operadores aritméticos**: sirven para realizar operaciones matemáticas.

- **Operadores sobre bits**: operan directamente sobre la representación binaria de los números.

- **Operadores lógicos**: se usan para realizar operaciones lógicas (AND, OR, NOT).

- **Operadores de cadenas de caracteres**: se encargan de manipular y combinar cadenas de texto.

- **Operadores especiales**: estos tienen funciones específicas y únicas, como el operador ternario o el operador `typeof`.

Por otro lado, una expresión es una combinación de valores, constantes, variables, operadores y funciones que, después de ser evaluados, dan como resultado un único valor. En JavaScript, las expresiones se dividen principalmente en:

- **Expresiones de asignación**: estas expresiones asignan un valor a una variable, como `x = 3`.

- **Expresiones con valor**: estas expresiones, al ser evaluadas, devuelven un valor. Por ejemplo, la expresión `4 + 2` devuelve 6.

Adicionalmente, según su naturaleza y función, las expresiones se clasifican en:

- **Expresiones de cadenas de caracteres**: estas trabajan con cadenas de texto, como concatenación.
- **Expresiones lógicas**: evalúan condiciones y devuelven un valor booleano.
- **Expresiones de objetos**: se relacionan con la creación y manipulación de objetos en JavaScript.

A lo largo de las siguientes secciones, profundizaremos en cada uno de estos operadores y expresiones, ofreciendo ejemplos prácticos y aclarando cualquier peculiaridad asociada con ellos en el contexto de JavaScript.

3.3.1. Operadores de asignación

Los operadores de asignación en JavaScript permiten establecer valores a las variables. Aunque el operador de asignación más básico es el signo igual (=), existen varios operadores abreviados de asignación que permiten realizar una operación y asignar el resultado en un solo paso. En el Ejemplo 3.17 se muestra cómo se asignan valores a diferentes variables con la asignación básica.

```
const x = 3; // Asigna el valor 3 a x.
const y = 3 + 4; // Asigna el valor 7 a y.
const z = x + y; // Asigna a z la suma de x e y, que es 10.
```

Ejemplo 3.17. Operador de asignación igual (=).

Por otro lado, los operadores de asignación abreviados combinan una operación aritmética, lógica o de bits con una asignación en una sola operación. En la Tabla 3.2 se muestra un resumen de los diferentes operadores abreviados de asignación.

Tabla 3.2. Operadores abreviados de asignación

Operador abreviado	Significado
x += y	x = x + y
x -= y	x = x - y
x *= y	x = x * y
x /= y	x = x / y
x %= y	x = x % y
x <<= y	x = x << y
x >>= y	x = x >> y
x >>>= y	x = x >>> y

Operador abreviado	Significado
x &= y	x = x & y
x ^= y	x = x ^ y
x |= y	x = x | y

En el Ejemplo 3.18 se muestra cómo funcionan algunos de los operadores abreviados más comunes de JavaScript.

```html
<p id="output"></p>
<script>
  let x = 5;
  let y = 3;

  x += y; // 8
  let output = "x += y: " + x + "<br>";

  x -= y; // 5
  output += "x -= y: " + x + "<br>";

  x *= y; // 15
  output += "x *= y: " + x + "<br>";

  x /= y; // 5
  output += "x /= y: " + x + "<br>";

  x %= y; // 2
  output += "x %= y: " + x + "<br>";

  x <<= 2; // 8 (Desplaza x, dos posiciones hacia la izquierda.)
  output += "x <<= 2: " + x + "<br>";

  x >>= 1; // 4 (Desplaza x, una posición hacia la derecha.)
  output += "x >>= 1: " + x + "<br>";

  x &= 2; // 0 (AND de bits con 2.)
  output += "x &= 2: " + x + "<br>";

  x ^= 3; // 3 (XOR de bits con 3.)
  output += "x ^= 3: " + x + "<br>";

  x |= 4; // 7 (OR de bits con 4.)
  output += "x |= 4: " + x;

  document.getElementById("output").innerHTML = output;
</script>
```

Ejemplo 3.18. Operador de asignación igual (=).

3.3.2. Operadores de comparación

En JavaScript, los operadores de comparación evalúan las relaciones entre operandos y retornan un valor booleano: *true* o *false*. Estos operadores son versátiles y pueden aplicarse a diversos tipos de datos primitivos, ya sean números, cadenas de caracteres, booleanos, valores nulos, entre otros. No obstante, es esencial comprender las peculiaridades asociadas a cada tipo de dato. Como ilustración, cuando comparamos cadenas de caracteres, se utiliza el orden lexicográfico.

JavaScript lleva a cabo una coerción de tipos cuando emplea operadores no estrictos, lo que significa que convierte los operandos al mismo tipo antes de hacer la comparación. No obstante, existen operadores de comparación estrictos, como === y !==, que además de comparar el valor, también evalúan el tipo de dato. Estos operadores son útiles cuando se requiere precisión en la comparación.

Para una comprensión más clara, la Tabla 3.3 desglosa los operadores de comparación, acompañada de ejemplos que resultan en *true*, considerando las siguientes declaraciones: let x = 5, y = 7;.

Tabla 3.3. Operadores de igualdad

Operador	Descripción	Ejemplos que devuelven el valor *true*
Igualdad (==)	Si ambos operandos son iguales, retorna *true*; en caso contrario, *false*. No se comprueba el tipo de datos.	7 == y "4" == '4' x == "5" false == false
Desigualdad (!=)	Si ambos operandos no son iguales, retorna *true*; en caso contrario, *false*. No se comprueba el tipo de datos.	x != y x != 7 y != '5'
Igualdad estricta (===)	Si ambos operandos son iguales y son del mismo tipo de datos, retorna *true*; en caso contrario, *false*.	x === 5 y === 7
Desigualdad estricta (!==)	Si ambos operandos no son iguales y/o tienen el mismo tipo de datos, devuelve *true*; si los operandos son iguales en valor y tipo, retorna *false*	x !== "5" '7' !== y 4 !== '4'
Mayor que (>)	Si el operando de la izquierda es mayor que el operando de la derecha, retorna *true*; en caso contrario, *false*. No se comprueba el tipo de datos.	y > x 4 > 3 "4" > 3

Operador	Descripción	Ejemplos que devuelven el valor *true*
Menor que (<)	Si el operando de la izquierda es menor que el operando de la derecha, retorna *true*; en caso contrario, *false*. No se comprueba el tipo de datos.	x < y 3 < 4 "3" < 4
Mayor o igual que (>=)	Si el operando de la izquierda es mayor o igual que el operando de la derecha, retorna *true*; en caso contrario, *false*. No se comprueba el tipo de datos.	y >= x y >= 7 4 >= 3 "4" >= 3 "4" >= 4
Menor o igual que (<=)	Si el operando de la izquierda es menor o igual que el operando de la derecha, retorna *true*; en caso contrario, *false*. No se comprueba el tipo de datos.	x <= y 7 <= y 3 <= 4 3 <= "4" "4" <= 4

3.3.3. Operadores aritméticos

En los operadores aritméticos tanto los operandos como el resultado será un valor numérico a menos que se produzca alguna excepción descrita en la sección anterior y aparezcan valores del tipo *NaN, Infinity, -Infinity*. En la Tabla 3.4 se describen los operadores aritméticos de JavaScript y ejemplos de aplicación.

Tabla 3.4. Operadores aritméticos

Operador	Descripción	Ejemplo	Resultado
+ (suma)	Retorna la suma de los dos operandos.	3 + 4 x + 3	7 8
- (resta)	Retorna la resta de los dos operandos.	3 - 4 x -3	-1 2
* (multiplicación)	Retorna la multiplicación de los dos operandos.	3 * 4 x * 3	12 15
/ (división)	Retorna el cociente de la división. La división entre 0 retorna *Infinity*.	3 / 4 x / 3 3 / 0	0.75 1.6667 Infinity
% (modulo)	Retorna el resto de la división.	3 % 4 x % 3	3 2

Operador	Descripción	Ejemplo	Resultado
++ (incremento)	Suma una unidad al operando. El operador puede ir delante o detrás de la variable. Si el operando es (++x) el valor retornado es posterior de realizar el incremento. Si el operador es detrás (x++) primero se retorna el valor y posteriormente se realiza la operación.	x = 5; ++x; x = 5; x++;	retorna 6 y asigna 6 retorna 5 y asigna 6
-- (decremento)	Resta una unidad al operando. Su comportamiento es idéntico que el descrito para el operador incremento (++).	x = 5; --x; x = 4; x--;	Retorna 4 y asigna 4 Retorna 5 y asigna 4
- (negación)	Niega el valor del número. Es decir, los números positivos serán negativos y los negativos serán positivos.	-x -(-x) Observar que se hace uso de paréntesis para no utilizar el operador --	-5 5

3.3.4. Operadores sobre bits

El entendimiento de los operadores a nivel de bits es esencial para trabajar con operaciones de bajo nivel en programación. Estos operadores operan directamente sobre las representaciones binarias de los números. Aunque muchas veces no necesitamos abordar esta capa de abstracción al programar, hay situaciones, particularmente en optimizaciones, operaciones criptográficas o manipulación de datos a nivel de *hardware*, donde son cruciales.

Para contextualizar, recordemos que los ordenadores operan utilizando el sistema binario, que consiste solamente en dos dígitos: 1 y 0. Cada uno de estos dígitos se conoce como bit. Cuando empleamos los operadores a nivel de bits en JavaScript, el lenguaje convierte los números a una representación binaria de 32 bits antes de realizar la operación.

Por ejemplo, si tomamos el número 6 y queremos convertirlo a su representación binaria, obtenemos 110. Sin embargo, dado que JavaScript utiliza una representación de 32 bits, los bits adicionales (los 29 bits restantes) se completarán con ceros a la izquierda, dando como resultado 00000000000000000 000000000000110.

Aunque la operación se realiza en binario, el resultado que se obtiene al utilizar estos operadores en JavaScript es un número decimal. A continuación, en la Tabla 3.5, se describen los operadores a nivel de bits que JavaScript ofrece:

Tabla 3.5. Operadores a nivel de bit

Operador	Descripción	Ejemplo	Resultado
& AND (Y)	Retorna 1 si los dos bits tienen el valor 1. En caso contrario es 0.	5 & 3	1
| OR (O)	Retorna 1 si alguno de los dos bits tiene el valor 1. En caso contrario 0.	5 | 3	7
^ XOR (O exclusivo)	Retorna 1 si alguno de los dos bits tiene el valor 1, pero si los dos bits son 1 devolverá 0. En el último caso también será 0.	5 ^ 3	6
~ NOT (No)	Invierte el valor del bit. Si el bit tenía el valor 1 pasará a 0 y viceversa.	~5	-6
<< *Left shift* (Desplazamiento izquierda)	Desplaza los bits del número (5) hacia la izquierda en (1) posición. Los espacios vacíos resultantes a la derecha se llenan con ceros, mientras que los bits originales (los más a la izquierda) se descartan. Esta operación es análoga a multiplicar por potencias de 2.	5 << 1	10
>> *Sign-propagation right shift* (Desplazamiento a la derecha)	Desplaza los bits del número (5) hacia la derecha en (1) posición. Los espacios vacíos resultantes a la izquierda se llenan con ceros, y los bits que estaban originalmente más a la derecha se eliminan. Esta operación es similar a dividir por potencias de 2. Es crucial señalar que el signo del número se preserva durante el desplazamiento, lo que puede resultar en valores distintos.	5 >> 1	2
Zero-fill right shift (Rellenar con ceros a la derecha)	Es igual que el desplazamiento a la derecha, pero no se mantiene el signo en el desplazamiento.	-5 >>> 1	2147483645

De la tabla anterior se deduce que existen dos tipos de operadores binarios: los operadores binarios lógicos y los operadores binarios de desplazamiento. El comportamiento de estos operadores difiere y se describe a continuación.

Operadores a nivel de bits lógicos

Una vez que los operandos han sido convertidos en una secuencia de bits, se emparejan los bits de cada operando por pares y orden. De modo que el primer bit del primer operando realizará la operación con el primer bit del segundo operando; a continuación, el segundo bit del primer operando realizará la operación con el segundo bit del segundo operando y así sucesivamente hasta completar los 32 bits. A modo de resumen se podrían describir los pasos de las operaciones binarias de la siguiente manera:

1. Los operandos se convierten a binario utilizando 32 bits.

2. Se empareja cada bit de cada operando en orden para realizar la operación.

3. La operación se aplica para cada par de bits y el resultado es una secuencia de bits.

4. La secuencia de bits de resultado se transforma en un valor numérico estándar.

En la Tabla 3.6. se muestran los resultados de realizar varias operaciones con operadores de bit lógicos.

Tabla 3.6. Ejemplo de operadores a nivel de bits lógicos

Expresión	Descripción	Resultado
11 & 3	1011 & 0011 = 0011	3
11 | 4	1011 | 0100 = 1111	15
11 ^ 3	1011 ^ 0011 = 1000	8
~3	~00...0011 = 11..1100	-4
~4	00..0100 = 11..1011	-5

La operación de negación (~) puede conllevar a grandes confusiones, puesto que hay que conocer que la secuencia de bits está codificada en complemento a dos, donde el primer bit con valor 1 indica que el número es negativo. Posteriormente, se realiza el algoritmo de conversión números de complemento a dos a números en base 10.

Operadores a nivel de bits de desplazamiento

Los operadores binarios de desplazamiento disponen de dos operandos. El primero es el número sobre el que se realizará el desplazamiento, mientras que el segundo indica el número de posiciones en que se realizará el desplazamiento. En la Tabla 3.7 se muestran los resultados y la descripción de algunas expresiones de desplazamiento.

Tabla 3.7. Ejemplo de operadores a nivel de bits de desplazamiento

Expresión	Descripción	Resultado
11 << 3	1011 se transforma en 1011000	88
11 >> 4	1011 se transforma en 0000	0
-11 >> 2	1 0...01011 se transforma en 1 0...00011 (Observe que el primer bit es el del signo que se mantiene)	-3
11 >>> 4	0 0...01011 se transforma en 0 0...00000	0
-11 >>> 4	1 0...01011 se transforma en 000010...01011	268435455

Observe que en la descripción se ha separado en algunos ejemplos el primer bit para referirse al signo del número (1 - negativo, 0 - positivo). El último ejemplo es el más interesante, puesto que lo que sucede es que el 1 inicial correspondiente al signo es desplazado como un número más, provocando que el número transformado sea un número de gran tamaño y positivo.

3.3.5. Operadores lógicos

Los operadores lógicos son utilizados con datos booleanos (*true, false*) y retornan como resultado también un valor booleano. Estos operadores son muy interesantes para construir estructuras repetitivas o de control en nuestro código, puesto que permiten evaluar si una o varias condiciones se están cumpliendo. No obstante, JavaScript es mucho más versátil y permite que los operadores lógicos devuelvan cualquier tipo de datos, puesto que estos operadores para optimizar el rendimiento no evalúan el tipo en sí, sino si se cumple la condición y devuelven uno de los operandos según la operación. En la Tabla 3.8 se describen los operadores lógicos de JavaScript.

Tabla 3.8. Operadores lógicos

Operador	Descripción	Uso
&&	Retorna *true* si ambas *expr* son *true;* en caso contrario retorna *false.*	expr1 && expr2
||	Retorna *true* si alguna *expr* es *true;* en caso contrario retorna *false.*	expr1 || expr2
!	Retorna el contrario al valor de la *expr.* Es decir si expr es *true*, retornará *false* y viceversa.	!expr

A continuación, se muestran algunos ejemplos del uso de los operadores lógicos y sus resultados.

```
console.log(true && true); // true && true retorna true
console.log(false && true); // false && true retorna false
console.log(true && false); // true && false retorna false
console.log(false && false); // false && false retorna false
console.log("hola" && "adiós"); // true && true retorna la
última expresión que es verdadera "adiós"
console.log(false && "hola"); // false && true retorna false
console.log(true || true); // true || true retorna true
console.log(false || true); // false || true retorna true
console.log(true || false); // true || false retorna true
console.log(false || false); // false || false retorna false
console.log("hola" || "adiós"); // true || true retorna la
primera expresión que es verdadera "hola"
console.log(false || "hola"); // false || true retorna la
expresión "hola"
console.log(!true); // Retorna false
console.log(!false); // Retorna true
console.log(!"Verdad"); // Retorna false
```

Ejemplo 3.19. Ejemplos de expresiones de operadores lógicos.

Evaluación en cortocircuito

El cortocircuito es una característica muy importante en la programación y debe ser utilizada para generar código de calidad, puesto que es una técnica que permite generar código más eficiente.

Las expresiones lógicas son evaluadas de izquierda a derecha, como se ha visto en los ejemplos anteriores, y cuando se cumple una circunstancia que ya define el resultado de la evaluación, el intérprete deja de evaluar el resto de la evaluación. Por lo tanto, lo ideal es aplicarlo de modo que las operaciones más livianas en procesamiento se evalúen antes, puesto que nos darán un resultado en menor consumo de recursos. En caso de que la evaluación ya determine el resultado, no será necesario realizar más operaciones. El cortocircuito responde a las siguientes reglas:

- *false* && *otro*. Se conoce que el resultado va a ser *false* sin necesidad de evaluar *otro*.

- *true* || *otro*. Se conoce que el resultado a va ser *true* sin necesidad de evaluar *otro*.

El cortocircuito es una técnica esencial en programación que no solo optimiza la eficiencia del código, sino que también puede evitar errores potenciales al prevenir la evaluación innecesaria de ciertas expresiones. Imagina un escenario en el que el segundo operando de una expresión lógica realiza una operación costosa o tiene el potencial de causar un error. Usando la técnica de cortocircuito, podríamos evitar esa evaluación innecesaria y mejorar el rendimiento general de nuestro programa.

Las expresiones lógicas, como hemos visto en ejemplos anteriores, son evaluadas de izquierda a derecha. Si durante esta evaluación se llega a una conclusión definitiva sobre el resultado final, el intérprete de JavaScript detendrá la evaluación, evitando así cálculos adicionales. Este comportamiento es especialmente útil en escenarios donde la primera parte de la evaluación es una operación "ligera" y la segunda parte es más "pesada" o costosa. Si podemos determinar el resultado solo con la primera parte, podemos evitar el costo de la segunda.

El cortocircuito en JavaScript se basa en dos reglas principales:

- **false && otro**: si el primer operando es *false*, la evaluación se detiene inmediatamente y el resultado es *false*, sin importar el valor de *otro*. Por ejemplo, en la expresión `false && console.log("Esto no se mostrará")`, la función `console.log` nunca se ejecutará.

- **true || otro**: si el primer operando es *true*, la evaluación se detiene y el resultado es *true*, sin evaluar *otro*. Por ejemplo, en `true || console.log ("Esto tampoco se mostrará")`, nuevamente la función `console.log` no se ejecuta.

Es esencial entender y aplicar correctamente esta técnica en la programación para maximizar la eficiencia y la claridad del código.

3.3.6. Operadores de cadenas de caracteres

Dentro de JavaScript, cuando trabajamos con cadenas de caracteres, esencialmente disponemos de dos operadores clave: asignación = y concatenación +.

- **Asignación (=)**: es el operador que ya se ha presentado en secciones anteriores y permite asignar un valor a una variable.

- **Concatenación (+)**: aunque este operador también se utiliza para la suma aritmética, cuando se emplea con cadenas de caracteres, actúa uniéndolas en una sola. De hecho, este operador ha sido sobrecargado para adaptarse a este comportamiento específico cuando se trata de cadenas.

Por claridad, observemos el Ejemplo 3.20:

```javascript
const cadena1 = "Hola ";
const cadena2 = "amigo";
let cadena3 = cadena1 + cadena2; // Aquí el resultado es "Hola
amigo"
cadena3 += "\n" + cadena1 + cadena2; // Añade un salto de línea
```

Ejemplo 3.20. Operadores en acción con cadena de caracteres.

También se puede utilizar una versión abreviada del operador de concatenación: +=. Este operador añade la cadena de la derecha a la de la izquierda, almacenando el resultado en la variable a la izquierda.

3.3.7. Operadores especiales

Más allá de los operadores comunes presentados en las secciones anteriores, JavaScript incorpora una serie de operadores específicos diseñados para situaciones y tareas particulares:

- **Operador condicional**. Este operador se distingue por recibir tres operandos y sigue la estructura condición ? expr1 : expr2. Si la condición evaluada resulta verdadera, se ejecutará expr1; de lo contrario, se ejecutará expr2. Por ejemplo, para determinar si una persona es "Pensionista" o "Activo" basándonos en la edad:

```javascript
const estado = (edad >= 67) ? "Pensionista" : "Activo";
```

- **Operador coma**. Esencialmente, evalúa varios operandos y devuelve el valor del último. Se usa frecuentemente para declarar múltiples variables o en bucles `for`.

```
let variable1 = 1, variable2 = 3, variable3 = 10;
```

- **Operador delete**. Este operador se encarga de eliminar objetos, propiedades de un objeto o elementos de un *array*. Si se completa exitosamente, la propiedad o elemento se establecerá como **undefined**.

```
delete objeto;
delete objeto.propiedad;
delete array[indice];
```

- **Operador in**. Permite verificar la existencia de una propiedad dentro de un objeto.

```
"propiedad" in objeto
```

- **Operador instanceof**. Sirve para verificar si un objeto pertenece a un tipo o clase específica.

```
objeto instanceof Tipo;
```

- **Operador new**. Utilizado para crear instancias de objetos, ya sean definidos por el usuario o predefinidos en JavaScript.

```
const nombreObjeto = new tipoObjeto([param1, param, ...,
paramN]);
```

En el siguiente ejemplo se muestra la creación de un objeto de tipo Coche utilizando el operador new.

```
const miCoche = new Automovil("Toyota", "Corolla", 2020);
```

- **Operador this.** Hace referencia al objeto actual en el contexto de una función o método.

```
this['propertyName']
this.propertyName
```

- **Operador typeof.** Retorna una cadena de texto describiendo el tipo de dato del operando.

```
typeof operando
typeof (operando)
```

En el Ejemplo 3.21 se muestran los resultados obtenidos por el operador *typeof* para varios tipos de datos diferentes.

```
const cadena_caracteres = "Esto es una cadena";
const numero = 10;
const fecha = new Date();
const miFuncion = new Function();

typeof cadena_caracteres; // "string"
typeof numero; // "number"
typeof fecha; // "object"
typeof miFuncion; // "función"
typeof NoDefinido; // "undefined"
```

Ejemplo 3.21. Ejemplos de utilización del operador *typeof*.

- **Operador void.** Elimina el valor de retorno de una expresión, usualmente para anular comportamientos predeterminados del navegador.

```
void (0);
```

3.3.8. Expresiones de cadena

El operador principal para trabajar con cadenas es el operador de concatenación (+), que une dos o más cadenas y devuelve una nueva cadena como resultado. Es importante tener en cuenta que cuando una de las partes involucradas en una operación de suma es una cadena, JavaScript tratará toda la operación como concatenación de cadenas.

3.3.9. Expresiones aritméticas

Las expresiones aritméticas siempre retornan un valor de tipo `Number`. En las expresiones aritméticas existe un conjunto de operadores, los cuales son enumerados en la Tabla 3.9.

Tabla 3.9. Operaciones para las expresiones aritméticas

Operadores	Descripción
+	Suma
-	Resta
*	Multiplicación
/	División
%	Módulo
++	Incremento
--	Decremento
-	Negación

3.3.10. Expresiones lógicas

Las expresiones lógicas en JavaScript resultan en valores booleanos, es decir, *true* o *false*. Estas expresiones utilizan dos categorías principales de operadores: relacionales y lógicos.

Los operadores relacionales se encargan de comparar los valores de dos expresiones, estableciendo una relación entre ellas. Para que la comparación sea efectiva y precisa, es recomendable que ambas expresiones sean del mismo tipo, ya sea numérico, cadena de caracteres, lógico, entre otros. A continuación, en la Tabla 3.10, se presentan los operadores relacionales disponibles en JavaScript.

Tabla 3.10. Operadores relacionales para las expresiones lógicas

Uperadores	Descripción
==	Igualdad
!=	Desigualdad
===	Igualdad estrictamente
!==	Desigualdad estrictamente
<	Menor que
>	Mayor que
<=	Menor o igual que
>=	Mayor o igual que

Por otra parte, un operador lógico actúa, exclusivamente, sobre valores de expresiones lógicas. Los operadores lógicos son los descritos en la Tabla 3.11.

Tabla 3.11. Operaciones lógicas paras las expresiones lógicas

Operadores	Descripción
&&	AND (Y)
||	OR (O)
!	NOT (Negación)

3.3.11. Expresiones de objetos

Las expresiones relacionadas con objetos en JavaScript pueden resultar en valores correspondientes a distintas estructuras, tales como objetos, cadenas (*string*), números (*number*), entre otros tipos de datos. La variedad de operadores que actúan sobre objetos es amplia y diversa. Algunos de los más significativos se detallan en la Tabla 3.12.

Tabla 3.12. Operaciones para las expresiones de objetos

Operadores	Descripción
new	Crea una nueva instancia de un objeto
delete	Elimina el valor de una propiedad u objeto
instanceof	Comprueba el tipo de datos de un objeto
in	Comprueba si una propiedad existe en un objeto

Operadores	Descripción
typeof	Devuelve el tipo de datos del parámetro
this	Se hace referencia al objeto que se encuentra en el ámbito
void	Desecha el valor devuelto de una expresión

3.4. Estructuras de control

Hasta ahora, nuestro *software* ha seguido un flujo lineal, ejecutando instrucciones una tras otra. Sin embargo, para hacer aplicaciones más versátiles y eficientes, necesitamos estructuras de control que permitan la toma de decisiones y repeticiones automáticas según condiciones específicas.

Las estructuras repetitivas, o bucles, nos evitan tener que escribir las mismas instrucciones repetidamente. Imagina una herramienta que procesa datos de usuarios: en lugar de escribir instrucciones para cada uno de los cientos de usuarios, empleamos un bucle que opera hasta cumplir una condición.

En resumen, las estructuras de control dotan a nuestro *software* de mayor adaptabilidad, permitiendo respuestas dinámicas basadas en diferentes variables o estímulos.

3.4.1. Sentencia IF

La sentencia if ejecuta un conjunto de instrucciones basándose en si una expresión lógica es verdadera o falsa. Esencialmente, nos dice: "si esta condición es cierta, ejecuta este bloque; de lo contrario, ejecuta otro". Consulta el Ejemplo 3.22 para ver la sintaxis de la sentencia if.

```
if (expresión lógica){
    instrucción 1.1;
    instrucción 1.2;
    ...
    instrucción 1.N;
} else{
    instrucción 2.1;
    instrucción 2.2.;
    ...
    instrucción 2.N;
}
```

Ejemplo 3.22. Sintaxis de la estructura de control *if*.

En el Ejemplo 3.23, queremos mostrar el mensaje "Hola Mundo" solo si se cumplen ciertas condiciones. Estas condiciones son: 1) debe existir un permiso (permiso es verdadero) y 2) debe haber un mensaje definido.

```javascript
const permiso = true;
const mensaje = "Hola Mundo";
const mensaje_vacio = "No tiene permisos o no hay mensajes
para usted.";

if (permiso && typeof mensaje !== "undefined") {
  alert(mensaje);
} else {
    alert(mensaje_vacio);
}
```

Ejemplo 3.23. Estructura de control *if*.

A veces, necesitamos considerar múltiples condiciones. Para ello, la estructura if-else puede extenderse con else if, lo que permite realizar múltiples comprobaciones en orden. La sintaxis sería la mostrada en el Ejemplo 3.24.

```javascript
const mensaje_permiso_vacio = "No tiene permisos y no hay
mensajes para usted.";
const mensaje_permiso = "Usted no tiene permisos.";
const mensaje_vacio = "Usted no tiene mensajes.";

if (!permiso && typeof mensaje === "undefined") {
  alert(mensaje_permiso_vacio);
} else if (!permiso) {
  alert(mensaje_permiso);
} else if (typeof mensaje === "undefined") {
  alert(mensaje_vacio);
}
```

Ejemplo 3.24. Estructura de control *if-else*.

En este código, el programa primero verifica si no hay permiso y si el mensaje no está definido. Si ambas condiciones son verdaderas, se muestra un mensaje que combina ambos problemas. Si solo falta el permiso, se muestra un mensaje específico para esta situación. Finalmente, si solo falta el mensaje, se muestra otro aviso pertinente.

No es obligatorio usar `else` al final de una estructura `if`. Es una opción adicional para manejar casos donde ninguna de las condiciones anteriores se cumple.

Para bloques de código que solo contienen una instrucción, JavaScript ofrece una sintaxis más concisa, omitiendo las llaves {}, siendo la sintaxis la mostrada en Ejemplo 3.25.

```
if(expresión_lógica) instrucción1
else instrucción2
```

Ejemplo 3.25. Sintaxis de la estructura de control *if-else* sin llaves.

En el Ejemplo 3.26 se muestra el mismo código de ejemplo que se ha utilizado en Ejemplo 3.24, pero sin la utilización de las llaves. El funcionamiento de ambos códigos es equivalente.

```
const mensaje_permiso_vacio = "No tiene permisos y no hay
mensajes para usted.";
const mensaje_permiso = "Usted no tiene permisos.";
const mensaje_vacio = "Usted no tiene mensajes.";

if (!permiso && typeof mensaje !== "undefined")
    alert(mensaje_permiso_vacio);
else if (!permiso) alert(mensaje_permiso);
else if (typeof mensaje !== "undefined") alert(mensaje_vacio);
```

Ejemplo 3.26. Ejemplo de estructura *if-else* sin llaves.

3.4.2. Sentencia WHILE

La estructura `while` permite ejecutar repetidamente un bloque de código mientras una condición específica, determinada por una expresión lógica, se evalúe como verdadera. Esta verificación se realiza antes de cada ejecución del bloque. Si la condición nunca se evalúa como falsa, el bloque se ejecuta indefinidamente, lo que se denomina un "bucle infinito". La sintaxis es la mostrada en el Ejemplo 3.27.

```
while (expresion) {
    sentencias
}
```

Ejemplo 3.27. Sintaxis de la estructura de control *while*.

En el Ejemplo 3.28 se muestra la estructura de control `while` en la que se imprimen 20 números en una serie incremental de 5 unidades en 5 unidades, es decir 5, 10, 15, 20...

```javascript
let serie = 5;
let contador = 1;

while (contador <= 20) {
    console.log(serie);
    serie += 5;
    contador++;
}
```

Ejemplo 3.28. Utilización de la estructura de control *while*.

A veces, el número de iteraciones que se requiere no se conoce de antemano. En este ejemplo, la condición de ejecución del bucle depende de la entrada del usuario. El programa continuará solicitando la confirmación del usuario hasta que este ingrese "si".

```javascript
let dato = "no";

while (dato !== "si") {
    dato = prompt("¿Quieres salir?");
}
```

Ejemplo 3.29. Utilización de la estructura de control *while* sin conocer el número de iteraciones.

En el Ejemplo 3.29 la función `prompt` muestra un cuadro de diálogo solicitando una entrada al usuario. Si el usuario introduce cualquier respuesta que no sea "si", la condición se mantiene verdadera y el bucle `while` seguirá solicitando confirmación.

Variante *do-while*

A diferencia del bucle `while`, que evalúa la condición antes de ejecutar el bloque de código, la estructura `do-while` garantiza que el bloque de código se ejecute al menos una vez, independientemente de la condición. Esto se debe a que primero ejecuta el bloque de código y luego evalúa la condición para determinar si el bloque debe repetirse. La sintaxis de la estructura *do-while* es la mostrada en Ejemplo 3.30.

```
do{
    instrucción 1;
    instrucción 2;
    ...
    instrucción N;
} while (expresión lógica);
```

Ejemplo 3.30. Sintaxis de la estructura de control *do-while*.

El Ejemplo 3.29 puede ser reescrito utilizando la estructura *do-while* tal y como se muestra en el Ejemplo 3.31. Observe que en este caso no es necesario asignarle un valor a la variable *dato,* puesto que cuando se vaya a realizar la comprobación de la expresión lógica ya habrá tomado un valor desde la función *prompt.*

```
let dato;

do {
  dato = prompt("¿Quieres salir?");
} while (dato !== "si");
```

Ejemplo 3.31. Utilización de la estructura de control *do-while*.

3.4.3. Sentencia FOR

La estructura de control for es particularmente útil cuando se sabe cuántas veces se desea repetir un bloque de código. Está compuesta por tres expresiones: una para la inicialización, otra para la condición y la última para la actualización. La sintaxis de la sentencia *for* es la mostrada en el Ejemplo 3.32.

```
for (inicialización; condición; actualización) {
    // Bloque de código a repetir
}
```

Ejemplo 3.32. Sintaxis de la estructura de control *for*.

- **Inicialización**: se establece una vez, al comienzo del bucle. Generalmente se utiliza para definir y asignar un valor a la variable de control.

- **Condición**: se verifica antes de cada iteración del bucle. Si es verdadera, el bucle continúa; si es falsa, el bucle termina.

- **Actualización**: se ejecuta después de cada iteración del bucle. A menudo se utiliza para modificar la variable de control.

En el Ejemplo 3.33 se muestra cómo concatenar una serie de frases en la variable texto. El bucle se ejecutará 10 veces, y en cada iteración se añadirá una nueva línea que indica el número actual.

```
let texto = "";
for (let i = 0; i < 10; i++) {
  texto += "El número es " + i + "<br>";
}
```

Ejemplo 3.33. Utilización de la estructura de control *for*.

Es vital entender la interacción entre las tres partes del bucle for, ya que juntas determinan exactamente cuántas veces se ejecuta el bloque de código. La versatilidad de esta estructura permite crear bucles que se adaptan a una amplia variedad de situaciones.

Variante *for ... in*

El bucle for ... in es esencialmente útil cuando queremos acceder a las propiedades de un objeto en JavaScript. Es una manera eficiente de recorrer cada propiedad sin necesariamente conocer sus nombre. La sintaxis es la mostrada en el Ejemplo 3.34.

```
for (let propiedad in objeto) {
    // Código a ejecutar por cada propiedad
}
```

Ejemplo 3.34. Utilización de la estructura de control *for*.

Las partes por las que se compone esta estructura de control son las siguientes:

- **Propiedad**: esta es la variable que adoptará el nombre de cada propiedad del objeto en cada iteración.

- **Objeto**: representa el objeto que deseamos recorrer.

Es importante comprender que el bucle for ... in no se limita a propiedades que son valores; también puede iterar sobre propiedades que son funciones (definidas por el usuario). Este hecho puede llevar a confusión pensando que solo se iterarán por las propiedades de los objetos y no por los métodos.

En el Ejemplo 3.35 se muestra cómo utilizar el bucle for … in para sumar los valores de todas las propiedades numéricas de un objeto.

```
let suma = 0;
let objeto = { prop1: 1, prop2: 3, prop3: 12 };

for (let propiedad in objeto) {
  suma += objeto[propiedad];
}
console.log(suma); // Mostrará el valor "16" (1+3+12)
```

Ejemplo 3.35. Utilización de la estructura de control *for … in*.

Variante *for … of*

El bucle for … of en JavaScript es una adición más reciente al lenguaje, introducida en ECMAScript 2015 (ES6). Este bucle es particularmente útil para recorrer elementos de colecciones, como arrays, strings, mapas (Map), conjuntos (sets) y otros objetos iterables. A diferencia del bucle for … in, que proporciona el nombre (o clave) de las propiedades, for … of devuelve directamente el valor de cada elemento en una colección.

```
for (let valor of iterable) {
  // Código a ejecutar por cada valor
}
```

Ejemplo 3.36. Utilización de la estructura de control *for … of*.

- **Valor**: esta es la variable que adoptará el valor de cada elemento del objeto iterable durante cada ciclo del bucle.

- **Iterable**: es cualquier objeto que contiene una serie de valores que se pueden iterar, como un *array* o un *string*.

El siguiente código ilustra cómo utilizar el bucle for … of para recorrer y mostrar cada valor de un *array*:

```
const colores = ["rojo", "verde", "azul", "amarillo"];
for (let color of colores) {
  console.log(color);
}
```

```
// Salida:
// rojo
// verde
// azul
// Amarillo
```

Ejemplo 3.37. Utilización de la estructura de control *for ... of*.

```
const colores = ["rojo", "verde", "azul", "amarillo"];
for (let color of colores) {
  console.log(color);
}
// Salida:
// rojo
// verde
// azul
// Amarillo
```

Este bucle es especialmente útil cuando el interés principal está en los valores dentro de una colección y no en las propiedades o índices de esos valores.

El bucle `for ... of` también es muy práctico para iterar sobre caracteres de un `string`:

```
const texto = "Hola";

for (let letra of texto) {
  console.log(letra);
}
// Salida:
// H
// o
// l
// a
```

Ejemplo 3.38. Utilización de la estructura de control *for ... of*.

Como se puede ver, con `for ... of` es sencillo y directo acceder a los valores individuales de un objeto iterable, haciendo que el código sea más legible y fácil de entender en muchos casos.

3.4.3.1. Sentencia BREAK

La estructura de control for es intuitiva y fácil de usar, ya que cuando se conoce el número exacto de iteraciones de antemano, solo es cuestión de escribir las instrucciones que se llevarán a cabo en cada iteración. Sin embargo, en ocasiones, puede ser necesario modificar una iteración específica o incluso detener el bucle antes de completar todas las iteraciones. Aunque hacerlo puede considerarse una mala práctica en ciertos contextos —ya que el propósito principal de un bucle for es iterar un número predefinido de veces—, es útil conocer las herramientas disponibles para hacer estas modificaciones.

Es importante subrayar que, en la mayoría de los casos, si te encuentras en la necesidad de usar estas herramientas dentro de un bucle for, puede que otra estructura de control sea más adecuada para el problema que estás tratando de resolver. Históricamente, los bucles for han sido diseñados para ejecutarse un número conocido de veces, y cualquier desarrollador que vea la declaración inicial del bucle debería poder discernir rápidamente cuántas veces se ejecutará.

Una de esas herramientas es la sentencia break, que permite salir del bucle antes de completar todas las iteraciones. Cuando se ejecuta esta sentencia, el bucle se interrumpe inmediatamente, sin importar si la condición del bucle sigue siendo verdadera o cuántas instrucciones aún no se han ejecutado en esa iteración.

```
let texto = "";
for (i = 0; i < 10; i++) {
   if (i === 3) {
        break;
   }
     texto += "El número es " + i + "<br>"";
}
```

Ejemplo 3.39. Utilización de la sentencia *break*.

En el ejemplo anterior, el bucle se detiene tan pronto como i es igual a 3, debido a la sentencia break. Como resultado, la cadena texto no se concatena con el valor cuando i es 3.

3.4.3.2. Sentencia CONTINUE

La sentencia continue tiene una funcionalidad distinta en comparación con la sentencia break. En lugar de salir completamente del bucle, continue simplemente salta a la próxima iteración, omitiendo el resto del código dentro de la iteración actual. Esta sentencia es útil cuando se quiere excluir u omitir ciertas iteraciones basadas en condiciones específicas sin detener todo el bucle.

En el Ejemplo 3.40 se muestra la utilización de la sentencia continue. En dicho código se muestra cómo se realiza la concatenación de la frase "El número es " y el valor de la variable i para los valores comprendidos entre 0 y 9. Aunque, cuando se dispara la iteración con el valor de i en 3 se ejecuta la instrucción continue, lo que sucede es que nunca se concatene el texto "El número es 3", puesto que esa instrucción es saltada en la ejecución del programa.

```
let texto = "";
for (i = 0; i < 10; i++) {
  if (i === 3) {
    continue;
  }
  texto += "El número es " + i + "<br>";
}
```

Ejemplo 3.40. Utilización de la sentencia *continue*.

3.4.4. Sentencia SWITCH

La estructura de control switch-case proporciona una forma más clara y organizada de manejar múltiples condiciones en comparación con una serie larga de sentencias if-else. Aunque, desde un punto de vista técnico, el switch-case se puede considerar como una simplificación sintáctica de las sentencias if-else, su legibilidad y facilidad de uso son las principales razones por las que algunos programadores prefieren usarla en ciertos casos. La sintaxis de la sentencia switch es la mostrada en el Ejemplo 3.41.

```
switch(expression) {
    case value1:
        // código a ejecutar
        break;
    case value2:
        // código a ejecutar
        break;
        ...
    default:
        // código a ejecutar si ningún case coincide
}
```

Ejemplo 3.41. Sintaxis de la estructura de control *switch*.

En el Ejemplo 3.42 se muestra el código relativo a una calculadora en la que, según el operador que se haya seleccionado, se realiza una operación u otra.

```javascript
const operando1 = 3;
const operando2 = 5;
const operador = "+";
let resultado = 0;

switch (operador) {
  case "+":
    resultado = operando1 + operando2;
    break;
  case "-":
    resultado = operando1 - operando2;
    break;
  case "*":
    resultado = operando1 * operando2;
    break;
  case "/":
    if (operando2 !== 0) {
      resultado = operando1 / operando2;
    } else {
      console.log("Error: División por cero.");
    }
    break;
  default:
    console.log("Operador no válido");
  }
console.log(`Resultado: ${resultado}`);
```

Ejemplo 3.42. Utilización de la estructura de control *switch*.

3.5. Funciones

Las funciones son pilares en JavaScript, reforzando su naturaleza orientada a funcionalidades. En esencia, una función es un conjunto de declaraciones diseñadas para realizar una tarea específica o para calcular un valor.

3.5.1. Definición de funciones

La estructura fundamental para definir una función en JavaScript es la siguiente:

```javascript
function nombreFuncion(parametros) {
  // Cuerpo de la función
}
```

A continuación, se muestra un ejemplo de declaración de una función.

```
function cuadrado (x){
  const y = x * x;
  console.log('El resultado es ' + y);
}
cuadrado(2); // El resultado es 4
cuadrado(3): // El resultado es 9
```

Ejemplo 3.43. Utilización de funciones.

En el Ejemplo 3.43 se muestra la declaración de una función que calcula el cuadrado de un parámetro recibido como argumento. Observe que no hace falta especificar el tipo de datos de la variable x. Posteriormente se declara una variable y, la cual es inicializada con la operación x * x. Observe que el ámbito de la variable y solamente será la función cuadrado. Finalmente se muestra el contenido de la variable y.

Las funciones no necesariamente requieren un nombre. Las funciones sin nombre se denominan **funciones anónimas** y suelen ser utilizadas como argumentos para otras funciones o como expresiones. De este modo, se puede definir la función cuadrado sin asignarle un nombre y posteriormente almacenarla en una variable para poder ser invocado. Las funciones anónimas suelen ser utilizadas como argumentos para otras funciones o como expresiones. En el Ejemplo 3.44 se muestra la definición y utilización de una función anónima.

```
const cuadrado = function (num) {
  return num * num;
};
console.log(cuadrado(5)); // Output: 25
```

Ejemplo 3.44. Utilización de función anónima.

Las **funciones de flecha**, introducidas en ECMAScript 2015 (ES6), ofrecen una sintaxis más concisa para escribir funciones en JavaScript. Además de su breve sintaxis, tienen diferencias específicas en cuanto a comportamiento, en especial en relación con la palabra clave this. Las funciones de flecha se caracterizan por la presencia del símbolo =>. La sintaxis básica es la mostrada en el Ejemplo 3.45.

```
const nombreFuncion = (parametros) => {
    // Cuerpo de la función
}
```

Ejemplo 3.45. Sintaxis de una función de flecha.

El ejemplo concreto la suma de dos números usando funciones de flecha es el mostrado en el Ejemplo 3.46.

```
const sumar = (a, b) => {
    return a + b;
};
console.log(sumar(3, 4)); // Output: 7
```

Ejemplo 3.46. Sintaxis de una función de flecha.

Una de las principales diferencias entre las funciones tradicionales y las funciones de flecha radica en su comportamiento con la palabra clave `this`. En una función de flecha, `this` retiene el valor que tenía en el ámbito léxico (es decir, el ámbito donde fue creada la función de flecha). Esto es especialmente útil en manejadores de eventos y *callbacks*, lo cual veremos más adelante.

3.5.2. Sentencia RETURN

Las funciones en JavaScript ofrecen flexibilidad y poder, permitiendo no solo realizar tareas específicas, sino también retornar valores que pueden ser utilizados en otras partes del código. Esta capacidad de retornar valores se logra a través de la palabra clave `return`.

Una función puede realizar una tarea y, además, retornar un valor, lo que permite que otros fragmentos de código utilicen ese valor. En el Ejemplo 3.47, vemos la función cuadrada, que calcula el cuadrado de un número y retorna el resultado. Luego, usamos un bucle `for` para iterar del 1 al 9, mostrando el cuadrado de cada número en la consola.

```
function cuadrado(x) {
    return x * x;
}

for (let i = 1; i < 10; i++) {
    console.log("El cuadrado de " + i + " es " + cuadrado(i));
}
```

Ejemplo 3.47. Utilización de la instrucción *return*.

Las funciones de flecha aportan una forma más concisa y legible de definir funciones, en especial cuando se trata de funciones simples. Estas funciones tienen características peculiares, como hemos discutido anteriormente. Si una función de flecha lleva a cabo una sola operación que retorna un valor, podemos omitir las llaves { } y la palabra clave `return`.

```
const sumar = (a, b) => a + b;
console.log(sumar(5, 2)); // Output: 7
```

Ejemplo 3.48. Definición de una función de flecha con *return* implícito.

Para funciones de flecha con un solo argumento, se pueden omitir los paréntesis:

```
const cuadrado = num => num * num;
console.log(cuadrado(5)); // Output: 25
```

Ejemplo 3.49. Definición de una función de flecha omitiendo paréntesis en los parámetros.

En último lugar, en caso de que una función no retorne ningún valor, todas las funciones en Javascript retornan el valor **undefined**. En la función del Ejemplo 3.42 el conjunto de operaciones (el cálculo del cuadrado) realiza todas las operaciones, incluyendo la visualización por consola, pero el valor retornado por la función es **undefined**.

Estos patrones proporcionan una manera efectiva y concisa de escribir funciones en JavaScript, haciendo que el código sea más limpio y fácil de leer.

3.5.3. Propiedades de las funciones

En JavaScript, las funciones son objetos de primera clase, lo que significa que tienen propiedades y métodos, y pueden ser asignadas a variables, pasadas como argumentos y retornadas desde otras funciones. Algunas de las propiedades más útiles de las funciones se explican a continuación.

Para acceder a estas propiedades, puedes usar la sintaxis del Ejemplo 3.50.

```
nombreFuncion.propiedad;
```

Ejemplo 3.50. Sintaxis de acceso a propiedades de funciones.

Las propiedades que se definen en las funciones son las siguientes:

- **arguments**: aunque la propiedad `Function.arguments` está obsoleta, dentro de una función puedes acceder al objeto `arguments`, que es una especie de *array* que contiene los valores de los argumentos pasados a esa función.

- **constructor**: esta propiedad retorna una referencia a la función que creó el objeto. Es especialmente útil para determinar el tipo de un objeto en tiempo de ejecución.

- **length**: indica el número de argumentos esperados por la función. Es útil cuando se trabaja con funciones de argumentos variables.

- **name**: proporciona el nombre de la función. Es especialmente útil en la depuración y para funciones anónimas que no tienen un nombre explícito.

```javascript
function cuadrado(x) {
    return x * x;
}
console.log(cuadrado.name); // Devuelve el string "cuadrado"
```

Ejemplo 3.51. Ejemplo de uso de la propiedad *name* de una función.

3.5.4. Funciones predefinidas del lenguaje de guion

JavaScript ofrece una amplia gama de funciones predefinidas para facilitar el desarrollo. A continuación, revisaremos algunas de ellas.

- **Función eval**. Esta función evalúa cadenas de texto como si fueran código JavaScript. Es una función poderosa, pero es importante tener precaución al usarla, especialmente con cadenas de origen desconocido, ya que puede tener implicaciones de seguridad.

```javascript
const x = 5;
const y = 3;
console.log(eval("x * y")); // 15
console.log(eval("5 + 2")); // 7
console.log(eval("x + 17")); // 22
```

Ejemplo 3.52. Utilización de la función *eval*.

- **Funciones encodeURIComponent y decodeURIComponent**. Estas funciones permiten codificar cadenas de caracteres en formato URL. Esta codificación es muy útil para la creación automática de enlaces.

```
console.log(encodeURIComponent("#")); // devuelve %23
console.log(decodeURIComponent("%23")); // devuelve #
```

Ejemplo 3.53. Utilización de las funciones *encodeURIComponent* y *decodeURIComponent*.

- **Función isNaN.** Verifica si el valor proporcionado es "Not a Number".

```
isNaN(223); //false
isNaN(-0.33); //false
isNaN(6-1); //false
isNaN(0); //false
isNaN("123"); //false
isNaN("Hello"); //true
isNaN("2005/12/12"); //true
```

Ejemplo 3.54. Utilización de la función isNaN.

- **Función parseFloat.** Convierte una cadena en un número de punto flotante. Si la cadena contiene caracteres no numéricos, se detiene en el primer carácter no válido.

```
parseFloat("5"); //5
parseFloat("5.00"); // 5
parseFloat("5.11"); // 5.11
parseFloat("11 22 33"); //11
parseFloat(" 32 "); //32
parseFloat("18 palabras"); //18
parseFloat("Frase con número 20"); //NaN
```

Ejemplo 3.55. Utilización de la función *parseFloat*.

- **Función parseInt.** Convierte una cadena en un número entero. Si la cadena comienza con "0x", la interpretará como hexadecimal. Sin embargo, el uso del prefijo "0" para octales es obsoleto y no se recomienda.

```
parseInt("5"); //5
parseInt("5.00"); // 5
parseInt("5.11"); // 5
parseInt("11 22 33"); //11
parseInt(" 32 "); //32
parseInt("18 palabras"); //18
parseInt("Frase con número 20"); //NaN
```

Ejemplo 3.56. Utilización de la función *parseInt*.

3.5.5. Creación de funciones

La creación de funciones por parte de los usuarios ha sido descrita en la Sección 3.5.5. A continuación, se presenta un resumen conciso de los principales métodos para definir funciones en JavaScript.

- **Nombradas**: utilizando la palabra reservada `function` y acto seguido el nombre de la función, siguiendo la sintaxis descrita anteriormente.

- **Anónimas**: utilizando la palabra reservada `function` y sin asignarle nombre. Estas funciones se pueden almacenar en variables para posteriormente ser utilizadas o se pueden enviar como parámetros a otras funciones.

3.5.6. Particularidades de las funciones en el lenguaje

Las funciones poseen ciertas características y comportamientos específicos en JavaScript. A continuación, se detallan algunas de estas particularidades:

- **Paso de parámetros**: en JavaScript, no se puede alterar directamente la manera en que se pasan los parámetros a las funciones. Este comportamiento está predeterminado por el lenguaje.

  — **Variables primitivas**: cuando pasas tipos de datos primitivos (como números, cadenas de texto, booleanos, undefined y `null`) a una función, se pasan por valor. Esto significa que la función recibe una copia de la variable, no la variable original. Si la función modifica esta copia, no afecta la variable original en el ámbito de donde fue llamada.

  — **Objetos y *arrays***: en contraposición a los tipos primitivos, cuando pasas objetos (incluidos los *arrays*) a una función, se pasan por referencia. Esto significa que no se está pasando una copia del objeto, sino una referencia al objeto original. Si la función modifica propiedades o elementos del objeto o *array*, esos cambios se reflejarán en el objeto original.

- **Retorno de funciones**:

  — En JavaScript, todas las funciones retornan un valor, incluso si no especificas un valor de retorno. Si no se utiliza la palabra clave `return` en la función, esta devolverá undefined.

- **Argumentos variables**: las funciones en JavaScript pueden recibir un número variable de argumentos, independientemente de la definición de la función.

3.6. Instrucciones de entrada/salida

Las instrucciones de entrada y salida son esenciales en cualquier programa, ya que permiten interactuar con el usuario. Estas instrucciones facilitan tanto la entrada de información por parte del usuario como la presentación de datos procesados al usuario.

3.6.1. Descripciones y funcionamiento de las instrucciones de entrada/salida

Estas instrucciones se dividen en tres etapas principales.

3.6.1.1. Lectura de teclado de datos

JavaScript proporciona varios mecanismos para la captura de datos:

- **Prompt.** A través de una ventana emergente, se le pide al usuario que introduzca información en un cuadro de texto. El tipo de dato retornado es siempre un *string*.

- **Confirm.** Presenta al usuario una ventana emergente para confirmar alguna acción, retornando un valor booleano según la elección del usuario.

- **Formularios.** Si bien es una técnica común para la entrada de datos en la web, no se trata en detalle en este apartado.

3.6.1.2. Almacenamiento en variables

Es fundamental comprender el tipo de dato que se está manejando. Un error común en JavaScript es la confusión entre *strings* y números, en particular cuando se usa el operador +. Es necesario convertir los *strings* en números cuando sea necesario, utilizando funciones como *parseInt*.

3.6.1.3. Impresión en pantalla del resultado

Después de procesar los datos, es habitual querer mostrar el resultado al usuario. Una función común para esto es `document.write`, que imprime información directamente en la página web. A continuación, se describen con más detalle las funciones `prompt` y `document.write`.

3.6.2. Sentencia PROMPT

El método `prompt` es una herramienta esencial en JavaScript para obtener información del usuario. Dependiendo de si el usuario pulsa OK o Cancel, el método retornará el *string* introducido o `null` respectivamente. La sintaxis es la mostrada en el Ejemplo 3.57.

```
const entrada = prompt("Texto", "Valor_defecto");
```

Ejemplo 3.57. Sintaxis de la sentencia *prompt*.

Los argumentos son los siguientes:

- **Texto**. Cadena de caracteres que aparece en la ventana emergente relativa a la pregunta que se le está realizando al usuario.

- **Valor_defecto**. Se muestra inicialmente en la caja de texto de la ventana emergente. Normalmente es vacío y no es necesario indicarlo. No obstante, puede facilitar la respuesta al usuario cuando es normalmente la misma.

En el Ejemplo 3.58 se muestra el uso de la sentencia `prompt` en la cual se hace una consulta al usuario relativa a su comida preferida. El usuario deberá teclear una palabra. A continuación, con la estructura de control `switch` se analiza la cadena que el usuario ha tecleado y, si coincide con algunas agregadas en el código, la variable `texto` recibe una frase personalizada. Finalmente, si el usuario teclea una palabra que no coincide o pulsa el botón `cancel`, el flujo de control se derivará hacia la opción por defecto, la cual muestra también un mensaje personalizado.

```
let texto;
const comidaPreferida = prompt("¿Cuál es tu comida favorita?");
switch (comidaPreferida) {
  case "Gazpacho":
    text = "¡Excelente opción! El gazpacho es refrescante.";
    break;
  case "Ternera":
    text = "¡Ternera bien cocinada está riquísima!";
    break;
  case "Verduras":
    text = "¡Las mías también! ";
    break;
  default:
    text = "Nunca la he probado";
    break;
}
```

Ejemplo 3.58. Utilización de la sentencia *prompt*.

En el Ejemplo 3.59 se muestra un ejemplo en el que la información que introduce el usuario debe ser transformada a números, ya que lo que se retorna desde la sentencia prompt son del tipo de datos *string*.

```
const n1 = parseInt(prompt("Dime un numero"));
const n2 = parseInt(prompt("Dime otro numero"));
console.log("La suma de " + n1 + " y " + n2 + " es: ");
```

Ejemplo 3.59. Utilización de la sentencia *prompt* con números.

3.6.3. Sentencia DOCUMENT.WRITE

document.write es otro método clave en JavaScript que permite imprimir contenido en una página web. Es especialmente útil para pruebas rápidas, pero hay que tener cuidado, ya que puede sobrescribir el contenido de una página si se utiliza después de que la página se haya cargado por completo. Además, existe la sentencia document.writeln, la cual es igual que document.write, pero añade un salto de línea después de cada estamento.

```
<body>
  <pre>
  <script>
      document.write("Primera frase.");
      document.write("Segunda frase.");
  </script>
  </pre>
  <pre>
  <script>
      document.writeln("Primera frase.");
      document.writeln("Segunda frase.");
  </script>
  </pre>
</body>
```

Ejemplo 3.60. Utilización de la sentencia *prompt* con números.

ACTIVIDADES

3.1. Sección 3.1. Variables e identificadores.

    3.1.1. ¿Qué es una variable y cómo se diferencia de un identificador?

    3.1.2. Menciona las tres formas de declarar variables en JavaScript y sus características principales.

    3.1.3. ¿Qué es el ámbito (*scope*) de una variable? Describe los tres tipos de ámbitos en JavaScript.

    3.1.4. ¿Cuál es la diferencia entre una variable no inicializada y una no declarada en JavaScript?

    3.1.5. Explica el concepto de *hoisting* en JavaScript y cómo afecta la ejecución del código.

    3.1.6. ¿Qué son los operadores unarios y binarios? Proporciona un ejemplo de cada uno.

    3.1.7. Crea un código que realice las siguientes tareas:

- Declara una variable global llamada `globalVar` y asígnale el valor 50.
- Crea una función llamada `miFuncion` que:
  - Declara una variable local llamada `localVar` y asígnale el valor 100.
  - Declara una variable de bloque dentro de una estructura *if* llamada `blockVar` y asígnale el valor 150.
  - Imprime las tres variables dentro de la función.
  - Fuera de la función, intenta imprimir la variable `localVar` y `blockVar`.
  - Observa y analiza los resultados. ¿Qué sucede cuando intentas acceder a una variable fuera de su ámbito?

3.2. Sección 3.2. Tipos de datos.

    3.2.1. ¿Cuántos tipos de datos primitivos existen en JavaScript hasta la fecha mencionada y cuáles son?

    3.2.2. ¿Qué representa el tipo de dato `Null` en JavaScript?

3.2.3. ¿Cuál es la diferencia entre `Null` y `Undefined`?

3.2.4. ¿Qué es el tipo `BigInt` y para qué se introdujo en JavaScript?

3.2.5. ¿Cómo se representan las cadenas de texto en JavaScript y qué se debe tener en cuenta al usar comillas simples y dobles?

3.2.6. ¿Qué son las secuencias de escape y para qué se utilizan en las cadenas de texto?

3.2.7. ¿Qué peculiaridades pueden surgir al operar con números en JavaScript y cómo se pueden manejar?

3.2.8. Dada la información sobre los tipos de datos en JavaScript, realiza las siguientes tareas:

- Declara una variable para cada tipo de dato primitivo presentado (`Number`, `String`, `Boolean`, `Null`, `Undefined`, `Symbol` y `BigInt`).

- Asigna un valor representativo a cada una de estas variables. Por ejemplo, para la variable de tipo `Number`, puedes asignar un valor entero o decimal.

- Crea una cadena de texto que contenga comillas simples y dobles. Utiliza secuencias de escape para lograrlo.

- Declara una variable de tipo `Number` y asigna un valor en notación científica.

- Declara una variable de tipo `BigInt` y asigna un valor representativo.

- Declara una variable y asigna el valor `null`.

- Declara otra variable, pero no le asignes ningún valor, dejándola `undefined`.

- Utiliza `console.log` para imprimir cada una de las variables declaradas anteriormente.

3.3. Sección 3.3. Operaciones y expresiones.

3.3.1. ¿Qué hace el operador = en JavaScript?

3.3.2. ¿Cuál es la diferencia entre = y +=?

3.3.3. ¿Cómo se puede decrementar una variable en 5 unidades usando operadores de asignación?

3.3.4. ¿Qué diferencia hay entre `==` y `===`?

3.3.5. ¿Qué retorna `5 != "5"`?

3.3.6. ¿Cuál es el resultado de `10 <= 10`?

3.3.7. ¿Cómo se representa la división en JavaScript?

3.3.8. ¿Qué operador se usa para obtener el resto de una división?

3.3.9. Si `a = 5` y `b = 2`, ¿cuál es el resultado de `a % b`?

3.3.10. ¿Qué hace el operador `&`?

3.3.11. ¿Cómo se representa el desplazamiento a la izquierda en bits?

3.3.12. Si tienes el número 5 (representado como 0101 en binario), ¿qué resulta de desplazarlo 1 bit a la izquierda?

3.3.13. ¿Qué retorna `true && false`?

3.3.14. ¿Cuál es el resultado de `true || false`?

3.3.15. ¿Qué valor tiene `!true`?

3.3.16. ¿Qué hace el operador `typeof`?

3.3.17. ¿Cuál es el resultado de `typeof null`?

3.3.18. ¿Qué devuelve el operador `instanceof`?

3.3.19. Actividad práctica: realiza las siguientes operaciones en un fichero JavaScript:

- Declara las siguientes variables: `x, y, str1, str2, a, b, num, resultado` y `obj`.

- Asigna los siguientes valores a las `variables x: 10, y: 5, str1`: "Hola", `str2`: "Mundo", `a: 5, b: 2, num:16, obj`: objeto vacío.

- Incrementa x en 5 usando +=.

- Multiplica y por 3 usando *=.

- Calcula el resto de la división entre a y b y guárdalo en resultado.

- Concatena `str1` y `str2` con un espacio entre ellos y guárdalo en una variable llamada `saludo`.

- Comprueba si saludo es igual a "`Hola Mundo`" usando `===` y muestra el resultado en la consola.

- Verifica si x es diferente de y usando ! == y muestra el resultado en la consola.

- Realiza una operación AND entre a (5 representado como 0101 en binario) y b (2 representado como 0010 en binario) y guárdalo en resultado.

- Desplaza num 2 bits a la derecha y guárdalo en resultado.

- Evalúa la operación (x > y) && (a < b) y guárdalo en resultado.

- Invierte el valor de resultado usando el operador NOT.

- Usa typeof para determinar el tipo de saludo y muestra el resultado en la consola.

3.4. Sección 3.4.1. Sentencia *if*.

    3.4.1. Dado el siguiente código, ¿qué mensaje se muestra por la consola?

```javascript
const mensaje_permiso_vacio = "No tiene permisos y
no hay mensajes
const edad = 18;
const licencia = false;

if (edad >= 18 && licencia) {
    console.log("Puede conducir");
} else if (edad >= 18) {
    console.log("Necesita una licencia para
conducir");
} else {
    console.log("No puede conducir");
}
```

    3.4.2. Considera el siguiente código, si cambiamos el valor de temperatura a 15, ¿qué mensaje se mostrará?

```javascript
const temperatura = 25;
if (temperatura < 20) console.log("Hace frío");
else console.log("Hace calor");
```

3.4.3. Dado el siguiente código, ¿qué mensaje se mostrará en la consola?

```javascript
const usuarioRegistrado = true;
const tieneSuscripcion = false;

if (!usuarioRegistrado && !tieneSuscripcion) {
    console.log("Por favor, regístrate y
suscríbete");
} else if (usuarioRegistrado && !tieneSuscripcion) {
    console.log("Por favor, suscríbete para obtener
más beneficios");
} else {
        console.log("Gracias por ser un usuario
    registrado y suscrito");
}
```

3.4.4. Escribe un programa que, dado un número, determine si es positivo, negativo o cero.

3.4.5. Considera el siguiente código. Si cambiamos el valor de día a "domingo", ¿qué mensaje se mostrará?

```javascript
const dia = "lunes";
if (dia === "sábado" || dia === "domingo")
    console.log("Es fin de semana");
else console.log("Es día laboral");
```

3.4.6. Desarrolla un programa en JavaScript que clasifique una edad ingresada en una de varias categorías.

- Entrada: una variable que contenga una edad.

- Basándote en la edad proporcionada, clasifica en una de las siguientes categorías utilizando la sentencia `if`:

  — "Infante": si la edad es menor a 2 años.

  — "Niño": si la edad es entre 2 y 12 años.

  — "Adolescente": si la edad es entre 13 y 18 años.

  — "Adulto": si la edad es entre 19 y 60 años.

  — "Senior": si la edad es mayor a 60 años.

- Almacena la clasificación en una variable llamada `categoria`.

- Muestra la edad y su clasificación correspondiente.

3.5. Sección 3.4.2. Sentencia *while*.

    3.5.1. Contador ascendente:

- Inicializa una variable `contador` en 0.
- Utiliza un bucle `while` para incrementar el contador hasta que alcance 10.
- Muestra el valor del contador en cada iteración.

    3.5.2. Suma de números:

- Inicializa dos variables: `suma` en 0 y `numero` en 1.
- Utiliza un bucle `while` para sumar números consecutivos $(1 + 2 + 3 + ... + n)$ hasta que `suma` sea mayor o igual a 100.
- Muestra el valor de `suma` y `numero` en cada iteración.

    3.5.3. Secuencia Fibonacci:

- Inicializa tres variables: `num1` en 0, `num2` en 1 y `siguiente` en 0.
- Utiliza un bucle `while` para generar los primeros 10 números de la secuencia Fibonacci.
- Muestra el valor de siguiente en cada iteración.

    3.5.4. Desarrolla un programa que, dado un número, siga la secuencia de Collatz hasta llegar a 1.

- Dada una variable que contenga un número entero positivo.
- Si el número es par, divídelo entre 2.
- Si el número es impar, multiplícalo por 3 y súmale 1.
- Repite el proceso hasta que el número sea 1.

    3.5.5. Crea un *software* que solicite al usuario que ingrese una contraseña para acceder al sistema. La contraseña correcta es "JavaScript123". Sin embargo, para mejorar la experiencia del usuario, decides darle tres intentos para ingresar la contraseña correctamente. Si después de tres intentos el usuario no ha ingresado la contraseña correcta, el programa debe mostrar un mensaje indicando que ha excedido el número de intentos permitidos.

3.6. Sección 3.4.3. Sentencia *for*.

    3.6.1. Escribe un programa que muestre la tabla de multiplicar del 5, desde el 1 hasta el 10.

    3.6.2. Utiliza un bucle *for* para sumar números del 1 al 100 y muestra el resultado final.

3.6.3. Escribe un programa que muestre todos los números pares entre 0 y 50.

3.6.4. Utiliza el bucle más adecuado para mostrar todas las propiedades y sus valores del siguiente objeto:

```
const persona = {
  nombre: "Juan",
  edad: 30,
  profesion: "Ingeniero"
};
```

3.6.5. Cuenta el número de propiedades que tiene el objeto anterior.

3.6.6. Utilizando *for… of* recorre un *array* que contenga 4 frutas.

3.6.7. Crea un sistema simple para gestionar los libros de una biblioteca.

- Dada una lista de libros, donde cada libro es un objeto con propiedades como `titulo`, `autor`, `añoPublicacion` y `estado` (prestado o disponible).

- Crea un *array* de objetos para representar los libros en la biblioteca.

```
const biblioteca = [
  {
    titulo: "Cien años de soledad",
    autor: "Gabriel García Márquez",
    añoPublicacion: 1967,
    estado: "disponible"
  },
  {
    titulo: "Don Quijote de la Mancha",
    autor: "Miguel de Cervantes",
    añoPublicacion: 1605,
    estado: "prestado"
  },
  // ... otros libros
];
```

- Utiliza un bucle `for ... of` para mostrar todos los libros disponibles en la biblioteca.

- Utiliza un bucle `for ... of` para buscar y listar todos los libros de un autor específico.

- Dado un título de libro, utiliza un bucle `for ... in` para buscar el libro y cambiar su estado (por ejemplo, de "disponible" a "prestado").

- Utiliza un bucle `for` tradicional para listar todos los libros publicados antes del año 1900.

- Utiliza varios bucles para generar estadísticas, como el número total de libros, el número de libros prestados y el número de libros disponibles.

3.7. Sección 3.4.4 Sentencia *switch*.

3.7.1. Dado un número del 1 al 7, muestre el día de la semana correspondiente (1 para lunes, 2 para martes, etc.).

3.7.2. Dado un carácter que representa una nota (A, B, C, D, F), muestra una frase que describa el rendimiento del estudiante. Por ejemplo, A para "Excelente", B para "Bueno", C para "Regular", D para "Insuficiente" y F para "Reprobado".

3.7.3. Dado un operador (+, -, *, /) y dos números, realiza la operación correspondiente entre esos dos números.

3.7.4. Dado un mes (representado por un número del 1 al 12), determina en qué estación del año se encuentra.

3.7.5. Dado un tipo de vehículo ("coche", "moto", "bus", "camión") y la cantidad de horas que ha estado estacionado, calcule el coste total del estacionamiento. Las tarifas son las siguientes:

- Coche: 2 € por hora.

- Moto: 1 € por hora.

- Bus: 5 € por hora.

- Camión: 7 € por hora.

Si el tipo de vehículo no está en la lista, muestra un mensaje indicando que el vehículo no está permitido.

3.8. Secciones 3.5. Funciones y 3.6. Instrucciones de entrada/salida.

3.8.1. Función básica.

- Solicita al usuario un número mediante `prompt`.

- Escribe una función llamada `esPar` que determine si el número ingresado es par o no y muestra el resultado con `alert`.

3.8.2. Función con múltiples retornos

- Solicita al usuario el ancho y alto de un rectángulo mediante `prompt`.

- Crea una función llamada `dimensionesRectangulo` que retorne su área y perímetro y muestra ambos resultados con `alert`.

3.8.3. Función de flecha y operador ternario:

- Solicita al usuario un número mediante `prompt`.

- Escribe una función de flecha que determine si el número es "positivo", "negativo" o "cero" usando el operador ternario y muestra el resultado con `alert`.

3.8.4. Función recursiva:

- Solicita al usuario un número mediante `prompt`.

- Escribe una función recursiva que calcule el factorial del número ingresado y muestra el resultado con `alert`.

3.8.5. Sistema de reservas:

Tienes un *array* de objetos, donde cada objeto representa una habitación de hotel. Solicita al usuario una cantidad de noches y un tipo de habitación mediante `prompt`. Escribe una función que retorne el coste total de la estancia y el número de la habitación asignada. Si no hay habitaciones del tipo solicitado disponibles, muestra un mensaje indicando que no hay disponibilidad con `alert`. Para ello, implementa una función que permita "reservar" una habitación, cambiando su estado de ocupada. Además, solicita al usuario una cantidad máxima a pagar mediante `prompt`. Implementa una función que encuentre la mejor habitación disponible que no exceda el presupuesto por la cantidad de noches indicada y muestra el resultado con `alert`.

Es importante recordar que `prompt` siempre retorna una cadena de texto, por lo que es necesario convertir los valores en números cuando se requiera, usando `parseInt()` o `parseFloat()`. Por otro lado, `confirm` retorna un valor booleano, por lo que puede usarse directamente en condiciones.

4. Desarrollo de *scripts*

Contenido

4.1. Herramientas de desarrollo, utilización.

4.2. Depuración de errores: errores de sintaxis y de ejecución.

Actividades.

Introducción

En el Capítulo 4, abordaremos las herramientas esenciales para el desarrollo de *scripts* en JavaScript, destacando la importancia de contar con medios adecuados para acelerar el proceso y mejorar la calidad del *software*. Profundizaremos en herramientas que facilitan tanto la escritura de código como la complicada tarea de depuración, ayudando a los desarrolladores a identificar y corregir errores que pueden surgir en diferentes etapas, desde la creación hasta la ejecución del *software*. A través de este capítulo, buscamos dotar al lector de técnicas y conocimientos para optimizar su trabajo en el ecosistema JavaScript.

4.1. Herramientas de desarrollo, utilización

En esta sección se explorarán diversas herramientas, tanto de escritorio como web, que facilitan el desarrollo de aplicaciones y sitios web modernos.

4.1.1. Crear *scripts* con herramientas de texto

Las herramientas de escritorio contemporáneas para escribir y editar *scripts* que se destacarán en esta sección incluyen:

- **Visual Studio Code** (VS Code): un editor de código fuente desarrollado por Microsoft que ha ganado popularidad por su extensibilidad y soporte para múltiples lenguajes.

- **Notepad++**: aunque es una herramienta veterana, sigue siendo una opción ligera y efectiva para muchos desarrolladores.

- **Sublime Text**: conocido por su rapidez y eficiencia, sigue siendo una opción preferida para muchos.

- **JetBrains WebStorm**: un IDE específico para desarrollo web creado por JetBrains, ofrece características avanzadas y se integra con la mayoría de las herramientas modernas de desarrollo.

- **Eclipse**: aunque tradicionalmente asociado con Java, Eclipse ha expandido su soporte para otros lenguajes, incluido JavaScript, a través de *plugins*.

- **IntelliJ IDEA**: otro producto de JetBrains, ofrece un potente IDE con soporte para múltiples lenguajes y herramientas.

Notepad++

Notepad++ es un editor de texto avanzado y de código fuente que ha sido una herramienta esencial para muchos desarrolladores durante años. Se ofrece exclusivamente para el sistema operativo Windows. Es gratuito y su código es de fuente abierta, lo que ha fomentado una amplia comunidad de usuarios que han contribuido a su desarrollo y mejoramiento a lo largo del tiempo. Notepad++ es conocido por ser ligero y rápido, pero también potente y versátil. Admite múltiples lenguajes de programación y ofrece características como resaltado de sintaxis, plegado de código y una interfaz de usuario con pestañas para trabajar con múltiples documentos a la vez. Además, su funcionalidad se puede ampliar mediante una variedad de complementos disponibles. Aunque no tiene tantas características integradas como algunos de los entornos de desarrollo modernos, su simplicidad y eficiencia lo hacen particularmente atractivo para aquellos que buscan un editor sólido sin la sobrecarga de herramientas innecesarias.

Visual Studio Code

Visual Studio Code, comúnmente conocido como VS Code, es un editor de código fuente desarrollado por Microsoft que ha ganado una notable popularidad entre los desarrolladores de todo el mundo. A diferencia de su contraparte más robusta, Visual Studio, VS Code es ligero, gratuito y de código abierto. Está disponible para Windows, macOS y Linux. Una de las principales fortalezas de VS Code es su extensibilidad, permitiendo a los usuarios instalar una amplia variedad de extensiones para mejorar su funcionalidad y adaptarse a casi cualquier lenguaje o marco de desarrollo (*framework*). Además, cuenta con características integradas como resaltado de sintaxis, finalización inteligente de código con IntelliSense, depuración y Git incorporado. Su diseño elegante y moderno, junto con su alto rendimiento y personalización, lo convierten en la opción preferida para muchos desarrolladores, desde principiantes hasta profesionales.

Sublime Text

Sublime Text es un editor de código fuente sofisticado que ha ganado popularidad entre los desarrolladores por su diseño elegante, rendimiento veloz y amplia gama de características poderosas. Disponible para Windows, macOS y Linux, este editor proporciona una experiencia de usuario fluida y altamente personalizable. Aunque no es de código abierto, Sublime Text ofrece una versión de evaluación sin restricciones de tiempo, pero su licencia completa es de pago. Uno de sus rasgos distintivos es el "Goto Anything", que permite a los usuarios saltar rápidamente a símbolos, líneas o palabras. También es reconocido por su capacidad de edición en múltiples líneas simultáneamente y su vasto ecosistema de paquetes y extensiones, potenciado por un sistema de paquetes integrado. La combinación de su diseño intuitivo con características robustas lo hace ideal tanto para programadores novatos como para profesionales experimentados que buscan maximizar su eficiencia al escribir código.

JetBrains WebStorm

JetBrains WebStorm es un IDE (entorno de desarrollo integrado) prémium diseñado específicamente para el desarrollo web moderno, enfocado en JavaScript y sus *frameworks* asociados. Desarrollado por la empresa JetBrains, conocida por otras herramientas de desarrollo como IntelliJ IDEA y PyCharm, WebStorm ofrece una suite integrada de herramientas que facilita el desarrollo, la depuración y la prueba de código en aplicaciones web. Sus características destacadas incluyen el resaltado de sintaxis, autocompletado inteligente, análisis de código en tiempo real y *refactoring* específico para JavaScript. También brinda soporte integrado para las tecnologías y *frameworks* más recientes, como React, Angular y Vue.js. Además, se integra perfectamente con sistemas de control de versiones como Git y herramientas de gestión de paquetes como npm o Yarn. Aunque WebStorm es una herramienta de pago, ofrece una licencia de prueba gratuita y descuentos para estudiantes, así como actualizaciones constantes para asegurar que los desarrolladores tengan acceso a las últimas características y avances del mundo del desarrollo web. Su interfaz intuitiva y su amplio conjunto de características lo convierten en una elección popular entre los desarrolladores web profesionales.

Eclipse

Eclipse es un entorno de desarrollo integrado (IDE) ampliamente utilizado que originalmente se centró en Java, pero con el tiempo ha ampliado su alcance para incluir desarrollo en otros lenguajes de programación gracias a sus múltiples *plugins*. Desarrollado por la Eclipse Foundation, este IDE de código abierto es conocido por su modularidad y la gran cantidad de extensiones y *plugins* disponibles que permiten personalizar y expandir sus capacidades. Eclipse se destaca por su robusto sistema de construcción y gestión, herramientas de depuración profundas y soporte para desarrollo empresarial. Con el tiempo, se han creado paquetes de Eclipse orientados a diversas disciplinas de desarrollo, desde desarrollo web hasta diseño de aplicaciones móviles y programación en C/C++. Aunque puede parecer abrumador para los principiantes debido a su amplio conjunto de herramientas y opciones, Eclipse ha sido una herramienta esencial para muchos desarrolladores durante años, ofreciendo una plataforma estable y rica en características para el desarrollo de *software*. Al ser de código abierto, Eclipse es gratuito para descargar y usar, y cuenta con una comunidad activa que constantemente contribuye con mejoras, *plugins* y soluciones a problemas comunes.

IntelliJ IDEA

IntelliJ IDEA es un entorno de desarrollo integrado (IDE) creado por JetBrains, y es conocido por su eficiencia en el desarrollo, principalmente, pero no limitado a Java. Es ampliamente aclamado por sus potentes características como el análisis de código en tiempo real, la refactorización avanzada y la integración profunda con diversas herramientas y plataformas. Una de las ventajas más notables de IntelliJ IDEA es su capacidad para entender el código, lo que permite a los desarrolladores trabajar de manera más inteligente, no más dura. La autocompletación inteligente, las inspecciones de código y las soluciones a problemas, así como la navegación rápida y avanzada entre clases, archivos y paquetes, son solo algunas de las características que hacen que el desarrollo sea más productivo y agradable. Además, IntelliJ IDEA tiene una versión gratuita llamada Community Edition y una versión de pago llamada Ultimate Edition, que viene con un conjunto más extenso de herramientas y características, especialmente útiles para el desarrollo web y empresarial. Aunque IntelliJ IDEA se inició principalmente como un IDE para Java, con el tiempo ha ampliado su soporte a muchos otros lenguajes a través de *plugins*, lo que lo convierte en una opción versátil para múltiples disciplinas de desarrollo.

En la Tabla 4.1 se muestra un resumen de los editores/IDE de escritorio presentados a lo largo de la sección.

Tabla 4.1. Editores/IDE de escritorio

Editor/IDE	Plataformas	Licencia	Precio
Visual Studio Code	MS Windows, macOs, Linux	MIT	Gratuito
Notepad++	MS Windows	GNU GPL 2	Gratuito
Sublime Text	MS Windows/Linux/Mac OS X	Propietaria	80 $ (licencia de por vida)
JetBrains WebStorm	MS Windows/Linux/Mac OS X	Propietario	59 $/año (individual)
Eclipse	MS Windows/Linux/Mac OS X	EPL 2	Gratuito
IntelliJ IDEA	MS Windows/Linux/Mac OS X	Community (Apache 2.0) Ultimate (Propietario)	Community: Gratuito Ultimame: 499 $ primer año

4.1.2. Crear *scripts* con aplicaciones web

La creación de *scripts* utilizando aplicaciones web se ha consolidado como un enfoque eficiente, especialmente en equipos distribuidos y proyectos colaborativos. Estas plataformas permiten a múltiples desarrolladores trabajar simultáneamente en el mismo proyecto o incluso en el mismo archivo, con todos los cambios sincronizándose en tiempo real. Las soluciones basadas en la nube también ofrecen la ventaja de accesibilidad desde cualquier lugar y dispositivo, además de facilitar la integración con otras herramientas y servicios en la nube. A continuación, se describen algunas herramientas contemporáneas que son populares y ampliamente adoptadas en este ámbito:

- **GitHub Codespaces**: esta es una integración entre Visual Studio Code y GitHub, que proporciona un entorno de desarrollo en la nube directamente desde repositorios de GitHub. Permite editar, ejecutar y depurar código directamente en el navegador.

- **Gitpod**: es una plataforma de desarrollo en línea que se integra con plataformas de control de versiones como GitHub, GitLab y Bitbucket. Proporciona entornos de desarrollo efímeros para cualquier *pull request* o *issue*.

- **StackBlitz**: una herramienta en línea para desarrollo web que proporciona un entorno similar a un IDE para construir aplicaciones en Angular, React y otros *frameworks*, directamente desde el navegador.

Estas herramientas modernas no solo ofrecen la capacidad de codificar en la nube, sino que también se integran con otras herramientas y servicios para proporcionar un flujo de trabajo de desarrollo completo, desde la escritura de código hasta la implementación.

GitHub Codespaces

GitHub Codespaces es una innovadora solución ofrecida por GitHub que permite a los desarrolladores crear y trabajar en entornos de desarrollo totalmente configurados directamente desde su navegador. Funciona como una extensión natural de GitHub, permitiendo a los usuarios abrir cualquier repositorio en un entorno Visual Studio Code directamente en la web. Una de sus características más destacadas es la personalización; los desarrolladores pueden definir configuraciones específicas del proyecto a través de archivos `.devcontainer`, garantizando así que cada miembro del equipo tenga el mismo entorno independientemente del dispositivo o sistema operativo que esté utilizando. Además, Codespaces es altamente integrable con otras herramientas y servicios de GitHub, proporcionando un flujo de trabajo fluido desde el desarrollo hasta el despliegue. El resultado es una mayor eficiencia, con menos tiempo dedicado a la configuración del entorno y más tiempo enfocado en la codificación.

Gitpod

Gitpod es una solución de desarrollo en la nube que ofrece a los programadores un entorno de desarrollo totalmente integrado, pero basado en la nube, que se inicia automáticamente para cualquier proyecto en GitHub, GitLab y Bitbucket. Al utilizar contenedores preconfigurados, Gitpod elimina la necesidad de configurar localmente el entorno de desarrollo, lo que acelera significativamente el proceso de inicio de un proyecto o tarea. Los desarrolladores pueden simplemente añadir la URL de Gitpod antes de cualquier URL de GitHub o GitLab, y el IDE (basado en Visual Studio Code) se lanzará en un navegador con el entorno ya configurado. Las características clave de Gitpod incluyen la integración con plataformas de control de versiones, una experiencia de codificación similar a la de un IDE de escritorio, y herramientas para la colaboración en tiempo real entre equipos. Su modelo de precios varía, ofreciendo tanto opciones gratuitas como suscripciones prémium para usuarios que necesitan más recursos o características adicionales.

StackBlitz

StackBlitz es una plataforma de desarrollo *online* innovadora y rápida que proporciona un entorno de codificación instantáneo en el navegador para diversos *frameworks* y tecnologías, incluidos Angular, React y Vue. Es comparable a una IDE ligera de escritorio, pero operando directamente en la web. Uno de sus puntos fuertes es su capacidad para arrancar proyectos al instante, sin la necesidad de esperar instalaciones o configuraciones prolongadas. Al trabajar directamente desde el navegador, StackBlitz elimina los típicos problemas de "funciona en mi máquina" al proporcionar un ambiente unificado para todos los usuarios. También incluye funcionalidades como la importación en tiempo real desde npm, guardado automático en la nube y una interfaz de usuario intuitiva que simplifica la edición y visualización de proyectos. Su integración con plataformas como GitHub facilita aún más el proceso de desarrollo y colaboración. Mientras que StackBlitz puede ser usado de forma gratuita, también ofrecen planes prémium que proporcionan características adicionales y mejoras de rendimiento para equipos y desarrolladores profesionales.

4.1.3. Recursos en web para la creación de *scripts*

En la era moderna de desarrollo web, existen plataformas en línea que brindan entornos de desarrollo ágil sin requerir instalaciones locales o registros previos. Estas herramientas no solo permiten la creación y edición de código, sino también su compartición, creando un ecosistema colaborativo donde los desarrolladores pueden aprender, probar y mejorar sus habilidades. A continuación, se describen algunas de las plataformas más prominentes:

- **jsFiddle**: una de las pioneras en el ámbito de las herramientas en línea para el desarrollo web. Aunque su interfaz puede parecer simple, es poderosa y permite combinar HTML, CSS y JavaScript. Incluye características avanzadas como la simulación de solicitudes AJAX.

- **CodePen**: reconocida por su intuitiva interfaz y rica funcionalidad, CodePen es ideal tanto para principiantes como para desarrolladores experimentados. Ofrece pruebas en diferentes vistas de dispositivos, colaboración en tiempo real y, con su cuenta PRO de pago, opciones adicionales como modo de enseñanza y pruebas en múltiples navegadores. Sin embargo, incluso su versión gratuita ofrece valiosas herramientas, incluyendo la capacidad de compartir y colaborar en proyectos.

- **JS Bin**: similar en funcionalidad a las anteriores, pero con un distintivo: su consola de JavaScript integrada. Esto lo convierte en una herramienta invaluable para aquellos que buscan depurar sus *scripts* en tiempo real.

4.2. Depuración de errores: errores de sintaxis y de ejecución

4.2.1. Definición de los tipos de errores

Los errores en el desarrollo de *software*, en particular en JavaScript, pueden variar en su naturaleza y momento de ocurrencia. A continuación, se presentan ejemplos concretos para cada tipo de error:

- **Según el impacto en la ejecución.**
  - Impiden la ejecución.
    - ✓ De sintaxis. Ejemplo: `const result = (2 + 3;` (Falta el paréntesis de cierre).
    - ✓ Lógicos tipo bucle infinito. El siguiente bucle nunca termina porque la condición siempre es verdadera.

```
let i = 0;
while (i >= 0) {
  console.log(i);
  i++;
}
```

✓ Procesos no válidos. Intentando invocar una función que no ha sido definida. Ejemplo: `const result = noExisteFunction();`

— **No impiden la ejecución**.

✓ Lógicos tipo resultado incorrecto.

```javascript
function add(a, b) {
  return a * b; // Se debía sumar, no multiplicar.
}
```

✓ Errores gestionados.

```javascript
try {
  const result = riskyOperation();
} catch (error) {
  console.log("Ha ocurrido un error:", error.message);
}
```

• **Según el momento de la aparición**.

— **De compilación**. Estos errores son detectados cuando el desarrollador está generando el binario que luego se instalará en los computadores de los usuarios. En JavaScript, al ser un lenguaje interpretado, no se producen.

— **De ejecución**. Estos errores son detectados cuando el usuario está haciendo uso del programa. En el proceso de compilación no se detectó ningún error. En JavaScript los errores que se producen son de este tipo. Ejemplo:

```javascript
const obj = null;
console.log(obj.property); // Intentando acceder a una
propiedad de un objeto nulo.
```

4.2.2. Escritura del programa fuente

La elaboración del código fuente se ve beneficiada considerablemente mediante el uso de las herramientas modernas de desarrollo que hemos mencionado previamente. Estas herramientas realzan la sintaxis, ofrecen funciones de autocompletado y verifican la correcta correspondencia de llaves, paréntesis y corchetes. Además, muchas de ellas incorporan capacidades avanzadas de refactorización que facilitan la adaptación y mejora del código conforme surgen nuevos requisitos o *insights* durante el desarrollo. Adicionalmente, los IDE contemporáneos suelen integrar sistemas de pruebas automáticas, lo que asiste en la identificación temprana de errores, incluyendo aquellos relacionados con lógicas que devuelven resultados incorrectos. En resumen, el uso de estos editores e IDE optimiza el proceso de desarrollo, permitiendo crear *software* más robusto y eficiente en un tiempo reducido.

4.2.3. Compilación del programa fuente

La compilación es el proceso de conversión del código fuente en código objeto o de máquina, que es un formato intermedio más cercano al lenguaje que la máquina entiende. Una vez generado el código objeto, un programa denominado enlazador o montador se encarga de juntar varios códigos objeto y librerías necesarias para producir un archivo ejecutable.

Es fundamental comprender que la compilación generalmente se realiza específicamente para una arquitectura de computadora y sistema operativo concreto. Esto implica que el código compilado y optimizado para una arquitectura puede no ser el ideal para otra, aunque a menudo es posible ejecutarlo mediante técnicas de emulación o compatibilidad.

Además, en el contexto actual, donde los lenguajes como JavaScript han ganado prominencia, surge el concepto de "transpilación". La transpilación es un proceso similar a la compilación, pero en lugar de convertir el código fuente en código de máquina, lo convierte en otro código fuente, usualmente una versión más compatible o estándar de un lenguaje. Herramientas como Babel permiten a los desarrolladores escribir en la versión más reciente de JavaScript y luego transpilarlo a versiones anteriores para garantizar la compatibilidad.

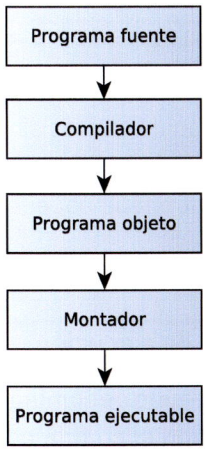

Figura 4.1. Fases de compilación.

4.2.4. Corrección de errores de sintaxis

Los errores de sintaxis, también conocidos como errores de compilación en otros lenguajes, son aquellos que surgen cuando el código fuente infringe las reglas gramaticales o de estructura del lenguaje en cuestión. En JavaScript, dado que es un lenguaje interpretado, estos errores suelen detectarse en tiempo de ejecución, más específicamente cuando el navegador o el entorno de ejecución intenta interpretar el código.

Un clásico ejemplo de error sintáctico en JavaScript es la omisión de comillas en una cadena de texto. Considerando el siguiente código: `const saludo = "Hola mundo;`, la ausencia de la comilla de cierre resultará en un error, ya que el intérprete no sabrá dónde finaliza la cadena.

Otro error común es el mal emparejamiento de llaves, paréntesis o corchetes:

```
function saludar() {
    alert("¡Hola!");
```

Además de las cadenas mal formateadas, otro error sintáctico común es la incorrecta invocación de funciones o métodos. Si tenemos definida una función `cargarDOM()`, pero accidentalmente la invocamos como `cargaDOM()`, el intérprete nos arrojará un error, señalando que la función `cargaDOM` no está definida.

Para facilitar la corrección de estos errores, muchos entornos de desarrollo integrado (IDE) modernos ofrecen características avanzadas como resaltado de sintaxis y verificación en tiempo real. Estas herramientas destacan visualmente los problemas en el código, permitiendo a los desarrolladores identificar y corregir errores antes de ejecutar el programa. Además, la consola del navegador es una herramienta indispensable en este proceso, ya que proporciona mensajes de error detallados y especifica la línea exacta donde ocurrió el problema.

En resumen, si bien la corrección de errores sintácticos puede parecer un proceso de ensayo y error, la combinación de un buen IDE y una comprensión sólida de la sintaxis de JavaScript puede hacer que esta tarea sea mucho más sencilla y eficiente.

4.2.5. Corrección de errores de ejecución

Los errores de ejecución, a menudo denominados "errores en tiempo de ejecución", se manifiestan cuando el código está en pleno funcionamiento. A diferencia de otros lenguajes que requieren un proceso de compilación,

JavaScript es interpretado, lo que significa que muchos errores, tanto sintácticos como de ejecución, se descubren mientras se ejecuta el código. No obstante, es esencial distinguir entre estos dos tipos de errores para poder abordarlos eficazmente.

Entre los errores de ejecución comunes en JavaScript se encuentran los bucles infinitos, referencias a propiedades no definidas de un objeto, divisiones por cero, o intentos de acceder a un índice fuera de los límites de un *array*. Por ejemplo:

```
let i = 0;
while (i >= 0) {
// Esto creará un bucle infinito, ya que la condición siempre se
cumple.
    i++;
}
```

Para identificar y corregir estos errores, los desarrolladores suelen utilizar las siguientes técnicas:

- **Registro de variables con `console.log()`**: esta técnica permite visualizar el valor de una variable o expresión en un momento específico. Por ejemplo:

```
let array = [1, 2, 3];
console.log(array[5]);  // undefined, ya que está fuera de los
límites del array.
```

- **Herramientas de depuración integradas**: tanto los navegadores modernos como los IDE proporcionan herramientas robustas de depuración. Estas permiten pausar la ejecución del código, examinar el estado de las variables y avanzar paso a paso a través del código para identificar problemas. Usando la palabra clave **`debugger;`** en el código, podemos indicar al navegador que pause la ejecución en ese punto específico. Por ejemplo:

```
let resultado = 0;
for (let i = 0; i < 5; i++) {
    debugger; // Esto pausará la ejecución, permitiendo
inspeccionar variables y flujo de código.
    resultado += i;
}
```

Si bien ambas técnicas ofrecen beneficios similares, utilizar herramientas de depuración integradas puede ser más eficaz, ya que ofrecen una visión más completa del estado y flujo del programa. A través de ellas, se pueden establecer puntos de interrupción, inspeccionar la pila de llamadas e incluso simular eventos específicos, brindando un control granular sobre el proceso de depuración.

Mensajes de error

La gestión de los errores es lo que se debe perseguir en todos nuestros proyectos *software* puesto que indican que la aplicación tiene calidad, ya que en ningún momento se interrumpe la ejecución ni se obtienen resultados inesperados.

4.2.6. Funciones para controlar los errores

En JavaScript, manejar y controlar errores es esencial para construir aplicaciones robustas y amigables con el usuario. Estos controles permiten identificar problemas potenciales y responder de manera adecuada sin que la aplicación falle o se detenga por completo. A continuación, se presentan diversas funciones y estructuras que JavaScript proporciona para controlar errores:

- **try...catch**: esta estructura permite capturar errores en tiempo de ejecución. El bloque de código dentro de try se ejecuta y, si se produce un error, el control se pasa al bloque catch, donde se puede gestionar el error.

```
try {
    let division = 10 / 0; // Intenta realizar una operación
no permitida.
    console.log(division);
} catch (error) {
    console.error("Se ha producido un error:", error.
message);
}
```

- **throw**: permite generar errores personalizados, útiles para indicar problemas específicos en nuestro código o para validar ciertas condiciones.

```
function validarEdad(edad) {
    if (edad < 0) {
        throw new Error("La edad no puede ser negativa");
    }
    return true;
}
try {
    validarEdad(-5);
} catch (error) {
    console.error(error.message);
}
```

- **finally**: se usa con `try...catch` y garantiza que el bloque de código dentro de `finally` se ejecute independientemente de si se produjo un error o no.

- **Manejo de errores en eventos y *callbacks***: en JavaScript, muchas acciones se basan en eventos y funciones de *callback*. Es importante manejar errores en estas situaciones para evitar que una función de *callback* falle silenciosamente.

```
window.onload = function(){
    const x = 90;
    const value = x / y;
}
window.onerror = function(errorMessage, fileName, lineNumber){
    document.write('Error: ' + errorMessage);
}
```

ACTIVIDADES

4.1. Enumera las características principales de Visual Studio Code y Notepad++.

4.2. ¿Qué ventajas ofrece Sublime Text sobre otros editores de texto?

4.3. Si estás trabajando en un proyecto de desarrollo web grande, ¿por qué podrías considerar usar JetBrains WebStorm sobre un editor de texto simple como Notepad++?

4.4. Investiga y compara las extensiones o *plugins* disponibles para JavaScript en Eclipse e IntelliJ IDEA.

4.5. Crea un repositorio en GitHub y configura GitHub Codespaces para ese repositorio.

- Edita un archivo JavaScript directamente desde GitHub Codespaces y realiza un *commit* de los cambios.

- Explora las herramientas de depuración disponibles en GitHub Codespaces y depura un *script* simple.

4.6. Crea un nuevo proyecto en StackBlitz utilizando el JavaScript. Explora las opciones de exportación e integración de StackBlitz. Por ejemplo, exporta tu proyecto a GitHub.

4.7. Imagina que eres parte de un equipo distribuido que trabaja en un proyecto de desarrollo web. Se te ha asignado la tarea de construir una aplicación web simple que muestre una lista de tareas pendientes.

- Crea un repositorio en GitHub para el proyecto y configura GitHub Codespaces para el mismo.

- Desarrollo inicial: utiliza StackBlitz para crear la estructura básica de la aplicación. Asegúrate de que la aplicación tenga una interfaz de usuario básica y una lista de tareas pendientes.

- Invita a un compañero a tu proyecto en StackBlitz y trabaja simultáneamente en diferentes características. Observa cómo las herramientas en línea manejan la colaboración en tiempo real y cómo se sincronizan los cambios.

- Finalización y revisión: una vez que hayas terminado el desarrollo, revisa el código y realiza los ajustes finales. Exporta el proyecto desde StackBlitz a GitHub y realiza una *pull request*.

4.8. Dados los siguientes fragmentos de código identifica el error de ejecución y corrige el código para evitarlo.

```
const array = [1, 2, 3, 4;
let sum = 0
for(let i = 0; i <= array.length; i++) {
    sum += array[i];
}
console.log("La suma es:", sum);
```

Ejercicio 4.8.1.

```
let i = 1;
while (i != 10) {
    console.log(i);
}
```

Ejercicio 4.8.2.

```
const result = myFunction();
console.log(result);

function myFunction() {
    return "¡Hola Mundo!";
}
```

Ejercicio 4.8.3.

```
function multiply(a, b) {
    return a + b;
}
const result = multiply(5, 5);
console.log(result);
```

Ejercicio 4.8.4.

```
const obj = undefined;
console.log(obj.property);
```

Ejercicio 4.8.5.

4.9. Identifica y corrige los errores para que el programa funcione correctamente.

- Ejecuta el programa y observa los errores.

- Identifica si los errores son de sintaxis, lógicos o de ejecución.

- Corrige los errores y vuelve a ejecutar el programa hasta que funcione correctamente.

- Reflexiona sobre la importancia de la depuración en el desarrollo de *software* y cómo las herramientas modernas pueden ayudar en este proceso.

```javascript
const userAge = prompt("Introduce tu edad:");
const userYear = prompt("Introduce el año actual:")

function calculateBirthYear(age, year) {
    return year minus age;
}

const birthYear = calculateBirthYear(userage);

console.log("Naciste en el año:", birthYear);
```

5. Gestión de objetos del lenguaje de guion

Contenido

5.1. Jerarquía de objetos.

5.2. Propiedades y métodos de los objetos del navegador.

5.3. Propiedades y métodos de los objetos del documento.

5.4. Propiedades y métodos de los objetos del formulario.

5.5. Elementos del DOM.

Actividades.

Introducción

El poder de JavaScript se magnifica por su rica colección de objetos nativos. Estos objetos, intrínsecos al lenguaje, están disponibles para cualquier desarrollador, independientemente del proyecto en el que esté trabajando. Actúan como herramientas esenciales, posibilitando la transformación de simples páginas web en aplicaciones interactivas y dinámicas.

Comprender la jerarquía y estructura de estos objetos nativos es fundamental. Esta estructura no solo nos da una panorámica del arsenal de herramientas a nuestra disposición, sino que también nos ilumina sobre cómo acceder y utilizar cada uno de estos objetos de manera efectiva. A lo largo de este capítulo, no solo exploraremos las propiedades y métodos que caracterizan a estos objetos, sino que también ilustraremos su aplicación práctica mediante ejemplos relevantes.

En el Capítulo 7, haremos especial énfasis en la relevancia de contar con fuentes de consulta técnica de calidad para fortalecer aún más nuestra maestría en el lenguaje.

5.1. Jerarquía de objetos

JavaScript proporciona una serie de objetos nativamente que pueden ser utilizados en cualquier código de JavaScript. En este capítulo se presentan los objetos del lenguaje y cómo se realiza su gestión.

5.1.1. Descripción de objetos de la jerarquía

JavaScript proporciona una ventana al mundo del navegador a través del modelo de objetos del navegador (*Brower Object Model, BOM*). Esta interfaz de programación permite a los desarrolladores interactuar y modificar aspectos específicos del navegador y sus ventanas. Algunas de las capacidades fundamentales del BOM incluyen:

- Obtener información sobre el propio navegador en el que se ejecuta el *script*.

- Crear, mover, redimensionar y cerrar ventanas del navegador.

- Obtener información de la pantalla y página que está visitando el usuario.

El BOM está compuesto por varios objetos relacionados entre sí. En la Figura 5.1 se muestra el esquema de objetos del BOM.

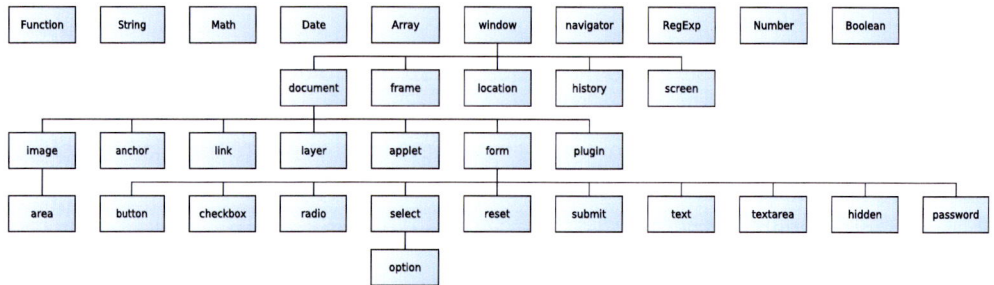

Figura 5.1. Jerarquía de objetos en JavaScript.

Los objetos predefinidos en el lenguaje JavaScript son los siguientes:

- **Math**. Permite realizar operaciones matemáticas.

- **Date**. Permite realizar operaciones con fechas.

- **String**. Permite manipular cadenas de caracteres.

- **Number**. Permite manipular operaciones con el tipo de datos numéricos.

- **Boolean**. Permite manipular operaciones con el tipo de datos booleanos.

- **Array**. Permite manipular operaciones con la estructura de datos *array.*

- **RegExp**. Permite construir validaciones de expresiones regulares.

Además del BOM, JavaScript está dotado de objetos predefinidos que son esenciales para el desarrollo de aplicaciones:

- **Math**: para operaciones matemáticas. Ej.: `Math.sqrt(25)` retorna 5.

- **Date**: gestionar fechas y tiempos. Ej.: `const currentDate = new Date()`.

- **String**: manipulación y gestión de cadenas de caracteres. Ej.: `const str = "Hello".toUpperCase()`.

- **Number**: operaciones numéricas y verificación. Ej.: `Number.isInteger(5)`.

- **Boolean**: manipulación de valores verdaderos o falsos.

- **Array**: manipulación de listas y conjuntos de datos. Ej.: `let fruits = ["apple", "banana"]`.

- **RegExp**: validaciones mediante expresiones regulares. Ej.: `let regex = /^[A-Z]+$/`.

Uno de los objetos más representativos es `document`, el cual tiene toda la información relativa a la estructura del documento HTML. Esto es conocido como `Document Object Model` (DOM). El DOM existe cuando se carga una página independientemente de la jerarquía de objetos de JavaScript.

Los objetos más relevantes de la jerarquía de objetos de JavaScript son:

- **window**. Es el objeto de máximo nivel. Sus propiedades están relacionadas con la ventana del navegador.

- **navigator**. Dispone de propiedades que permiten conocer el nombre y versión del navegador, así como los *plugins* instalados, protocolos permitidos, etc.

- **document**. Las propiedades están relacionadas con el documento HTML tales como pueden ser los formularios, enlaces, título, etc.

- **location**. Todas sus propiedades están relacionadas con la URL actual.

- **history**. Sus propiedades están relacionadas con las URL visitadas previamente.

5.1.2. Propiedades compartidas de los objetos

Una página web es una colección de objetos que se encuentra estructurada en un árbol jerárquico. Los objetos se organizan de modo que los métodos y propiedades se heredan de los padres a hijos. De este modo, las propiedades y métodos que existen en un elemento del padre son compartidas en los objetos hijos.

El modo de poder acceder a estas propiedades es haciendo uso de la navegación por los diferentes elementos, tal y como se describe en la siguiente sección.

5.1.3. Navegar por la jerarquía de los objetos

Para navegar por la jerarquía de objetos en JavaScript se deben considerar las siguientes condiciones:

1. El nombre de los objetos padre se incluye a la hora de nombrar un objeto hijo. Es decir, se debe describir toda la rama hasta acabar en el objeto que se quiere manipular. De este modo, si se quiere acceder al objeto `navigator` se debe describir como `window.navigator`. En este caso el objeto `navigator` es un objeto y propiedad del objeto `window`. Esto es lo descrito en la sección anterior, en la que se indica que los objetos comparten propiedades y métodos.

2. En todos los navegadores se puede omitir el objeto padre `window` debido a que todos los objetos derivan de él y, por consiguiente, tiene la misma validez escribir `window.documento.forms` que escribir `document.forms`.

3. JavaScript agrupa elementos en *arrays*. En el apartado anterior se muestra como los formularios de la página web son agrupados en un *array* llamado `forms`. Si se quiere acceder al primer formulario que aparece en la página web, se puede hacer referencia a este desde `document.forms[0]`.

Algunos de los *arrays* de objetos que se crean automáticamente son:

- **forms**. *Array* que contiene todos los formularios del documento HTML.

- **elements.** *Array* de cada formulario con los objetos que forman el formulario, es decir, *text*, *button*, *textarea*, *radio*, etc. Por ejemplo, si se dispone de dos formularios en una página web y se quiere acceder al cuarto elemento de este segundo formulario, el camino sería `forms[1].elements[3]`.

- **images**. *Array* con todas las imágenes existentes en el documento HTML.

- **links**. *Array* con todos los enlaces existentes en el documento HTML.

En el Ejemplo 5.1 se muestra el acceso y modificación de los elementos anteriores. En dicha página se puede observar un enlace con la expresión "*¡Cambiar!*", y dos imágenes. Al pulsar sobre el enlace se dispara un evento que ejecuta la función denominada `cambia`. Esta función hace uso de los objetos del navegador `images` y `links`. Observe que en el primer caso se ha accedido a la primera imagen a través del *array* `images` y al objeto `style`, en el cual existen los estilos de dicha imagen. Posteriormente se modifica la propiedad CSS `border` para agregar un borde en azul sólido y de 10 píxeles. La siguiente modificación que se realiza es la del atributo `src` de cada una de las imágenes del documento. De este modo, estamos girando las imágenes. Finalmente, se accede al enlace y se modifica la propiedad CSS color a color azul.

```html
<!DOCTYPE html>
<html lang="es">
  <head>
    <meta charset="UTF-8" />
    <title>Navegando por el BOM</title>
    <style>
      .changeable {
        color: red;
        margin: 20px;
        cursor: pointer;
      }
    </style>
    <script>
    function cambia() {
```

```
    const images = document.images
    const links = document.links

    images[0].style.border = "solid blue 10px";
    images[1].src = "./ejemplo1_1.jpg";
    images[0].src = "./ejemplo1_2.jpg";
    links[0].style.color = "blue";
    }
  </script>
 </head>
 <body>
  <div class="changeable" onclick="cambia()">
   <a href="#">¡Cambiar!</a>
  </div>
  <img src="./ejemplo1_1.jpg" alt="Descripción de la imagen 1" />
  <img src="./ejemplo1_2.jpg" alt="Descripción de la imagen 2" />
 </body>
</html>
```

Ejemplo 5.1. Navegación a través del BOM.

A modo de resumen, en la cima de la estructura jerárquica de objetos se encuentra el objeto `window`, que representa la ventana del navegador y es el punto de entrada de todos los demás objetos. Por debajo de `window`, tenemos otros objetos principales como `document`, que representa el DOM, y `navigator`, que contiene información sobre el navegador.

- **Objeto window**: es el objeto de nivel superior. A través de él, podemos acceder a todos los demás objetos, métodos y propiedades.

```
window.alert('¡Hola Mundo!');
```

- **Objeto document**: es una propiedad del objeto `window` y representa el documento actual. A través de él, puedes acceder a cualquier elemento en la página.

```
document.getElementById('id1');// selecciona el elemento con
el ID "id1"
```

5.2. Propiedades y métodos de los objetos del navegador

En esta sección se describen propiedades y métodos de los principales objetos del navegador.

5.2.1. El objeto superior *window*

El objeto superior desde el cual heredan todos los demás es `window`. En la Tabla 5.1 se muestran las principales propiedades de este objeto.

Tabla 5.1. Propiedades del objeto *window*

Propiedad	Descripción
`closed`	Retorna un valor booleano indicando si una ventana ha sido cerrada o no.
`defaultStatus`	Permite acceder/modificar el valor de la barra de estado (`statusbar`) por defecto de una determinada ventana.
`status`	Permite acceder/modificar el texto en la barra de estado (`statusbar`) de una ventana.
`document`	Permite acceder al DOM (`Document Object Model`). Este objeto es muy importante en la programación web, puesto que permite modificar en tiempo real la estructura de un documento HTML.
`history`	Retorna el objeto `history`, que se estudiará a lo largo de este capítulo.
`location`	Retorna el objeto `location`, que se estudiará a lo largo de este capítulo.
`navigator`	Retorna el objeto `navigator`, que se estudiará a lo largo de este capítulo.
`name`	Permite acceder/modificar el nombre de la ventana.
`screen`	Retorna el objeto `screen`, que se estudiará a lo largo de este capítulo.
`innerHeight`	Altura (en píxeles) de la ventana del navegador incluyendo, si existe, el `scrollbar` horizontal. Vea la Figura 5.2 para aclarar el concepto.
`innerWidth`	Anchura (en píxeles) de la ventana del navegador incluyendo, si existe, el `scrollbar` vertical.
`outerHeight`	Altura (en píxeles) de la ventana. Vea la Figura 5.2 para aclarar el concepto.

Propiedad	Descripción
outerWidth	Anchura (en píxeles) de la ventana.
pageXOffset scrollX	Retorna el número de píxeles que la página actual ha sido desplazada horizontalmente (con el scroll) desde la esquina superior izquierda de la ventana.
pageYOffset scrollY	Retorna el número de píxeles que la página ha sido desplazada verticalmente (con el scroll) desde la esquina superior izquierda de la ventana.
parent	Retorna la ventana padre de la actual ventana. Es decir, la que la ha creado.

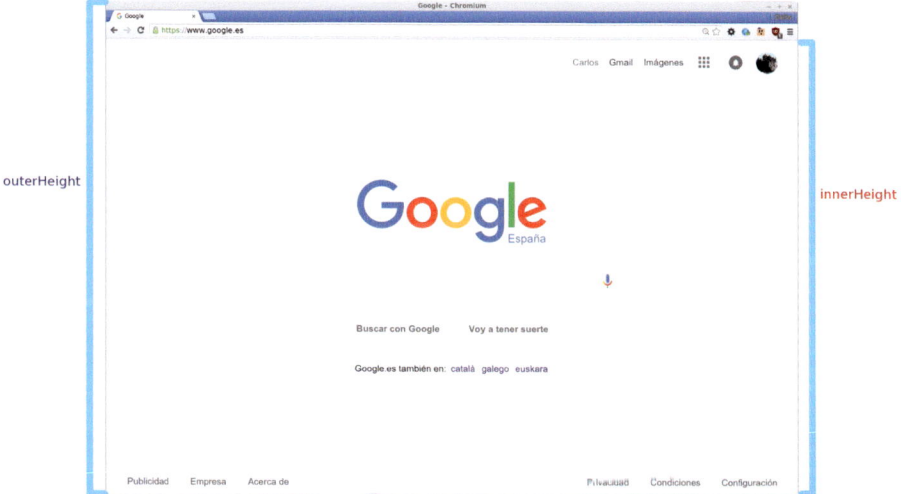

Figura 5.2. Diferencia entre *outerHeight* e *innerHeight*.

En la Tabla 5.2 se muestran los métodos que se pueden ejecutar desde cualquier parte de un *script* al pertenecer al objeto window.

Tabla 5.2. Métodos del objeto *window*

Método	Descripción
alert	Muestra una ventana emergente con un mensaje y un botón de confirmación.
confirm	Muestra una ventana emergente con un mensaje y dos botones para cancelar y confirmar la acción.
prompt	Muestra una ventana emergente para que el usuario introduzca información.
atob	Decodifica una cadena de caracteres codificado utilizando base-64.

Método	Descripción
btoa	Codifica una cadena de caracteres utilizando base-64.
blur	Quita el foco de la actual ventana.
focus	Pone el foco en la actual ventana.
close	Cierra la actual ventana.
open	Abre una nueva ventana.
moveBy	Desplaza una ventana relativamente a su actual posición.
moveTo	Desplaza una ventana a una posición específica.
resizeBy	Reasigna el tamaño de la ventana a un tamaño especificado en píxeles.
resizeTo	Reasigna el tamaño de la ventana a un tamaño especificado en ancho (`width`) y alto (`height`).
scrollBy	Desplaza utilizando el `scroll` un documento utilizando un número específico de píxeles.
scrollTo	Desplaza utilizando el `scroll` un documento a unas coordenadas específicas.
setInterval	Llama a una función o evalúa una expresión en un específico intervalo (medido en milisegundos).
clearInterval	Detiene la ejecución de un `timer` (disparador) inicializado con `setInterval`.
setTimeout	Llama a una función o evalúa una expresión después de transcurrir un número de milisegundos.
clearTimeout	Detiene la ejecución de un `timer` (disparador) inicializado con `setTimeOut`.

A continuación, se muestra el uso de algunos de los métodos descritos en la tabla anterior.

- **setInterval, clearInterval, setTimeout y clearTimeout**

En este ejemplo se muestra cómo se ejecuta una función repetidamente a intervalos regulares usando `setInterval` y cómo detener este comportamiento con `clearInterval`. Además, se hace uso de los métodos `setTimeout` y `clearTimeout` para ejecutar una función después de un tiempo específico y cómo cancelarlo.

```
// Usando setInterval y clearInterval
let contador = 0;
```

```
const incrementarContador = function () {
  console.log(`El contador es: ${contador}`);
  contador++;
  if (contador > 5) {
    clearInterval(intervalID); // Detiene el intervalo después
de 5 incrementos
  }
};
 const intervalID = setInterval(incrementarContador, 1000); //
Llama a incrementarContador cada segundo

// Usando setTimeout y clearTimeout
const decirHola = function () {
  console.log("¡Hola después de 3 segundos!");
};
const timeoutID = setTimeout(decirHola, 3000); // Llama a
decirHola después de 3 segundos

// Si decidimos no esperar
clearTimeout(timeoutID); // Esto detendrá el setTimeout y no
veremos el mensaje de "¡Hola después de 3 segundos!"
```

Ejemplo 5.2. Ejemplo de los métodos *setInterval, setTimeout, clearInterval* y *clearTimeout*.

En el ejemplo `setInterval` ejecuta la función `incrementarContador` cada segundo. En esa función, se incrementa y muestra el contador. Por otro lado, `clearInterval` se utiliza para detener este comportamiento repetido después de que el contador haya incrementado cinco veces. Aunque parecido, pero no exactamente igual, el método `setTimeout` está programado para ejecutar la función `decirHola` después de 3 segundos. No obstante, el método `clearTimeout` cancela el comportamiento anterior de `setTimeout` por lo que no veremos el mensaje de "¡Hola después de 3 segundos!".

• `resizeTo` y `resizeBy`

En el siguiente ejemplo se muestra cómo se puede cambiar el tamaño de la ventana del navegador usando `resizeTo` y `resizeBy`.

```
// Redimensionar la ventana a unas dimensiones específicas
(anchura x altura)
 window.resizeTo(800, 600);

// Aumentar el tamaño de la ventana en un valor específico
window.resizeBy(50, 50); // Añade 50px al ancho y 50px a la
altura de la ventana actual
```

Ejemplo 5.3. Ejemplo de los métodos *resizeTo* y *resizeBy*.

- **scrollBy y scrollTo**

En este ejemplo se muestra cómo controlar el desplazamiento de la página usando los métodos `scrollBy` y `scrollTo`.

```
// Desplazar el contenido de la página 100px hacia abajo y 50px
a la derecha
window.scrollBy(50, 100);

// Desplazarse al punto específico de la página (por ejemplo, al
inicio)
window.scrollTo(0, 0);
```

Ejemplo 5.4. Ejemplo de los métodos *scrollBy* y *scrollTo*.

El método `scrollBy` desplaza el contenido de la página en relación con su posición actual. En el ejemplo, la página se desplaza 50 píxeles hacia la derecha y 100 píxeles hacia abajo. Por otro lado, el método `scrollTo` desplaza la página a un punto específico. En este caso, estamos volviendo al inicio de la página (esquina superior izquierda).

- **close y open.** El objeto `window` dispone de los métodos `open` y `close` que permiten abrir y cerrar ventanas. El método `open` está compuesto por tres parámetros:

  — **URL.** La URL que se desea abrir, en el ejemplo sería http://www.gmail.com.

  — **Nombre ventana**. Un nombre que se asigna a la ventana o se pueden usar palabras especiales que sería cómo se va a crear la ventana, usando los mismos que se usan en HTML para abrir hiperenlaces: *_blank, _self, _parent, _top*.

  — **Parámetros**. Son parámetros de configuración sobre la nueva ventana que se abre. Algunos parámetros son `menubar` (barra de menú), `location`, `resizable`, `scrollbars` y `status`.

A continuación, vamos a plantear un ejemplo real en el que se está desarrollando una aplicación web que muestra información detallada de productos. Cuando un usuario hace clic en el nombre de un producto, se abre una nueva ventana (o pestaña) mostrando una vista detallada de este producto. El usuario tiene la opción de cerrar esa ventana una vez que ha terminado de verla.

```html
<!DOCTYPE html>
<html lang="en">
  <head>
    <meta charset="UTF-8" />
    <title>Productos</title>
  </head>
  <body>
    <h2>Lista de Productos</h2>

  <ul>
    <li>
    <a href="#" onclick="openProductDetails('ProductoA')">Produc
to A</a>
    </li>
    <li>
    <a href="#" onclick="openProductDetails('ProductoB')">Produc
to B</a>
    </li>
    <li>
  <a href="#" onclick="openProductDetails('ProductoC')">Producto
C</a>
    </li>
  </ul>

    <script>
      const newWindow;

      function openProductDetails(productName) {
        // Abre una nueva ventana
        newWindow = window.open(
          "productDetails.html?name=" + productName,
          "_blank",
          "width=500,height=400"
        );
      }
// Función que se puede usar para cerrar la ventana abierta
previamente.
      function closeProductDetails() {
        if (newWindow) {
        newWindow.close();
        }
      }
    </script>
  </body>
</html>
```

Ejemplo 5.5. Utilización de los métodos *open* y *close* del objeto *window*.

En la Figura 5.3 se muestran los diferentes parámetros que se pueden configurar en cada una de las ventanas de un navegador a través del método *open*.

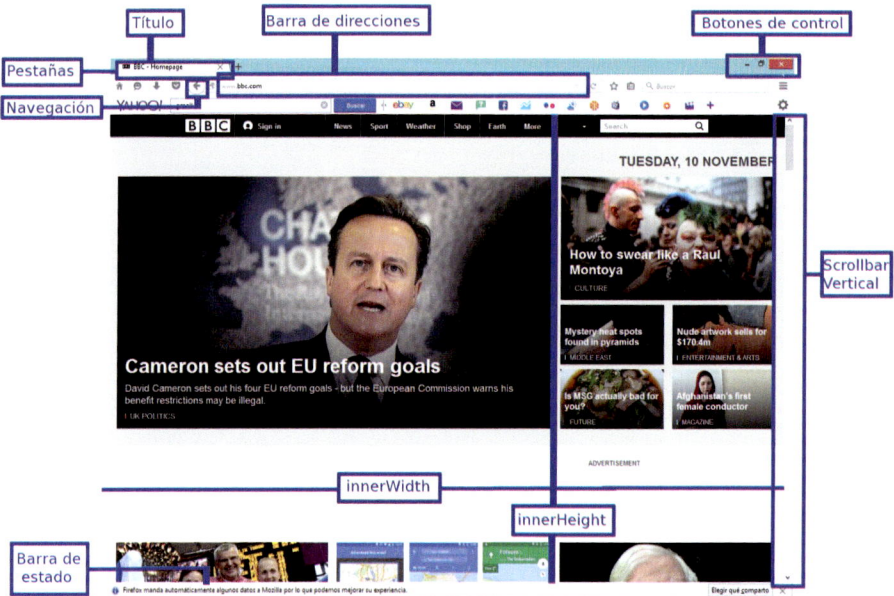

Figura 5.3. Elementos de un navegador web.

5.2.2. El objeto *navigator*

El objeto `navigator` contiene información acerca del navegador web. En la Tabla 5.3 se muestran las propiedades de dicho objeto.

Tabla 5.3. Propiedades del objeto *navigator*

Propiedad	Descripción
appCodeName	Retorna el nombre clave del navegador.
appName	Retorna el nombre del navegador.
cookieEnabled	Permite conocer si las *cookies* están activadas en el navegador.
geolocation	Retorna un objeto con información para localizar al usuario.
language	Retorna el idioma del navegador.
online	Permite conocer si el navegador está *online*.
platform	Retorna la plataforma para la cual es compilado el navegador.
product	Retorna el motor de renderizado del navegador.
userAgent	Retorna la cabecera de user-agent enviada por el navegador al servidor.

A continuación, se muestra el uso de algunos de los métodos descritos en la tabla anterior.

- **Información básica del navegador**

  En el ejemplo se muestra cómo acceder a detalles como el nombre del navegador, la plataforma en la que se está ejecutando y si las *cookies* están habilitadas

  ```
  console.log("Nombre de código del navegador:", navigator.
  appCodeName);
  console.log("Nombre del navegador:", navigator.appName);
  console.log("Cookies habilitadas:", navigator.cookieEnabled);
  console.log("Plataforma:", navigator.platform);
  console.log("Producto:", navigator.product);
  console.log("Agente de usuario:", navigator.userAgent);
  ```

  Ejemplo 5.6. Ejemplo de las propiedades del objeto `navigator`.

  En este ejemplo, `appCodeName` muestra el nombre de código del navegador, `appName` retorna el nombre oficial del navegador. Por otro lado, `cookieEnabled` indica si las *cookies* están habilitadas en el navegador, `platform` retorna la plataforma en la que se está ejecutando el navegador (Win32, MacIntel...), `product` retorna el nombre del producto del navegador y finalmente `userAgent` es la cadena del agente de usuario para el navegador, lo que puede proporcionar más detalles sobre la versión del navegador y la plataforma.

- **Estado de conexión y detalles de idioma**

  También podemos verificar si el usuario está actualmente en línea y cuál es el idioma predeterminado del navegador utilizando el objeto `navigator`.

  ```
  console.log("Está en línea:", navigator.onLine ? "Sí" : "No");
  console.log("Idioma del navegador:", navigator.language);
  ```

  Ejemplo 5.7. Ejemplo de las propiedades *online* y *language*.

  La propiedad `onLine` verifica si el usuario está actualmente en línea o no. Por otro lado, la propiedad `language` retorna el idioma predeterminado del navegador.

- Geolocalización

  El objeto `navigator` también nos permite acceder a la ubicación geográfica del usuario (con su permiso). Veamos cómo solicitar la posición actual del usuario.

```javascript
if ("geolocation" in navigator) {
    navigator.geolocation.getCurrentPosition(
    function (position) {
        console.log("Latitud:", position.coords.latitude);
        console.log("Longitud:", position.coords.longitude);
    },
    function (error) {
        console.log("Error al obtener la ubicación:", error.
message);
    });
} else {
    console.log("Geolocalización no es soportada en este
navegador.");
}
```

Ejemplo 5.8. Ejemplo de geolocalización.

El método `navigator.geolocation.getCurrentPosition()` se utiliza para obtener la posición geográfica actual del usuario. Solicitará permiso al usuario antes de proporcionar la ubicación. Si el usuario concede el permiso, la función de `callback` (la función que recibe como parámetro) proporcionará un objeto con detalles de latitud y longitud. Si hay un error o si el usuario niega el permiso, la función de error proporcionará un mensaje adecuado.

Finalmente, el objeto `navigator` solamente tiene un método denominado `javaEnabled`, que permite conocer si el navegador soporta tecnología Java o no.

5.2.3. URL actual (*location*)

El objeto `location` permite manipular la información relativa a la actual URL. El objeto `location` es parte del objeto `window` y es accesible fácilmente desde `window.location` o directamente desde `location`. En la Tabla 5.4 se muestran las principales propiedades que existen en este objeto.

Tabla 5.4. Propiedades del objeto *location*

Propiedad	Descripción
hash	Permite modificar/acceder a la parte del ancla (#) de una URL.
host	Permite modificar/acceder al nombre de la máquina y número de puerto de una URL.
hostname	Permite modificar/acceder al nombre la máquina de una URL.
href	Permite modificar/acceder a la URL completa.
origin	Devuelve el protocolo, nombre de máquina y número de puerto de una URL.
pathname	Permite modificar/acceder a la ruta de la URL.
port	Permite modificar/acceder el número del puerto.
protocol	Permite modificar/acceder al protocolo de la URL.

Este objeto solamente tiene tres métodos que son descritos en la Tabla 5.5.

Tabla 5.5. Métodos del objeto *location*

Método	Descripción
assign	Carga un nuevo documento.
reload	Carga de nuevo el documento que se está ejecutando.
replace	Reemplaza el actual documento con uno nuevo.

A continuación, se muestran dos ejemplos de uso del objeto `location`.

- **Obtener detalles de URL**

```
console.log("Hash:", location.hash);
console.log("Host:", location.host);
console.log("Hostname:", location.hostname);
console.log("Href (URL completa):", location.href);
console.log("Origen:", location.origin);
console.log("Pathname:", location.pathname);
console.log("Puerto:", location.port);
console.log("Protocolo:", location.protocol);
```

Ejemplo 5.9. Ejemplo de *location*.

- Navegar a otra URL

  Con el objeto `location`, también se puede redirigir al usuario a otra página web o recargar la página actual.

  ```
  // Redirigir al usuario a otra página
  location.assign("https://www.example.com");

  location.reload();// Recargar la página actual

  // Reemplazar la URL actual con otra, sin añadir una entrada
  al historial del navegador
  location.replace("https://www.anotherexample.com");
  ```

  Ejemplo 5.10. Ejemplo de *location*.

El método `assign` navega a la URL proporcionada y agrega la página actual al historial del navegador. El método `reload` recarga la página actual, y finalmente el método `replace` navega a la URL proporcionada sin agregar la página actual al historial del navegador. Esto significa que el usuario no podrá utilizar el botón "Atrás" para volver a la página original.

5.2.4. URL visitada por el usuario

El objeto `history` contiene la información relativa a las URL visitadas por un usuario. El objeto es parte del objeto `window` y puede ser accedido desde `window. history` e `history`. Este objeto es muy sencillo, puesto que solamente tiene una propiedad y tres métodos básicos para manipular la información de las URL.

La única propiedad del objeto `history` es `length`, la cual indica el número de URL que hay en la lista de enlaces visitados. En la Tabla 5.6 se muestran los métodos del objeto `history`.

Tabla 5.6. Métodos del objeto *history*

Método	Descripción
back	Carga la anterior URL de la lista del historial.
forward	Carga la siguiente URL de la lista del historial.
go	Carga una URL específica de la lista del historial

El método `go` que permite cambiar la página del navegador en función del historial de navegación. El parámetro que recibe dicho método es un número que puede ser positivo, ir hacia delante en el historial, o negativo, ir hacia detrás en el historial. Además de este método, existen métodos que funcionan como alias que son `back` y `foward` que serían los equivalentes a `go(-1)` y `go(1)` respectivamente.

En el Ejemplo 5.11 se muestra una función auxiliar `move`, la cual simplemente actúa como *wrapper* del método `history.go` para que sea más cómodo de invocar. Posteriormente se realizan invocaciones al método `move` con diferentes parámetros al hacer clic en un conjunto de botones. Además, hacemos uso de las funciones `back` y `forward` en dos enlaces.

```html
<!DOCTYPE html>
<html lang="es">
  <head>
    <meta charset="UTF-8" />
    <title>El objeto history</title>
    <script>
      function move(x) {
        history.go(x);
      }
    </script>
  </head>
  <body>
    <form>
      <input type="button" value="back" onClick="move(-1)" />
      <input type="button" value="forward" onClick="move(1)" /><br
/>
      <input type="button" value="back 2" onClick="move(-2)" />
      <input type="button" value="forward 2" onClick="move(2)" />
    </form>
    <a href="javascript:history.back();">Ir atrás</a><br />
    <a href="javascript:history.forward();">Ir adelante</a>
  </body>
</html>
```

Ejemplo 5.11. Utilización del objeto *history*.

5.3. Propiedades y métodos de los objetos del documento

El *Document Object Model*, comúnmente conocido como DOM, es una representación estructurada del contenido web. Esencialmente, el DOM es un árbol de objetos que representa la estructura, contenido y propiedades de un documento HTML o XML. Cada elemento, atributo y texto en el documento HTML crea un nodo en este árbol, facilitando la interacción y manipulación de estos nodos mediante JavaScript. Con la ayuda del DOM, los desarrolladores pueden crear, eliminar, modificar y reemplazar elementos y contenidos dentro de una página web, haciendo del desarrollo web una tarea dinámica e interactiva.

El objeto document es una entrada principal al contenido de la página web. Es el nodo raíz del árbol del DOM y ofrece propiedades y métodos que permiten a los desarrolladores acceder y modificar el contenido y la estructura del documento.

A continuación, nos sumergiremos más profundamente en las propiedades y métodos específicos del objeto document, proporcionando una comprensión clara de su capacidad para manipular y consultar el contenido de una página web.

5.3.1. Propiedades del objeto *document*

El objeto document dispone de pocas propiedades (directas), puesto que está estructurado de forma jerárquica en otros objetos. Por ejemplo, se dispone de un objeto body que permite manipular el body del documento. Del mismo modo, el objeto body dispone de otros objetos que permiten seguir navegando por la estructura hasta poder cubrir propiedades de más bajo nivel. *A priori* el objeto document parece contener mucha información, pero al poder ir accediendo a cada uno de los objetos hijos la manera de afrontar el problema es muy sencilla, puesto que los elementos están ordenados. En la Tabla 5.7 se muestran las propiedades del objeto document.

Tabla 5.7. Propiedades del objeto *document*

Propiedad	Descripción
document.title	Permite acceder/modificar al título del documento.
document.doctype	Retorna la declaración del tipo de documento.
document.domain	Retorna el nombre de dominio del servidor que ha cargado el documento.
document.cookie	Retorna todos los pares (nombre/valor) de *cookies* que hay en el documento.
document.readyState	Retorna el estado (de carga) del documento.
document.inputEncoding	Retorna el juego de caracteres configurado para el documento.

Propiedad	Descripción
document.lastModified	Retorna la fecha de la última modificación del documento.
document.URL	Retorna la URL completa del documento HTML.
document.activeElement	Retorna el elemento que está en el foco del documento.
document.documentElement	Retorna el elemento <html>.
document.body	Permite acceder/modificar el cuerpo del documento (body).
document.head	Retorna el elemento <head> del documento.
document.documentMode	Retorna el modo usado por el navegador para renderizar el documento.
document.anchors	Retorna la lista de elementos <a> que tienen el atributo name.
document.applets	Retorna la lista de elementos <applet> que existen en el documento.
document.embends	Retorna una lista con todos los elementos <embed>.
document.forms	Retorna una lista con todos los elementos <form>.
document.images	Retorna una lista con todos los elementos <img>.
document.links	Retorna una lista con todos los elementos <a> y <area>.
document.scripts	Retorna una lista con todos los elementos <script>.

5.3.2. Ejemplos de propiedades de *document*

Son muchas las propiedades del objeto document y la única manera de conocerlas en profundidad es trabajando con ellas. En esta sección se muestran algunos ejemplos de uso de estas propiedades.

- **document.title**: imaginemos que estamos creando una aplicación de lectura de noticias. Queremos que el título de la página (mostrado en la pestaña del navegador) cambie automáticamente al nombre del artículo que el usuario está leyendo.

```html
<!DOCTYPE html>
<html lang="es">
  <head>
    <meta charset="UTF-8" />
    <title>Artículos</title>
    <script>
      const articles = [
        {
          id: 1,
          title: "La tecnología en 2023",
        },
        {
          id: 2,
          title: "Tendencias de diseño",
        },
        // ... otros artículos ...
      ];

      function loadArticle(articleId) {
        const article = articles.find((a) => a.id === arti-
cleId);
        document.title = article.title;
      }
    </script>
  </head>
  <body>
    <ul>
      <li><a href="#" onclick="loadArticle(1)">La tecnología
en 2023</a></li>
      <li><a href="#" onclick="loadArticle(2)">Tendencias de
diseño</a></li>
      <!-- ... otros enlaces a artículos ... -->
    </ul>
  </body>
</html>
```

Ejemplo 5.12. Utilización de la propiedad *document.title*.

- **document.URL y document.domain:** estamos creando una función de compartición en una red social. Queremos que el usuario pueda compartir el enlace del contenido que está viendo. Sin embargo, independientemente de la URL exacta, queremos que todos los enlaces compartidos muestren un dominio personalizado (por ejemplo, "share.mysite.com").

```
<!DOCTYPE html>
<html lang="en">
 <head>
  <meta charset="UTF-8" />
  <title>Compartir Contenido</title>
 </head>

 <body>a    <!-- Botón para compartir contenido -->
  <button onclick="shareContent()">Compartir</button>

 <script>
 function shareContent() {
  const originalURL = document.URL;
  const sharedDomain = "share." + document.domain;
  const sharedURL = originalURL.replace(document.domain,
sharedDomain);
    console.log("Comparte este enlace:", sharedURL);
  }
 </script>
 </body>
</html>
```

Ejemplo 5.13. Utilización de las propiedades *document.URL* y *document.domain*.

- **document.doctype:** estamos creando una herramienta para desarrolladores web que verifica y da consejos sobre páginas web. Uno de los controles es asegurarse de que el sitio está utilizando HTML5.

```
<!DOCTYPE html>
<html lang="en">
 <head>
  <meta charset="UTF-8" />
  <title>Verificar Versión HTML</title>
 </head>
 <body>
  <button onclick="checkHTMLVersion()">Verificar Versión </button>

  <script>
    function checkHTMLVersion() {
      if (document.doctype.name.toLowerCase() === "html" &&
      document.doctype.systemId.includes("html5")) {
      console.log("¡Estás usando HTML5!");
```

```
      }else {
        console.warn("Considera actualizar tu página a HTML5 para
mejores prácticas y compatibilidad.");
      }
    }
  </script>
 </body>
</html>
```

Ejemplo 5.14. Utilización de la propiedad *document.doctype*.

- **document.body**: imagina que estamos desarrollando un "modo nocturno" para nuestro sitio web. Cuando el usuario active este modo, el fondo de la página debe cambiar a un color oscuro y el texto a un color claro.

```
<!DOCTYPE html>
<html lang="en">
  <head>
    <meta charset="UTF-8" />
    <title>Modo Nocturno</title>
      </head>
  <body>
      <input type="checkbox" onchange="toggleNightMode(this.
checked)" />
      <span class="slider"></span>
    <span>Modo Nocturno</span>
    <script>
      function toggleNightMode(isEnabled) {
        if (isEnabled) {
          document.body.style.backgroundColor = "#121212";
          document.body.style.color = "#FFFFFF";
        } else {
          document.body.style.backgroundColor = "#FFFFFF";
          document.body.style.color = "#000000";
        }
      }
    </script>
  </body>
</html>
```

Ejemplo 5.15. Utilización de la propiedad *document.body*.

- **document.images**: imaginemos que estamos creando una galería de imágenes. Queremos añadir una funcionalidad para que el usuario pueda aplicar un filtro en escala de grises a todas las imágenes con solo hacer clic en un botón.

```
<!DOCTYPE html>
<html lang="en">
  <head>
    <meta charset="UTF-8" />
    <title>Aplicar Filtro de Escala de Grises</title>
  </head>
  <body>
    <!-- Ejemplo de imágenes en la página -->
    <img src="https://via.placeholder.com/150" alt="Imagen 1" />
    <img
      src="https://via.placeholder.com/150/0000FF/808080?Text=
Imagen2"
      alt="Imagen 2"/>
    <img src=https://via.placeholder.com/150/FF0000/
FFFFFF?Text=Imagen3 alt="Imagen 3"/>
    <!-- Botón para aplicar el filtro de escala de grises -->
    <button onclick="applyGrayScaleFilter()">
      Aplicar Filtro de Escala de Grises
    </button>
    <script>
      function applyGrayScaleFilter() {
        const images = document.images;
        for (let img of images) {
          img.style.filter = "grayscale(100%)";
        }
      }
    </script>
  </body>
</html>
```

Ejemplo 5.16. Utilización de la propiedad *document.images*.

- **document.forms**: estamos creando una herramienta de administración de formularios para un sitio web. Queremos que el usuario pueda desactivar o activar todos los campos de todos los formularios en la página con solo hacer clic en un botón.

```
<!DOCTYPE html>
<html lang="en">
  <head>
    <meta charset="UTF-8" />
```

```
    <title>Activar/Desactivar Campos de Formulario</title>
  </head>
  <body>
    <form id="form1">
      <input type="text" placeholder="Campo 1 del Formulario 1" />
      <input type="text" placeholder="Campo 2 del Formulario 1" />
    </form>
    <form id="form2">
      <input type="text" placeholder="Campo 1 del Formulario 2" />
      <input type="text" placeholder="Campo 2 del Formulario 2" />
    </form>
    <button onclick="toggleFormInputs(true)">Desactivar Campos</
button>
    <button onclick="toggleFormInputs(false)">Activar Campos</
button>
    <script>
      function toggleFormInputs(disabled) {
        const forms = document.forms;
        for (const form of forms) {
          for (const element of form.elements) {
            element.disabled = disabled;
          }
        }
      }
    </script>
  </body>
</html>
```

Ejemplo 5.17. Utilización de la propiedad *document.forms*.

- **document.links:** queremos crear una función que resalte todos los enlaces externos (aquellos que apuntan fuera de nuestro dominio) en una página web.

```
<!DOCTYPE html>
<html lang="en">
  <head>
    <meta charset="UTF-8" />
    <title>Resaltar Enlaces Externos</title>
  </head>
  <body>
    <a href="https://www.example.com">Enlace Externo 1 (example.
com)</a><br />
    <a href="/internal-page.html">Enlace Interno</a><br />
```

```
  <a href="https://www.openai.com">Enlace Externo 2
(openai.com)</a><br />
  <button onclick="highlightExternalLinks()">
    Resaltar Enlaces Externos
  </button>

  <script>
    function highlightExternalLinks() {
      const links = document.links;
       const domain = document.domain;
      for (const link of links) {
        if (!link.href.includes(domain)) {
          link.style.backgroundColor = "yellow"; // resalta los
enlaces externos con un fondo amarillo
        }
      }
    }
  </script>
  </body>
</html>
```

Ejemplo 5.18. Utilización de la propiedad *document.links*.

5.3.3. Métodos de *document*

Los métodos del objeto *document* permiten crear nuevos elementos de modo dinámico, haciendo que el contenido se modifique sin necesidad de refrescar la página web. En la Tabla 5.8 se muestran los métodos del objeto *document*.

Tabla 5.8. Métodos del objeto *document*

Propiedad	Descripción
document.addEventListener	Añade un manejador de eventos al documento.
document.removeEventListener	Elimina un manejador de evento del documento.
document.createAttribute	Crea un nodo atributo.
document.createComment	Crea un nodo comentario.
document.createElement	Crea un nodo elemento.
document.createTextNode	Crea un nodo de texto.
document.getElementById	Retorna el elemento que tiene como atributo id el valor especificado.

Propiedad	Descripción
document.getElementsByClassName	Retorna una lista de nodos que tienen como nombre de clase el valor especificado.
document.getElementsByName	Retorna una lista de nodos que tienen como atributo name el valor especificado.
document.getElementsByTagName	Retorna una lista de nodos que tienen como tag (etiqueta, por ejemplo a, input, textarea) el valor especificado.
document.querySelector	Retorna el primer elemento que coincide con el selector CSS en el documento.
document.querySelectorAll	Retorna una lista de todos los elementos que coinciden con el selector CSS.
document.hasFocus	Retorna el valor booleano indicando si el documento tiene el foco.
document.open	Abre un flujo HTML que puede ser utilizado con document.write.
document.write	Escribe expresiones HTML o código JavaScript en un documento.
document.writeln	Igual que document.write, pero agrega una nueva línea después de cada estamento.
document.close	Cierra el flujo de salida que ha sido previamente abierto utilizando document.open.

A continuación, se van a describir un conjunto de ejemplos que hacen uso de los métodos anteriores para modificar en tiempo real el documento.

En el Ejemplo 5.18 se muestra el uso de los métodos accesores más antiguos como son getElementById, getElementsByClassName, getElementsByName, getElementsByTagName. Estos métodos nos permiten retornar una lista de elementos del DOM.

```
<!DOCTYPE html>
<html lang="en">
  <head>
    <meta charset="UTF-8" />
    <title>Métodos Accesores del Objeto document</title>
  </head>
```

```html
<body>
  <!-- Ejemplo para getElementById -->
  <h1 id="main-title">Título Principal</h1>

  <!-- Ejemplos para getElementsByClassName -->
  <ul>
    <li class="list-item">Ítem 1</li>
    <li class="list-item">Ítem 2</li>
    <li class="list-item">Ítem 3</li>
  </ul>

  <!-- Ejemplo para getElementsByName -->
  <form>
    <label>
      <input type="radio" name="gender" value="male" />
Masculino
    </label>
    <label>
      <input type="radio" name="gender" value="female" />
Femenino
    </label>
  </form>

  <!-- Ejemplo para getElementsByTagName -->
  <p>Este es el primer párrafo.</p>
  <p>Este es el segundo párrafo.</p>

  <script>
    // Ejemplo para getElementById
    const titleElement = document.getElementById("main-title");
    console.log("Contenido del título:", titleElement.
textContent);

    // Ejemplo para getElementsByClassName
    const items = document.getElementsByClassName("list-item");
    console.log("Contenido de los elementos con clase 'list-
item':");
    for (const item of items) {
      console.log(item.textContent);
    }

    // Ejemplo para getElementsByName
    const radios = document.getElementsByName("gender");
    for (const radio of radios) {
      if (radio.checked) {
```

```
      console.log("Género seleccionado:", radio.value);
    }
  }

  // Ejemplo para getElementsByTagName
  const paragraphs = document.getElementsByTagName("p");
  console.log("Contenido de los párrafos:");
  for (const paragraph of paragraphs) {
    console.log(paragraph.textContent);
  }
  </script>
 </body>
</html>
```

Ejemplo 5.19. Utilización de los métodos accesores del DOM.

A continuación, vamos a detallar el ejemplo anterior:

- **getElementById**: este es uno de los métodos más básicos y ampliamente utilizados. Como su nombre indica, permite acceder a un elemento específico del DOM mediante su atributo `id`. Es importante mencionar que los ID deben ser únicos en un documento. En el ejemplo se ha añadido al elemento el `id` con el valor "main-title". De tal modo que con el método `getElementById` se selecciona el elemento con el `id` *"main-title"* y se muestra su contenido (`textContent`) en la consola.

- **getElementsByClassName**: este método retorna una colección "viva" de elementos que tienen una clase específica. Una colección "viva" significa que si el DOM se actualiza después de que la colección ha sido creada (por ejemplo, si se añade un nuevo elemento con esa clase), la colección se actualizará automáticamente para reflejar ese cambio. En el ejemplo se han definido tres elementos `<li>` con una clase común *list-item*. Utilizando `getElementsByClassName`, se seleccionan todos los elementos con la clase *list-item* y se muestra su contenido en la consola.

- **getElementsByName**: este método es útil principalmente con elementos de formulario, como `<input>`, donde es común usar el atributo *name*. Retorna una colección de elementos que tienen un atributo *name* específico. En el ejemplo, se han definido dos botones de radio con un atributo *name* común de *gender*. Utilizando `getElementsByName`, se seleccionan todos los elementos con el nombre *gender* y se muestra el valor del botón de radio seleccionado en la consola.

- `getElementsByTagName`: este método retorna una colección de elementos que tienen una etiqueta específica. Usando `getElementsByTagName`, se seleccionan todos los elementos con la etiqueta `<p>` y se muestra su contenido en la consola.

En el desarrollo web moderno, los métodos `querySelector` y `querySelectorAll` son dos de las herramientas más potentes y versátiles para seleccionar elementos del DOM. A diferencia de los métodos basados en nombres, clases o etiquetas específicas, estos dos métodos permiten seleccionar elementos utilizando selectores de CSS. Esto significa que tienes la capacidad de seleccionar elementos con una precisión mucho mayor y con una variedad mucho más amplia de criterios.

- `querySelector`: selecciona el primer elemento que coincida con el selector CSS proporcionado.

- `querySelectorAll`: selecciona todos los elementos que coincidan con el selector CSS proporcionado y retorna una colección NodeList (no viva).

A continuación, se muestra un ejemplo de aplicación de estos dos métodos.

```html
<!DOCTYPE html>
<html lang="en">
  <head>
    <meta charset="UTF-8" />
    <title>Uso de querySelector y querySelectorAll</title>
  </head>
  <body>
    <p class="hl">Este es el primer párrafo con la clase 'hl'.</p>
    <p>Este es un párrafo sin la clase 'hl'.</p>
    <p class="highlight">
      Este es el segundo párrafo con la clase ‹hl'.
    </p>
    <script>
      const firstHighlightedParagraph = document.querySelector(".hl");
      console.log(
        "Primer párrafo con clase 'hl':",
        firstHighlightedParagraph.textContent
      );
      const allHighlightedParagraphs = document.
querySelectorAll(".hl");
      console.log("Todos los párrafos con clase 'hl':");
      allHighlightedParagraphs.forEach((paragraph) => {
```

```
      console.log(paragraph.textContent);
    });
  </script>
 </body>
</html>
```

Ejemplo 5.20. Utilización de los métodos *querySelector* y *querySelectorAll*.

En el ejemplo anterior se utiliza `querySelector` para seleccionar el primer párrafo con la clase `h1`. Este método retorna solo el primer elemento que coincide con el selector proporcionado. Por otro lado, el método `querySelectorAll` se utiliza para seleccionar todos los párrafos con la clase `h1`. En este caso retorna una colección NodeList que puede ser iterada con métodos como `forEach`.

En resumen, `querySelector` y `querySelectorAll` ofrecen una gran flexibilidad al permitirte seleccionar elementos usando selectores de CSS. Esto los convierte en herramientas esenciales para cualquier desarrollador web moderno.

Además de los métodos que permiten acceder a los nodos del árbol del DOM, existen varios métodos específicos que se centran en la creación de nuevos nodos. Estos métodos son esenciales cuando quieres añadir contenido dinámico a tu página web o construir elementos interactivos basados en la entrada del usuario o en datos de una fuente externa.

A continuación, se presentan estos métodos de creación:

- **createAttribute**: crea un nuevo atributo con el nombre proporcionado.

- **createComment**: crea un nuevo nodo de comentario con el contenido proporcionado.

- **createElement**: crea un nuevo elemento con la etiqueta proporcionada.

- **createTextNode**: crea un nuevo nodo de texto con el contenido proporcionado.

Además de estos métodos, durante nuestro ejemplo, haremos uso de los métodos **appendChild** y **setAttributeNode**. Estos métodos son utilizados para agregar nodos recién creados al DOM y para establecer atributos en nuestros elementos. No obstante, estos métodos se tratarán en profundidad en una sección posterior.

```html
<!DOCTYPE html>
<html lang="en">
  <head>
    <meta charset="UTF-8" />
    <title>Métodos de Creación en el DOM</title>
  </head>
  <body>
    <section id="content"></section>

    <script>
      // Crear un nuevo elemento párrafo
      const newParagraph = document.createElement("p");

      // Crear y establecer un atributo para el párrafo
      const customAttribute = document.createAttribute("data-
custom");
      customAttribute.value = "specialParagraph";
      newParagraph.setAttributeNode(customAttribute);

      // Crear y agregar un nodo de comentario dentro del párrafo
      const commentNode = document.createComment(
        "Este es un comentario dentro del párrafo."
      );
      newParagraph.appendChild(commentNode);

      // Crear y agregar un nodo de texto al párrafo
      const textNode = document.createTextNode(
        "Este es el contenido del párrafo."
      );
       newParagraph.appendChild(textNode);

      // Adjuntar el párrafo al contenido de la sección
      document.getElementById("content").appendChild(newParagraph);
    </script>
  </body>
</html>
```

Ejemplo 5.21. Utilización de los métodos de creación de nodos.

Es fundamental comprender que cuando creamos nodos o atributos usando métodos como `createElement`, `createAttribute`, `createComment` y `createTextNode`, estos elementos no se añaden automáticamente al documento. Son, en esencia, nodos "flotantes" que existen en la memoria, pero no se muestran en el DOM visible hasta que se les asigna una posición específica.

El método `appendChild` toma el nodo creado y lo coloca como último hijo del nodo al que se le está aplicando el método. Por ejemplo, cuando creamos nuestro nodo de comentario y nuestro nodo de texto, los añadimos al párrafo haciendo uso de este método. Por otro lado, el método `setAttributeNode` es el encargado de asociarlo a un elemento específico, en concreto en nuestro ejemplo tras crear el atributo `data-custom` lo asignamos al párrafo haciendo uso del método `setAttributeNode`.

5.3.4. Flujo de escritura del documento

El proceso de renderizado de una página web es la secuencia mediante la cual el navegador interpreta y visualiza el contenido de una página web. Durante este proceso, el "flujo de escritura del documento" debe estar activo para que JavaScript pueda escribir en la página. Este flujo inicia cuando el navegador comienza a procesar el contenido de la página y concluye una vez que todo el contenido ha sido interpretado y mostrado al usuario. Una vez finalizado, este flujo se cierra automáticamente.

Si intentamos escribir en la página después de que el flujo ha sido cerrado, no podremos añadir información nueva sin afectar el contenido existente. En JavaScript, cuando se utiliza `document.write` durante el flujo activo, se escribe en la página sin problemas. Sin embargo, si se invoca `document.write` después de que el flujo se ha cerrado, el navegador reiniciará el flujo, eliminando todo el contenido anterior de la página y mostrando solamente lo nuevo.

Es importante mencionar que el uso de `document.write` se ha vuelto desaconsejado en las prácticas modernas de desarrollo web debido a problemas potenciales de rendimiento y usabilidad. En vez de ello, se recomienda emplear métodos del DOM para insertar o modificar contenido, como `appendChild`, `insertBefore`, y otros. Estos métodos ofrecen un control más preciso sobre el contenido y evitan los problemas asociados con la reescritura completa de la página. Estos métodos los trabajaremos en una sección posterior.

```html
<!DOCTYPE html>
<html lang="en">
  <head>
    <meta charset="UTF-8" />

    <title>Ejemplo de Flujo de Escritura del Documento</title>
  </head>
  <body>
    <button onclick="addContent()">Añadir Contenido</button>
```

```
    <script>
      function addContent() {
        // Abre el flujo de escritura del documento
        document.open();

        // Utiliza document.write para escribir nuevo contenido en
    la página
        document.write("<h1>Nuevo Contenido</h1>");
        document.write(
          "<p>Este contenido ha sido añadido usando document.
    write.</p>"
        );

        // Cierra el flujo de escritura del documento
        document.close();
      }
    </script>
  </body>
</html>
```

Ejemplo 5.22. Ejemplo de flujo de escritura del documento.

En el ejemplo se muestra un botón; al hacer clic sobre él invocará la función addContent. Esta función en primer lugar abre el flujo de escritura del documento con document.open, a continuación utiliza document.write para añadir contenido a la página y, finalmente, cierra el flujo con document.close. Es importante mencionar que, una vez que se hace clic en el botón, el contenido original de la página (el botón, en este caso) será reemplazado por el nuevo contenido añadido con document.write. No obstante, queremos recordar que el uso de estos métodos es antiguo y se considera una mala práctica, ya que puede tener efectos secundarios indeseables, como borrar todo el contenido existente de la página. Es más recomendable manipular el contenido de la página usando métodos del DOM.

5.4. Propiedades y métodos de los objetos del formulario

Los formularios son fundamentales para interactuar con los usuarios en aplicaciones web, permitiendo la recopilación de datos, la autenticación y las búsquedas, entre otras funcionalidades. Dentro del objeto document, encontramos una colección llamada forms que representa todos los formularios presentes en la página. Para acceder a un formulario específico, uno podría hacerlo mediante su índice, como document.forms[0] para el primer formulario. Sin embargo, este método puede ser propenso a errores, especialmente si el orden de los formularios en el documento cambia.

Una forma más robusta de acceder a un formulario es a través de su atributo name. Por ejemplo, si tienes un formulario con el atributo name="formulario_principal", puedes acceder a él mediante document.formulario_principal.

```html
<!DOCTYPE html>
<html>
  <head>
    <meta charset="utf-8" />
    <title>Acceso a Formularios</title>
  </head>
  <body>
    <form name="formulario_principal">
      <!-- Contenido del formulario principal -->
    </form>
    <form name="formulario_secundario">
      <!-- Contenido del formulario secundario -->
    </form>
    <script>
      const formularioPrincipal = document.formulario_principal;
      const formularioSecundario = document.formulario_secundario;
    </script>
  </body>
</html>
```

Ejemplo 5.23. Acceso a formularios a través del atributo *name*.

5.4.1. Propiedades principales del objeto *form*

En la Tabla 5.9 se muestran las principales propiedades que existen en este objeto.

Tabla 5.9. Propiedades del objeto *form*

Propiedades	Descripción
acceptCharset	Permite acceder/modificar el atributo **accept-charset** en la acción del formulario.
autocomplete	Permite acceder/modificar el valor del atributo **autocomplete** del formulario.
encoding/enctype	Permite acceder/modificar el valor del atributo **enctype** del formulario.

Propiedades	Descripción
length	Retorna el número de elementos de un formulario.
method	Permite acceder/modificar el valor del atributo method del formulario.
name	Permite acceder/modificar el valor del atributo name del formulario.
noValidate	Permite acceder/modificar el form-data debe ser validado o no, cuando se envía.
target	Permite acceder/modificar el valor del atributo target del formulario.

En el Ejemplo 5.24 se ha definido un formulario sencillo con un campo de nombre de usuario y contraseña. Este formulario tiene varios atributos como action, method, accept-charset, autocomplete, name y target. Respecto al código de JavaScript se ha referenciado el formulario usando document.getElementById, y posteriormente se han mostrado todas las propiedades actuales del formulario usando console.log. Lo siguiente que se ha realizado es modificar el método de envío del formulario de post a get y el valor de la propiedad autocomplete a on. Para concluir, se han mostrado los valores actualizados para confirmar los cambios.

```html
<!DOCTYPE html>
<html lang="en">
  <head>
    <meta charset="UTF-8" />
    <title>Ejemplo de propiedades del Formulario</title>
  </head>
  <body>
    <!-- Formulario de ejemplo -->
    <form
      id="sampleForm"
      action="/submit"
      method="post"
      accept-charset="UTF-8"
      autocomplete="off"
      name="userForm"
      target="_blank"
    >
      <input type="text" name="username" placeholder="Username" />
```

```
    <input type="password" name="password"
placeholder="Password" />
    <input type="submit" value="Submit" />
  </form>

  <script>
    // Referenciamos el formulario
    var form = document.getElementById("sampleForm");

    // Imprimimos las propiedades del formulario
    console.log("Charset of the form:", form.acceptCharset);
    console.log("Autocomplete status:", form.autocomplete);
    console.log("Encoding type:", form.enctype);
    console.log("Method of form submission:", form.method);
    console.log("Name of the form:", form.name);
    console.log("Target of form submission:", form.target);

    // Modificamos algunas propiedades
    form.method = "get";
    form.autocomplete = "on";
    console.log("Updated method of form submission:", form.
method);
    console.log("Updated autocomplete status:", form.
autocomplete);
  </script>
 </body>
</html>
```

Ejemplo 5.24. Utilización de las propiedades del objeto *forms*.

5.4.2. Métodos del objeto *form*

En la Tabla 5.10 se muestran los dos métodos asociados a los formularios. En caso de que se invoque el método reset, el formulario quedará preparado de nuevo para ser rellenado por el usuario; mientras que si se invoca al método submit, los datos del formulario serán enviados para un procesamiento posterior.

Tabla 5.10. Métodos del objeto *form*

Método	Propiedad
reset	Resetea un formulario
Submit	Envía el formulario

En el siguiente ejemplo se ha creado un formulario sencillo de registro que recoge el nombre y el correo electrónico de los asistentes de un evento. Existe un botón para enviar el formulario y otro para reiniciar los campos del formulario. En el código de JavaScript se ve cómo se hace referencia al formulario usando `getElementById`. Tanto el botón de reinicio como de envío están asociados a dos funciones de JavaScript `handleReset` y `handleSubmit`. En el caso de que se haga clic sobre el botón de reinicio, se le pide confirmación al usuario a través de una ventana emergente. Si confirman, el formulario se reinicia con sus valores iniciales utilizando el método `reset` del objeto del formulario. Por otro lado, al hacer clic sobre el botón de envío en primer lugar se ha hecho uso del método `event.preventDefault` que evitará que el formulario se envíe realmente, puesto que estamos en un código de prueba. Posteriormente, se muestra una alerta indicando que el registro fue exitoso y, finalmente, se utiliza el método `submit` para enviar el formulario de manera programática.

```html
<!DOCTYPE html>
<html lang="en">
  <head>
    <meta charset="UTF-8" />
    <title>Evento de Registro</title>
  </head>
  <body>
    <h2>Registro para el Evento TechTalk 2023</h2>
    <form
      id="registrationForm"
      action="/submit_registration"
      method="post"
      onsubmit="handleSubmit(event)">
      <label for="name">Nombre:</label>
      <input type="text" id="name" name="name" required />

      <label for="email">Email:</label>
      <input type="email" id="email" name="email" required />

      <input type="submit" value="Registrar" />
      <input
        type="button"
        id="resetFormBtn"
        value="Reiniciar Formulario"
        onclick="handleReset()"/>
    </form>
```

```
<script>
  const form = document.getElementById("registrationForm");
  function handleReset() {
    if(confirm("¿Estás seguro de querer reiniciar el
formulario?")){
      form.reset();
    }
  }

  function handleSubmit(event) {
    event.preventDefault(); // Evita el envío del formulario.
    alert("Registrado exitosamente!");
    form.submit(); // Envío programático del formulario.
  }
</script>
</body>
</html>
```

Ejemplo 5.25. Utilización de los métodos del objeto *forms*.

5.5. Elementos del DOM

El corazón del DOM son los elementos, los cuales son representaciones programáticas de los elementos HTML y tienen una variedad de propiedades y métodos que nos permiten interactuar y manipular el contenido de la página. Esta sección se sumerge en las propiedades y métodos esenciales de los elementos del DOM para brindar una comprensión más profunda y habilidades prácticas que facilitarán la manipulación dinámica de páginas web.

5.5.1. Propiedades de los elementos del DOM

A continuación, presentamos una tabla que destaca algunas de las propiedades esenciales de los elementos del DOM:

Tabla 5.11. Propiedades de los elementos del DOM

Propiedad	Descripción
className	Permite obtener o establecer el valor del atributo class del elemento.
id	Permite acceder o modificar el valor del atributo id del elemento.

Propiedad	Descripción
innerHTML	Permite obtener o establecer el contenido HTML interno de un elemento.
outerHTML	Retorna o establece el código HTML que representa el elemento y su contenido.
textContent	Permite obtener o modificar el texto contenido dentro del elemento, excluyendo el código HTML.
nodeName	Retorna el nombre de la etiqueta del elemento (por ejemplo, "p" para un elemento <p>.
nodeType	Retorna un número que representa el tipo de nodo (por ejemplo, 1 para Elementos, 3 para nodos de Texto).
parentNode	Retorna el nodo padre del elemento actual en el DOM.
previousElementSibling	Retorna el nodo hermano anterior del elemento actual.
nextElementSibling	Retorna el nodo hermano siguiente del elemento actual.
children	Retorna una colección HTML en vivo de los hijos del elemento.
firstElementChild	Retorna el primer nodo hijo del elemento.
lastElementChild	Retorna el último hijo del nodo elemento.
attributes	Retorna un objeto NamedNodeMap de atributos del elemento.

Son muchas las propiedades de los elementos del DOM. No obstante, en esta sección se muestran algunos ejemplos de uso de estas propiedades.

- className: se cambia la clase de un párrafo de modo que se modificará la apariencia usando CSS y la propiedad className.

```
<!DOCTYPE html>
<html lang="en">
  <head>
    <meta charset="UTF-8" />
    <meta http-equiv="X-UA-Compatible" content="IE=edge" />
    <title>className Propiedad</title>
    <style>
      .highlighted {
        background-color: yellow;
      }
```

```
    </style>
  </head>
  <body>
    <p id="text">Esto es un texto común.</p>
    <button onclick="highlightText()">Resaltar Texto</button>

    <script>
      function highlightText() {
        const paragraph = document.getElementById("text");
        paragraph.className ="highlighted";
      }
    </script>
  </body>
</html>
```

Ejemplo 5.26. Utilización de la propiedad className.

Cuando el usuario hace clic en el botón "Resaltar Texto", se activa la función `highlightText`. Esta función obtiene el párrafo por su ID y cambia su `className` a "highlighted". Esto aplica el estilo CSS que le da un fondo amarillo al párrafo.

- **Propiedad `innerHTML`**: modificamos el contenido interno de un elemento `div`, añadiendo algún elemento HTML.

```
<!DOCTYPE html>
<html lang="en">
  <head>
    <meta charset="UTF-8" />

    <meta http-equiv="X-UA-Compatible" content="IE=edge" />
    <title>innerHTML Propiedad</title>
  </head>

  <body>
    <div id="content">Esto es contenido común.</div>
    <button onclick="addBold()">Añadir Negrita</button>
    <script>
      function addBold() {
        const contentDiv = document.getElementById("content");
        contentDiv.innerHTML = "<strong>" + contentDiv.innerHTML +
"</strong>";
      }
    </script>
  </body>
</html>
```

Ejemplo 5.27. Utilización de la propiedad innerHTML.

Al pulsar el botón "Añadir Negrita", el contenido del elemento div se envuelve en los elementos <strong>; de este modo, el texto pasaría a estar en negrita.

- **Propiedad outerHTML**: reemplazar un elemento completamente.

```
<!DOCTYPE html>
<html lang="en">
  <head>
    <meta charset="UTF-8" />
    <title>outerHTML Propiedad</title>
  </head>
  <body>
    <span id="replaceMe">Reemplázame</span>
    <button onclick="replaceElement()">Reemplazar Elemento</button>

    <script>
      function replaceElement() {
        const span = document.getElementById("replaceMe");
        span.outerHTML = "<p>He sido reemplazado.</p>";
      }
    </script>
  </body>
</html>
```

Ejemplo 5.28. Utilización de la propiedad outerHTML.

Al presionar el botón "Reemplazar Elemento", el elemento <span> se reemplaza completamente por un elemento <p> usando outerHTML.

- **Propiedad textContent**: se debe obtener el texto puro de un elemento, ignorando cualquier elemento HTML.

```
<!DOCTYPE html>
<html lang="en">
  <head>
    <meta charset="UTF-8" />
    <title>textContent Propiedad</title>
  </head>
  <body>
    <div id="mixedContent">
      Esto es <strong>texto</strong> con algunas <em>etiquetas</em> mezcladas.
    </div>
```

```
  <button onclick="showTextContent()">Mostrar textContent</
button>

  <script>
    function showTextContent() {
      const div = document.getElementById("mixedContent");
      alert(div.textContent);
    }
  </script>
 </body>
</html>
```

Ejemplo 5.29. Utilización de la propiedad textContent.

Al pulsar el botón "Mostrar textContent", se muestra una alerta con el texto puro del div, sin considerar los elementos <strong> y <em>.

- **Propiedad parentNode**: supongamos que estás creando un sitio de *e-commerce* y cada producto en la lista tiene un botón de "Agregar al carrito". Cuando el usuario haga clic en este botón, queremos resaltar todo el producto para indicar que ha sido seleccionado.

```
<!DOCTYPE html>
<html lang="en">
 <head>
   <meta charset="UTF-8" />
   <title>Producto</title>
 </head>

 <body>
   <div class="product">
    Zapatillas deportivas
    <img src="zapatillas.jpg" alt="Zapatillas deportivas"/>
     <button onclick="highlightProduct(this)">Agregar al
carrito</button>
   </div>

   <script>
    function highlightProduct(btn) {
      btn.parentNode.style.backgroundColor = "#e9ecef";
    }
   </script>
 </body>
</html>
```

Ejemplo 5.30. Utilización de la propiedad parentNode.

Al hacer clic en "Agregar al carrito", se pasa el botón (this) como argumento a la función highlightProduct. Luego, usando parentNode, accedemos al contenedor del producto y cambiamos su color de fondo.

- **Propiedades previousElementSibling y nextElementSibling**: supongamos que estás creando un blog y quieres que, al hacer clic en un artículo, los artículos adyacentes se resalten para incentivar la lectura.

```html
<!DOCTYPE html>
<html lang="en">
 <head>
  <meta charset="UTF-8" />
  <title>Artículos</title>
 </head>
 <body>
  <article>Artículo 1</article>
  <article onclick="highlightAdjacent(this)">
   Artículo 2 - Haz clic en mí
  </article>
  <article>Artículo 3</article>

  <script>
   function highlightAdjacent(article) {
    if (article.previousSibling) {
     article.previousElementSibling.style.backgroundColor =
"#f8f9fa";
    }
    if (article.nextElementSibling) {
     article.nextElementSibling.style.backgroundColor =
"#f8f9fa";
    }
   }
  </script>
 </body>
</html>
```

Ejemplo 5.31. Utilización de la propiedad previousElementSibling y nextElementSibling.

Al hacer clic en "Artículo 2", los artículos adyacentes ("Artículo 1" y "Artículo 3") se resaltan gracias a previousSibling y nextSibling.

- **Propiedad children**: imagina que estás diseñando una sección FAQ (preguntas frecuentes) y, al hacer clic en una pregunta, quieres resaltar la respuesta correspondiente.

```
<!DOCTYPE html>
<html lang="en">
 <head>
  <meta charset="UTF-8" />

  <tisi,tle>FAQ</title>
 <body>
  <section id="faq">
   <h3 onclick="highlightAnswer(this)">¿Qué es Lorem Ipsum?</h3>
   <p>Lorem Ipsum es simplemente un texto ficticio.</p>
   <h3 onclick="highlightAnswer(this)">¿Por qué usamos Lorem
Ipsum?</h3>
   <p>
     Se utiliza porque llena bien el espacio y da la
apariencia de contenido.
   </p>
  </section>

  <script>
   function highlightAnswer(question) {
    const answer = question.nextElementSibling;
    answer.style.backgroundColor = "#e9ecef";
   }
  </script>
 </body>
</html>
```

Ejemplo 5.32. Utilización de la propiedad *children*.

Cada vez que haces clic en una pregunta (elemento h3), la función highlightAnswer se activa y resalta la respuesta inmediatamente siguiente gracias a la navegación entre nodos hermanos.

Cada uno de estos ejemplos muestra cómo puedes manipular y acceder a diferentes propiedades de los elementos del DOM. Estas propiedades son útiles para una variedad de tareas, desde la manipulación de estilos hasta la extracción o modificación del contenido.

5.5.2. Métodos de los elementos

Aquí hay una tabla que destaca algunos de los métodos fundamentales asociados con los elementos del DOM:

Tabla 5.12. Métodos del de los elementos del DOM

Método	Descripción
getAttribute(name)	Retorna el valor del atributo especificado.
setAttribute(name, value)	Establece el valor del atributo especificado.
removeAttribute(name)	Elimina el atributo especificado del elemento.
appendChild(childNode) append([params...])	Agrega un nodo hijo al final de la lista de hijos del elemento. El método append permite agregar un conjunto de nodos o cadenas de caracteres.
removeChild(childNode)	Elimina un nodo hijo del elemento.
replaceChild(newChild, oldChild)	Reemplaza un nodo hijo en el elemento con otro.
insertBefore(newNode, referenceNode)	Inserta un nodo antes del nodo de referencia en la lista de hijos.
cloneNode(deep)	Crea una copia del nodo. Si el argumento *deep* es *true*, se copian también todos los nodos hijos.
contains(otherNode)	Retorna *true* si el elemento contiene el nodo especificado.
hasAttribute(name)	Retorna *true* si el elemento tiene el atributo especificado.

A continuación, se muestran algunos ejemplos de aplicación de los métodos de los elementos del DOM.

- **getAttribute** y **setAttribute:** tema oscuro para un sitio web.

```html
<!DOCTYPE html>
<html lang="en">
  <head>
    <meta charset="UTF-8" />
    <title>Cambiar Tema</title>
    <style>
      body[data-theme="light"] {
        background-color: #ffffff;
        color: #333333;
      }

      body[data-theme="dark"] {
        background-color: #333333;
```

```
      color: #ffffff;
    }
  </style>
</head>

<body data-theme="light">
  <button id="themeToggle" onclick="toggleTheme()">Cambiar
tema</button>

  <script>
    function toggleTheme() {
      const currentTheme = document.body.getAttribute("data-
theme");
      if (currentTheme === "dark") {
        document.body.setAttribute("data-theme", "light");
      }else {
        document.body.setAttribute("data-theme", "dark");
      }
    }
  </script>
</body>
</html>
```

Ejemplo 5.33. Utilización de los métodos getAttribute y setAttribute.

Este *script* permite cambiar el tema del sitio web. Al hacer clic en el botón, verifica el atributo data-theme actual del cuerpo y lo alterna entre *light* y *dark*.

- **removeAttribute**: limpiar estilos en línea.

```
<!DOCTYPE html>
<html lang="en">
  <head>
    <meta charset="UTF-8" />
    <title>Eliminar Estilo</title>
  </head>

  <body>
    <div id="content" style="width: 200px; background-color: red">
      Contenido
    </div>
    <button id="clearStyle" onclick="clearStyles()">Eliminar
estilo</button>
```

```
<script>
  function clearStyles() {
    const div = document.getElementById("content");
    div.removeAttribute("style");
  }
</script>
</body>
</html>
```

Ejemplo 5.34. Utilización del método removeAttribute.

Al hacer clic en el botón, se elimina el atributo `style` del `div`, por lo que pierde sus estilos en línea.

- **appendChild** y **removeChild**: gestión de tareas.

```
<!DOCTYPE html>
<html lang="en">
 <head>
  <meta charset="UTF-8" />
  <title>Lista de Tareas</title>
 </head>
 <body>
  <ul id="taskList">
   <li>Comprar leche</li>
  </ul>

  <button id="addTask" onclick="addNewTask()">Añadir tarea</button>
  <button id="removeTask" onclick="removeLastTask()">
   Eliminar última tarea
  </button>

  <script>
    function addNewTask() {
     const newTask = document.createElement("li");
     newTask.textContent = "Nueva tarea";
     document.getElementById("taskList").appendChild(newTask);
    }

    function removeLastTask() {
     const lastTask = document.getElementById("taskList").lastElementChild;
     if (lastTask) {
```

```
        document.getElementById("taskList").removeChild(lastTask);
      }
    }
  </script>
  </body>
append</html>
```

Ejemplo 5.35. Utilización de los métodos appendChild y removeChild.

El código permite agregar y eliminar tareas. El método `appendChild` agrega un nuevo elemento al final de la lista, y `removeChild` lo elimina.

• **replaceChild:** reemplazar una imagen defectuosa con una imagen de reserva.

```html
<!DOCTYPE html>
<html lang="en">
  <head>
    <meta charset="UTF-8" />
    <title>Reemplazar Imagen</title>
  </head>

  <body>
    <div id="imageContainer">
      <img
        id="mainImage"
        src="path_to_defective_image.jpg"
        alt="Imagen principal"/>
    </div>
    <button id="replaceImage" onclick="replaceDefectiveImage()">
      Reemplazar imagen defectuosa
    </button>

    <script>
      function replaceDefectiveImage() {
        const newImage = document.createElement("img");
        newImage.src = "path_to_backup_image.jpg";
        newImage.alt = "Imagen de reserva";

        const imageContainer = document.getElementById(
"imageContainer");
        const oldImage = document.getElementById("mainImage");
        imageContainer.replaceChild(newImage, oldImage);
      }
    </script>
  </body>
</html>
```

Ejemplo 5.36. Utilización del método replaceChild.

Cuando se hace clic en el botón, se crea una nueva imagen con una ruta de reserva. La imagen defectuosa (la original) se reemplaza con la nueva imagen en el contenedor.

- **insertBefore:** insertar un nuevo artículo antes del seleccionado en un blog.

```html
<!DOCTYPE html>
<html lang="en">
  <head>
    <meta charset="UTF-8" />
    <title>Añadir Artículos</title>
  </head>

  <body>
    <h2>Artículos</h2>
    <div id="articles">
      <article id="article1">Artículo 1</article>
      <article id="article2">Artículo 2</article>
    </div>
    <button id="prependArticle" onclick="prependNewArticle()">
      Añadir nuevo artículo al inicio
    </button>

    <script>
      function prependNewArticle() {
        const newArticle = document.createElement("article");
        newArticle.textContent = "Nuevo artículo";

        const articlesContainer = document.
getElementById("articles");
        articlesContainer.insertBefore(
          newArticle,
          articlesContainer.firstChild
        );
      }
    </script>
  </body>
</html>
```

Ejemplo 5.37. Utilización del método insertBefore.

Al hacer clic en el botón, crea un nuevo artículo y lo inserta antes del primer artículo existente en la lista de artículos.

- **cloneNode:** clona una tarjeta de producto en una tienda *online*.

```
<!DOCTYPE html>
<html lang="en">
 <head>
   <meta charset="UTF-8" />
   <title>Clonar Tarjeta de Producto</title>
 </head>

 <body>
   <div id="productCard">
     <h3>Producto X</h3>
     <p>Descripción del producto X.</p>
   </div>
   <button id="cloneProduct" onclick="cloneProductCard()">
    Clonar tarjeta del producto
   </button>

   <script>
     function cloneProductCard() {
       const productCard = document.getElementById("productCard");
       const clonedCard = productCard.cloneNode(true);
       productCard.parentNode.appendChild(clonedCard);
     }
   </script>
 </body>
</html>
```

Ejemplo 5.38. Utilización del método cloneNode.

Al presionar el botón, se clona una tarjeta de producto existente y se añade al final. El método `cloneNode(true)` indica que se deben clonar también los hijos del nodo.

- **contains** y **hasAttribute:** verificar si un elemento contiene otro y si tiene un atributo específico.

```
<!DOCTYPE html>
<html lang="en">
 <head>
   <meta charset="UTF-8" />
   <title>Verificar Contenido</title>
 </head>

 <body>
   <div id="parentDiv">
     <span id="childSpan">Texto</span>
```

```
    </div>
    <button id="checkContains" onclick="verifyContainment()">
Verificar</button>

    <script>
      function verifyContainment() {
        const parentDiv = document.getElementById("parentDiv");
        const childSpan = document.getElementById("childSpan");

          const containsAndHas =
        parentDiv.contains(childSpan) && childSpan.
hasAttribute("id");
        if (containsAndHas) {
          alert("El div contiene al span y el span tiene el
atributo 'id'.");
        }
      }
    </script>
    </body>
</html>
```

Ejemplo 5.39. Utilización de los métodos *contains* y hasAttribute.

Al hacer clic en el botón, el código verifica si el div contiene el span y si el span tiene un atributo id. Luego muestra una alerta si ambas condiciones son verdaderas.

A medida que trabajamos con elementos del DOM, nos encontramos constantemente con estas propiedades y métodos, ya que nos permiten acceder y modificar el contenido y la estructura de nuestras páginas web de manera dinámica. Por ende, desarrollar una comprensión sólida de estos es fundamental para cualquier desarrollador web.

ACTIVIDADES

5.1. Sección 5.1. Jerarquía de objetos.

    5.1.1. Crea una página web con al menos tres imágenes y un enlace. Utiliza JavaScript para cambiar el borde de la segunda imagen cuando se haga clic en enlace.

    5.1.2. Crea una página web con un formulario que contenga un campo de texto y una casilla de verificación. Utiliza JavaScript para cambiar el valor del campo de texto cuando se seleccione una casilla de verificación.

    5.1.3. Crea una función que recorra todos los enlaces de una página y cambie su color a verde si el enlace contiene la palabra "JavaScript".

5.2. Sección 5.2. Propiedades y métodos de los objetos del navegador.

    5.2.1. Crea una página web que muestre en tiempo real el ancho y alto de la ventana del navegador mientras el usuario la redimensiona.

    5.2.2. Desarrolla una función que abra una nueva ventana con una URL proporcionada por el usuario y un tamaño específico. Luego, añade un botón que permita cerrar esa ventana.

    5.2.3. Crea una página que detecte y muestre información sobre el navegador del usuario, como el nombre, la plataforma y si las *cookies* están habilitadas.

    5.2.4. Implementa una función que solicite la ubicación geográfica del usuario y muestre sus coordenadas en la página.

    5.2.5. Desarrolla una página que muestre todos los detalles de la URL actual (como el `host`, `pathname`, `protocolo`, etc.).

    5.2.6. Añade botones que permitan recargar la página y redirigir al usuario a otra URL de su elección.

5.3. Sección 5.3. Propiedades y métodos los objetos del documento y Sección 5.4. Propiedades y métodos de los objetos del formulario.

    5.3.1. Crea una página web y utiliza `document.title` para cambiar el título de la página al cargarla. Además, crea un botón que, al hacer clic en él, cambie el título de la página a un texto de tu elección.

5.3.2. Muestra en la consola la URL completa del documento usando `document.URL`. Muestra la fecha de la última modificación del documento con `document.lastModified`.

5.3.3. Crea dos botones: uno para cambiar el color de fondo del cuerpo del documento y otro para cambiar el color del texto, utilizando `document.body`.

5.3.4. Crea una página con varios elementos `<a>`, `<img>`, `<script>` y `<form>`. Crea botones que, al hacer clic en ellos, muestren en la consola la lista de todos los elementos de un tipo específico; por ejemplo, todos los elementos `<a>` o `<img>`.

5.3.5. Crea un formulario con campos como nombre, correo electrónico, contraseña y una lista de géneros. Usa `getElementById` para obtener los valores ingresados por el usuario. Al enviar el formulario, valida que todos los campos estén llenos y muestra un mensaje de error junto al campo correspondiente si no es así. Para realizar este ejercicio debes agregar el siguiente atributo al elemento `form`: `onsubmit="validateForm();"`.

5.3.6. Crea una página con varios párrafos, encabezados y listas. Usa `getElementsByClassName` para cambiar el estilo de todos los elementos con una clase específica. Por ejemplo, todos los elementos con la clase "resaltado" deben cambiar su color de fondo al hacer clic en un botón.

5.3.7. Crea una encuesta con varias preguntas y opciones de respuesta usando **radios** o `checkboxes`. Usa `getElementsByName` para obtener todas las respuestas seleccionadas por el usuario para una pregunta específica. Al enviar la encuesta, muestra un resumen de las respuestas del usuario.

5.3.8. Crea una página con varios encabezados (`<h1>`, `<h2>`, `<h3>`, etc.). Usa `getElementsByTagName` para obtener todos los encabezados. Genera dinámicamente una tabla de contenidos al inicio de la página basada en estos encabezados.

5.3.9. Crea una galería de imágenes con varias categorías (por ejemplo, naturaleza, ciudades, personas). Cada imagen debe tener una clase que indique su categoría. Usa `getElementsBy ClassName` para filtrar y mostrar solo las imágenes de una categoría específica al hacer clic en un botón o enlace.

5.3.10. Crea un botón en tu página web. Al hacer clic en el botón, crea un nuevo elemento <p> con el texto "Este es un párrafo creado dinámicamente" usando `document.createElement` y `document.createTextNode`. Añade el párrafo creado al final del cuerpo del documento.

5.3.11. Crea varios elementos con la clase "seleccionable" en tu página web. Usa `document.querySelector` para seleccionar el primer elemento con la clase "seleccionable" y cambia su color de fondo a amarillo. Usa `document.querySelectorAll` para seleccionar todos los elementos con la clase "seleccionable" y cambia su color de texto a azul.

5.3.12. Crea un botón en tu página web. Al hacer clic en el botón, crea un comentario en el documento que diga "Este es un comentario creado dinámicamente" usando `document.createComment`. Añade el comentario al final del cuerpo del documento.

5.3.13. Crea un campo de entrada (input) y un botón "Agregar" en tu página web. Al escribir un texto en el campo y hacer clic en "Agregar", crea un nuevo elemento <li> con el texto ingresado y añádelo a una lista <ul> en la página. Asegúrate de que, si el campo de entrada está vacío, no se agregue un elemento vacío a la lista.

5.4. Sección 5.5. Elementos del DOM.

5.4.1. Crea una lista de tareas pendientes donde los usuarios puedan agregar y eliminar tareas. Usa `appendChild` y `removeChild` para agregar/eliminar tareas a la lista.

5.4.2. Crea una galería de imágenes con un botón "Clonar" debajo de cada imagen. Al hacer clic en "Clonar", usa `cloneNode` para duplicar la imagen y agrégala al final de la galería.

5.4.3. Proporciona un botón de manera que, al hacer clic sobre él, verifique si un elemento específico contiene otro elemento usando `contains`. Por ejemplo, verifica si una lista `ul` contiene un elemento `li` específico.

5.4.4. Crea una lista de enlaces. Algunos de ellos deben tener el atributo `target="_blank"`. Proporciona un botón de manera que, al hacer clic sobre él, verifique cada enlace usando `hasAttribute` para ver si tiene el atributo `target="_blank"`. En caso de que sí lo contenga, cambia su `textContent` para que incluya "(enlace externo)".

6. Los eventos del lenguaje de guion

Contenido

6.1. Utilización de eventos.

6.2. Eventos en elementos de formulario.

6.3. Eventos de ratón.

6.4. Eventos de teclado.

6.5. Eventos de enfoque.

6.6. Eventos de formulario.

6.7. Eventos de ventana.

6.8. Otros eventos.

Actividades.

Introducción

Los eventos representan el corazón palpitante de la programación interactiva en JavaScript. Se podría pensar en ellos como señales que nos avisan cuando una determinada acción ha ocurrido, ya sea esta provocada por un usuario, como un clic o una pulsación de tecla, o incluso por otros sistemas, como una respuesta a una solicitud de red. Esta capacidad de responder ante determinadas acciones es lo que dota a las páginas web de una experiencia dinámica e interactiva, haciendo que se ajusten y reaccionen según el comportamiento del usuario. En otras palabras, los eventos actúan como puentes entre el comportamiento del usuario y las respuestas programadas en el código.

En este capítulo, nos adentraremos en la esencia de los eventos en JavaScript, explorando cómo se utilizan y cómo están estructurados en una jerarquía, muy al estilo de la jerarquía de objetos que ya discutimos en el capítulo previo. A lo largo de nuestra exploración, ilustraremos con ejemplos prácticos algunos de los eventos más útiles y comunes, ofreciendo al lector la oportunidad de familiarizarse y experimentar con ellos.

6.1. Utilización de eventos

6.1.1. Definición de eventos

Los eventos en JavaScript son esencialmente mecanismos de señalización que indican que ha sucedido una acción específica. Estas acciones pueden ser iniciadas por el usuario, como clics, movimientos del ratón o pulsaciones de teclas, o por el sistema, como la finalización de una carga de página o la recepción de una respuesta a una solicitud de red.

En el contexto de la web, los eventos sirven como conductores de interacción, vinculando las acciones de los usuarios con respuestas predefinidas en el código. Por ejemplo, si un usuario hace clic en un botón, se puede disparar un evento que, a su vez, invoca una función de JavaScript para llevar a cabo una tarea específica, como modificar el contenido en la página a través del DOM.

A lo largo de este libro, hemos introducido y utilizado varios eventos, siendo el `onClick` uno de los más destacados. Este evento, como su nombre indica, se activa cuando un usuario hace clic en un elemento específico en la página web. Sin embargo, `onClick` es solo la punta del iceberg. Hay una gran variedad de eventos disponibles en JavaScript, cada uno con sus propias aplicaciones y usos. En esta sección, profundizaremos en la esencia de estos eventos, explorando su definición, utilidad y cómo podemos configurarlos para definir comportamientos específicos en nuestras aplicaciones web.

6.1.2. Acciones asociadas a los eventos

Los términos manejadores y *event handlers* se utilizan indistintamente para referirse al código que maneja un evento. En otras palabras, es el código que define la acción que debe suceder cuando ocurre un evento. Estos manejadores son funciones que se ejecutan cuando un evento asociado se dispara. Por lo tanto, los eventos por sí solos no tienen ninguna utilidad sino que es cuando se asocian con los manejadores en el momento que tienen utilidad. Existen tres modos de declarar manejadores de eventos:

- Manejadores semánticos (`semantic handlers`).

- Manejadores de eventos tradicionales (`inline handlers`).

- Manejadores de eventos modernos (`addEventListener`).

A continuación, vamos a describir cada uno de estos manejadores de eventos.

- **Manejadores semántico**: los manejadores semánticos son aquellos que se definen directamente como propiedades de los elementos del DOM en JavaScript. Estos manejadores tienen nombres que comienzan con "on" seguido del nombre del evento, como `onclick`, `onmouseover`, `onchange`, etc. Solo puedes asignar un único manejador semántico para un tipo de evento específico en un elemento. Si asignas un nuevo manejador, reemplazará al anterior. En el ejemplo se muestra cómo sobre el elemento con *id* `myButton` se ha asociado una función anónima que dispara una caja de alerta con el contenido '¡Botón presionado!' cuando se haga clic sobre el botón. Observe que el evento es el clic, el cual es asociado con el manejador `onclick` al que se le asocia una función concreta.

```
const btn = document.getElementById('myButton');
btn.onclick = function() {
   alert('¡Botón presionado!');
};
```

Ejemplo 6.1. Manejador semántico.

- **Manejadores de eventos tradicionales**: estos manejadores se establecen directamente en el marcado HTML de un elemento utilizando el atributo que corresponde al evento. Este enfoque puede hacer que el HTML y JavaScript estén estrechamente acoplados, lo cual no es una práctica recomendada en la programación moderna debido a la dificultad de mantener y escalar el código. En el Ejemplo 6.2 tendríamos asociado al botón el atributo `onclick` donde se hace referencia a la función del fichero JavaScript que se desea que sea el manejador de evento.

```
// Fichero HTML
<button onclick="btnClick()">Haz clic en mí</button>
// Fichero JavaScript
function btnClick() {
   alert('¡Botón presionado!');
};
```

Ejemplo 6.2. Manejador de eventos tradicionales.

- **Manejadores de eventos modernos**: es el enfoque más flexible y recomendado para manejar eventos en la programación moderna de JavaScript. Permite adjuntar múltiples oyentes para un mismo evento en un elemento sin sobrescribir manejadores existentes. También proporciona un control más detallado sobre la propagación de eventos. En este caso hacemos uso del método `addEventListener` sobre un elemento, el cual recibe dos parámetros como mínimo, el primero sería una cadena de caracteres especificando el evento al que queremos asociar el manejador, en este caso `click`, y, en segundo lugar, el manejador del evento, que sería una función. Del mismo modo, existe un método denominado `removeEventListener` que nos permite desvincular un manejador de eventos a un evento concreto.

```
const btn = document.getElementById("myButton");
btn.addEventListener("click", function () {
   alert("¡Botón presionado!");
});
```

Ejemplo 6.3. Manejador de eventos modernos.

En resumen, mientras que los manejadores semánticos y los manejadores de eventos tradicionales tienen su lugar, especialmente en *scripts* más antiguos o más simples, el uso de `addEventListener` es generalmente preferido en desarrollo moderno debido a su flexibilidad y capacidad para manejar múltiples oyentes de eventos.

6.1.3. Jerarquía de los eventos desde el objeto Windows

Hasta ahora, hemos abordado cómo asignar eventos a diferentes elementos que se activan cuando el usuario interactúa con la página. Sin embargo, varios elementos en una estructura jerárquica pueden responder al mismo evento. Esto se debe a una característica conocida como flujo de eventos (*event flow*). El flujo de eventos determina el orden en el cual los manejadores de eventos se activan.

Cuando se estructura una página web, esta tiene una disposición jerárquica. Por ejemplo, un elemento `<div>` dentro de un `<body>` puede contener una imagen `<img>`. A cada uno de estos elementos se les puede asignar un manejador de eventos. Supongamos que asignamos un manejador de eventos de clic a cada uno de ellos. Al hacer clic en la imagen, se activarán los manejadores de eventos no solo de la imagen sino también de los elementos `<div>` y `<body>`. El orden en el que se activan estos manejadores puede variar según se utilice *event bubbling* o *event capturing*.

- *Event bubbling*. El orden que se sigue es desde el elemento más específico hasta el elemento menos específico. Es decir, se ejecutan en primer lugar los manejadores de más bajo nivel en el árbol de la estructura. En el ejemplo anterior, el orden a seguir de los eventos sería: `img`, `div` y `body`.

- *Event capturing*. El orden que se sigue es desde el elemento menos específico hasta el elemento más específico. El orden a seguir de los eventos en el ejemplo anterior sería: `body`, `div` e `img`.

La configuración de este orden se puede realizar a través de los manejadores de eventos modernos. Aunque ya hemos introducido el método `addEventListener` previamente, nos falta complementarlo con el método `removeEventListener`. Así que, la especificación DOM define dos métodos que permiten agregar y eliminar eventos a diferentes elementos, así como definir el flujo de evento que aplicar.

- `addEventListener(evento, manejador, flujo)`. Permite agregar un manejador de evento sobre el elemento DOM al que se aplica el método `addEventListener`. El evento podrá ser de diferentes tipos tales como 'click', 'move', 'change', etc., dependiendo del tipo de elemento del DOM. El manejador será la función a ejecutar cuando se produzca el evento. Finalmente, el flujo de eventos es un valor booleano que tomará el valor *false* en caso de seguir el flujo *event bubbling* y *true* en caso de ser *event capturing*.

- `removeEventListener(evento, manejador, flujo)`. Permite eliminar un manejador de evento sobre el elemento DOM. Se debe especificar el evento, manejador y flujo que se desea eliminar debido a que pueden existir varios eventos similares en el mismo elemento del DOM.

Por tanto, a continuación, vamos a ver el comportamiento tanto de *event bubbling* como de *event capture* para el mismo ejemplo.

```
<body id="bodyElement">
  <div id="divElement">
    <img src="path_to_image.jpg" alt="Sample Image"
id="imgElement" />
  </div>
  <script>
    document
      .getElementById("imgElement")
      .addEventListener("click", function () {
        alert("Imagen clickeada!");
      });

    document
      .getElementById("divElement")
      .addEventListener("click", function () {
        alert("Div clickeado!");
      });

    document
      .getElementById("bodyElement")
      .addEventListener("click", function () {
        alert("Body clickeado!");
      });
  </script>
</body>
```

Ejemplo 6.4. Ejemplo de *event bubbling*.

Al hacer clic en la imagen del Ejemplo 6.4, las alertas aparecerán en el orden: imagen, div y body.

```
<body id="bodyElement">
  <div id="divElement">
    <img src="path_to_image.jpg" alt="Sample Image"
id="imgElement" />
  </div>
  <script>
    document.getElementById("bodyElement").addEventListener(
      "click",
      function () {
        alert("Body clickeado!");
      },
      true);
```

```
  // El tercer parámetro `true` indica que se utiliza Event
Capturing

  document.getElementById("divElement").addEventListener(
    "click",
    function () {
      alert("Div clickeado!");
    },
    true
  );

  document.getElementById("imgElement").addEventListener(
    "click",
    function () {
      alert("Imagen clickeada!");
    },
    true);
  </script>
</body>
```

Ejemplo 6.5. Ejemplo de *event capture*.

Al hacer clic en la imagen del Ejemplo 6.5, las alertas aparecerán en el orden: body, div e imagen.

A menudo no solo queremos añadir manejadores de eventos a los elementos, sino que también necesitamos la capacidad de eliminarlos. Esto puede ser útil por varias razones, como optimizar el rendimiento, evitar duplicidades de acciones, o simplemente cambiar la funcionalidad en tiempo de ejecución. Aquí es donde entra en juego el método removeEventListener.

El método removeEventListener permite a los desarrolladores quitar un manejador de eventos previamente registrado en un elemento con addEventListener. Para usarlo con éxito, es fundamental que el manejador de eventos que deseamos eliminar haya sido definido como una función externa, y no como una función anónima, para que pueda ser referenciado tanto en addEventListener como en removeEventListener.

Para comprenderlo más fácilmente, se muestra el Ejemplo 6.6 donde existe un botón que, al ser presionado, mostrará una alerta. Después de mostrar la alerta por primera vez, el evento se eliminará para que las presiones posteriores no muestren más alertas haciendo uso del método removeEventListener.

```html
<!DOCTYPE html>
<html lang="en">
  <head>
    <meta charset="UTF-8" />
    <title>Ejemplo removeFventListener</title>
  </head>
  <body>
    <button id="alertButton">Presiona para ver una alerta</button>

    <script>
      // Definimos la función que manejará el evento
      function showAlert() {
       alert("¡Botón presionado!");

        // Se elimina el manejador de eventos
       document
         .getElementById("alertButton")
         .removeEventListener("click", showAlert);
      }

      // Añadimos el manejador de eventos al botón
      document
        .getElementById("alertButton")
        .addEventListener("click", showAlert);
    </script>
  </body>
</html>
```

Ejemplo 6.6. Utilización del método removeEventListener.

Objeto event

El manejo de eventos en JavaScript es una parte esencial para la interactividad en aplicaciones web. Aunque ya hemos visto cómo asignar manejadores a eventos, hay situaciones en las que simplemente detectar un evento no es suficiente; también queremos conocer detalles específicos sobre ese evento. Por ejemplo, al pulsar una tecla, podría ser relevante saber qué tecla específica fue presionada. Del mismo modo, si se hace clic con el ratón en un elemento, podría ser útil conocer las coordenadas exactas del clic.

Todo este contexto se encapsula en el objeto event. Cada vez que se dispara un evento, se crea un objeto event que contiene información relacionada con ese evento en particular. Aunque tradicionalmente no se especificaban argumentos en los manejadores de eventos, estos manejadores siempre tienen acceso a un argumento implícito: el objeto event.

Existen principalmente dos maneras de acceder al objeto event:

- **Mediante el *array* arguments**: todas las funciones en JavaScript tienen acceso al objeto `arguments`, que es un *array-like* de todos los argumentos pasados a la función.

```
<div id="elemento1">Haz clic aquí (Evento click usando
arguments)</div>

<script>
  document
    .getElementById("elemento1")
    .addEventListener("click", function () {
    const evento = arguments[0];
      alert(`Tipo de evento capturado: ${evento.type}`);
    });
</script>
```

Ejemplo 6.7. Objeto *event* desde el *array arguments*.

- **Accediendo directamente desde el argumento event**: este es el enfoque más común y directo, y es especialmente útil con el método addEventListener.

```
<div id="elemento2">
  Haz clic aquí (Evento click usando el parámetro event)
</div>

<script>
  document
    .getElementById("elemento2")
    .addEventListener("click", function (event) {
    alert(`Tipo de evento capturado: ${event.type}`);
    });
</script>
```

Ejemplo 6.8. Objeto *event* desde la definición del manejador.

Algunas propiedades y métodos definidos en el objeto event son descritos en la Tabla 6.1.

Tabla 6.1. Propiedades y métodos del objeto *event*

Propiedad/ método	Tipo de datos retornado	Descripción
altKey	Booleano	Determina si se ha pulsado la tecla ALT.
bubbles	Booleano	Determina si el flujo de eventos es *bubbling*.
button	Número	El botón del ratón que ha sido pulsado.
cancelable	Booleano	Determina si el evento se puede cancelar.
cancelBubble	Booleano	Determina si se ha detenido el flujo de eventos de tipo *bubbling*.
charCode	Número	Código Unicode del carácter de la tecla pulsada.
clientX	Número	Coordenada X de la posición del ratón respecto del área visible.
clientY	Número	Coordenada Y de la posición del ratón respecto del área visible.
ctrlKey	Booleano	Determina si se ha pulsado la tecla CTRL.
currentTarget	Elemento	Retorna el elemento que es el objetivo del evento.
detail	Número	El número de veces que se han pulsado los botones del ratón.
isChar	Booleano	Determina si la tecla pulsada corresponde a un carácter.
keyCode	Número	Indica el código numérico de la tecla pulsada.
pageX	Número	Coordenada X de la posición del ratón respecto de la página.
pageY	Número	Coordenada Y de la posición del ratón respecto de la página.
preventDefault	Nada	Cancela la acción predefinida del evento sobre el elemento que se ha asignado el nuevo manejador.
stopPropagation	Nada	Detiene el flujo de eventos de tipo *bubbling*.
target	Elemento	Retorna el elemento que origina el evento.
Type	*String*	Retorna el tipo de evento que disparó la acción (*"mouse"*, *"keydown"*...).

Nos vamos a centrar en dos métodos concretos preventDefault y stopPro-pagation. Para que se comprendan las diferencias entre estos dos métodos se van a plantear dos escenarios reales donde se hace uso de ellos.

- **preventDefault**: supongamos que tienes un formulario de registro den-tro de un modal. Este modal se cierra si haces clic fuera de él. Sin embargo, no quieres que el formulario se envíe si haces clic en el botón de enviar (tal vez quieres hacer una validación adicional con JavaScript antes de enviar-lo). Para conseguir esto, se debe evitar que el formulario se envíe cuando se hace clic en el botón de enviar.

```html
<!DOCTYPE html>
<html lang="en">
  <head>
    <meta charset="UTF-8" />
    <title>preventDefault Example</title>
  </head>
  <body>
    <div id="myModal" class="modal">
      <form id="myForm">
        <label>Name:</label>
        <input type="text" name="name" />
        <br /><br />
        <label>Email:</label>
        <input type="email" name="email" />
        <br /><br />
        <button type="submit">Register</button>
      </form>
    </div>

    <script>
      document
        .getElementById("myForm")
        .addEventListener("submit", function (e) {
        e.preventDefault();
        // Aquí puedes agregar tu validación adicional
        alert("Form not submitted, do your JS validation first!");
      });
    </script>
  </body>
</html>
```

Ejemplo 6.9. Uso del método preventDefault.

- **stopPropagation**: supongamos que, al hacer clic en el formulario, y no fuera de él, el modal no se debería cerrar. Pero si haces clic fuera del formulario, el modal se cerrará.

```html
<!DOCTYPE html>
<html lang="en">
 <head>
  <meta charset="UTF-8" />
  <title>stopPropagation Example</title>
 </head>
 <body>
  <div id="myModal" onclick="closeModal();" class="modal">
   <form id="myForm" onclick="preventModalClose();">
    <label>Name:</label>
    <input type="text" name="name" />
    <br /><br />
    <label>Email:</label>
    <input type="email" name="email" />
    <br /><br />
    <button type="submit">Register</button>
   </form>
  </div>

  <script>
   function closeModal() {
    document.getElementById("myModal").style.display = "none";
   }

   function preventModalClose(e) {
    e.stopPropagation();
   }
  </script>
 </body>
</html>
```

Ejemplo 6.10. Uso del método stopPropagation.

Por tanto, `preventDefault` evita que se realice la acción predeterminada del evento. En el Ejemplo 6.9, previene que el formulario se envíe, dándole al usuario la oportunidad de realizar otras acciones antes de enviarlo (como validar los campos). Mientras que, `stopPropagation` evita que un evento se propague o "burbujee" a través de sus ancestros. En el Ejemplo 6.10, cuando el usuario hace clic en el formulario, detiene la propagación del evento clic, lo que evita que se cierre el modal.

En las siguientes secciones se van a describir los eventos más relevantes e ilustrar con un pequeño ejemplo de aplicación para poder comprender en mayor medida la gran cantidad de eventos que se encuentran disponibles en JavaScript.

6.2. Eventos en elementos de formulario

Los formularios juegan un papel fundamental, sirviendo como el puente principal para la entrada de datos. Diversos eventos están asociados con estos formularios, permitiendo a los desarrolladores diseñar respuestas y comportamientos específicos basados en las acciones del usuario. En esta sección, nos centraremos en dos eventos esenciales relacionados con los elementos de formulario: onSelect y onChange.

6.2.1. OnSelect

El evento onSelect pertenece a una familia de eventos que tienen que ver con las interacciones específicas que un usuario puede tener dentro de una aplicación. Mientras que eventos como onClick u onChange se refieren a interacciones más generales, como hacer clic en un elemento o cambiar su valor, onSelect está específicamente diseñado para capturar el momento en que un usuario selecciona un fragmento de texto.

En la mayoría de las situaciones cotidianas de navegación web, seleccionar texto es una acción que los usuarios realizan para copiar contenido, resaltar información o simplemente por hábito. Sin embargo, en ciertas aplicaciones, esta simple acción puede desencadenar una funcionalidad crítica, como ofrecer opciones para editar, traducir o compartir el texto seleccionado. Por esta razón, onSelect puede ser invaluable en aplicaciones web interactivas y ricas en características, permitiendo a los desarrolladores ofrecer experiencias más intuitivas y adaptadas a las acciones del usuario.

Supongamos que se está desarrollando una aplicación de notas. Cuando un usuario selecciona texto dentro de una nota, queremos mostrar automáticamente un pequeño menú con opciones como "Resaltar" o "Agregar comentario".

En el Ejemplo 6.11 se ha definido un elemento <textarea> al cual se le ha vinculado el evento select usando el método addEventListener. Cuando el usuario selecciona texto dentro de esta área, se activa la función displayOptions.

La función `displayOptions` muestra un menú (`<div id="optionMenu">`) con dos botones: "Resaltar" y "Agregar comentario".

```
<!DOCTYPE html>
<html lang="en">
 <head>
  <meta charset="UTF-8" />
  <title>Evento onSelect</title>
 </head>
 <body>
  <textarea id="noteArea" rows="10" cols="50">
    Seleccione algún texto de esta área.
  </textarea>

  <div id="optionMenu" style="display: none">
   <button onclick="highlightText()">Resaltar</button>
   <button onclick="addComment()">Agregar comentario</button>
  </div>

  <script>
   const note = document.getElementById("noteArea");
   note.addEventListener("select", displayOptions);

   function displayOptions() {
     document.getElementById("optionMenu").style.display =
"block";
   }

   function highlightText() {
    // Código para resaltar el texto seleccionado.
    alert("Texto resaltado");
   }

   function addComment() {
    // Código para agregar un comentario al texto
seleccionado.
    alert("Comentario agregado al texto seleccionado");
   }
  </script>
 </body>
</html>
```

Ejemplo 6.11. Utilización del evento OnSelect.

6.2.2. OnChange

El evento onChange se dispara cuando el valor de un elemento de formulario, como un <input>, <textarea> o <select>, ha sido alterado y después se pierde el foco de dicho elemento. A diferencia de otros eventos que monitorean cada pulsación de tecla o movimiento del ratón, onChange espera hasta que se haya completado una modificación y se desenfoque el elemento para activarse. Este comportamiento lo convierte en una herramienta esencial cuando se quieren detectar cambios reales en el contenido de un campo, asegurando así que no se responda a cada pequeña interacción del usuario sino solamente a un cambio significativo.

Pensemos en una página de configuración de un perfil de usuario. Cada vez que el usuario cambia su país de residencia en un menú desplegable, la interfaz podría actualizar automáticamente una lista de ciudades de ese país para que el usuario pueda elegir.

```html
<!DOCTYPE html>
<html lang="en">
  <head>
    <meta charset="UTF-8" />
    <title>onChange Demo</title>
  </head>
  <body>
    <select id="countrySelect">
      <option value="usa">Estados Unidos</option>
      <option value="spain">España</option>
      <option value="mexico">México</option>
    </select>
    <select id="citySelect"></select>

    <script>
      const countrySelect = document.getElementById("country
Select");
      const citySelect = document.getElementById("citySelect");

      const citiesByCountry = {
        usa: ["Nueva York", "Los Ángeles", "Chicago"],
        spain: ["Madrid", "Barcelona", "Sevilla"],
        mexico: ["Ciudad de México", "Guadalajara", "Monterrey"],
      };

      countrySelect.addEventListener("change", function (event) {
        const selectedCountry = event.target.value;
        const cities = citiesByCountry[selectedCountry];
```

```
    citySelect.innerHTML = "";

    cities.forEach((city) => {
      const option = document.createElement("option");
      option.value = city;
      option.textContent = city;
      citySelect.appendChild(option);
    });
  });
</script>
</body>
</html>
```

Ejemplo 6.12. Utilización del evento OnChange.

En el Ejemplo 6.12 existen dos menús desplegables (`<select>`). El primero permite al usuario seleccionar un país, mientras que el segundo, que inicialmente está vacío, mostrará las ciudades del país seleccionado. Cuando se selecciona un país diferente, se limpia el menú desplegable de ciudades, y luego se llena con las ciudades correspondientes al país seleccionado.

6.3. Eventos de ratón

Los eventos de ratón y eventos de teclado son los más utilizados, puesto que son los medios de comunicación más naturales con los que los usuarios interactúan con la página web.

Los eventos de ratón se dividen tradicionalmente en cinco eventos: onmousedown, onmousemove, onmouseout, onmouseover y onmouseup.

Es importante describir el orden en el que los eventos de ratón son disparados. En el caso de que se pulse el botón izquierdo o derecho el orden el siguiente:

- onmousedown.
- onmouseup.
- onclick.

En caso de que se pulse el botón derecho el orden es el siguiente:

- onmousedown
- onmouseup
- oncontextmenu

6.3.1. OnmouseDown

El evento onmousedown es uno de los eventos de ratón más utilizados en JavaScript, se dispara en el momento en que se presiona un botón del ratón sobre un elemento. No es necesario que se suelte el botón para que el evento se active, simplemente con presionarlo basta. A menudo, este evento se usa en conjunto con otros eventos relacionados con el ratón, como onmouseup, u onmousemove, para crear interacciones más complejas, como arrastrar y soltar.

Una característica interesante del evento onmousedown es que puede detectar qué botón del ratón fue presionado, ya sea el botón izquierdo, derecho o central, lo que permite desarrollar lógicas específicas dependiendo del botón que el usuario haya usado. En términos prácticos, el evento onmousedown puede ser esencial para casos de uso como inicio de acciones de arrastre, activación de contextos personalizados, entre otros.

Un caso de uso puede ser cuando se está desarrollando una aplicación de diseño gráfico donde los usuarios pueden seleccionar y mover formas gráficas en un lienzo. Al presionar una forma (evento onmousedown), podríamos iniciar el proceso de "arrastre" de la forma y, al soltar (evento onmouseup), finalizar el arrastre.

En el Ejemplo 6.13 tenemos un contenedor llamado "canvas" que actúa como lienzo y una "forma" azul que puede ser movida dentro de este lienzo. Por otro lado, se añade un *listener* a la forma para el evento onmousedown. Cuando se presiona el botón del ratón sobre la forma, se establece la variable isDragging en *true*. Por otro lado, hacemos uso de los eventos mousemove y onmouseup (que también se presentarán en siguientes secciones). Mientras se mantiene presionado el botón del ratón y se mueve, si la variable isDragging es true, se actualiza la posición de la forma basándose en las coordenadas del ratón. Finalmente, al soltar el ratón, se detiene el arrastre estableciendo el valor isDragging a *false*.

```
<!DOCTYPE html>
<html lang="en">
  <head>
    <meta charset="UTF-8" />
    <title>onmousedown Demo</title>
  </head>
  <body>
    <div id="canvas">
      <div class="shape" id="shape"></div>
    </div>
```

```
<script>
  const shape = document.getElementById("shape");
  let isDragging = false;

  shape.addEventListener("mousedown", function (event) {
    isDragging =true;
  });

  document.addEventListener("mousemove", function (event) {
    if (isDragging) {
      shape.style.left = event.clientX - 25 + "px";
      shape.style.top = event.clientY - 25 + "px";
    }
  });

  document.addEventListener("mouseup", function () {
    isDragging = false;
  });
</script>
</body>
</html>
```

Ejemplo 6.13. Utilización de los eventos MouseDown y MouseUp.

6.3.2. OnmouseMove

El evento *onmousemove* se produce cuando el puntero se está moviendo sobre un determinado elemento. En el Ejemplo 6.13 se muestra un ejemplo en el cual existe un cuadrado (usando CSS) que, al pasar el cursor del ratón por encima, se invoca al manejador que pinta la coordenada del ratón. En el momento que se sitúa el ratón fuera del cuadrado se invoca al manejador del evento *onmouseout*, el cual limpia la información mostrada.

El evento onmousemove es disparado cada vez que el ratón es movido sobre un elemento. Es uno de los eventos de ratón más activos, ya que se genera constantemente mientras se mueve el cursor. Este comportamiento hace que onmousemove sea especialmente útil para trazar el camino del cursor, detectar movimientos específicos o interactuar con gráficos en tiempo real. En entornos donde la interactividad y la retroalimentación en tiempo real son esenciales, el evento onmousemove puede ser una herramienta indispensable.

Un ejemplo concreto de aplicación es cuando se está desarrollando una página con una imagen de un mapa del mundo. Al mover el ratón sobre diferentes países, un *tooltip* se muestra proporcionando información sobre ese país específico. En el Ejemplo 6.14 se dispone de un contenedor "map", que representa el mapa del mundo, y dentro de este contenedor hay un *tooltip* que mostrará información sobre el país que se está señalando. Se añade un manejador del evento onmousemove al mapa. Cuando el ratón se mueve sobre el mapa, se muestra el *tooltip* y se posiciona justo debajo del cursor del ratón. Aunque en este ejemplo simplificado no se implementa la lógica para cambiar el contenido del *tooltip* basado en la posición del ratón, en una aplicación real, se podría usar este evento para determinar sobre qué país está el cursor y actualizar la información del *tooltip* en consecuencia. Finalmente, cuando el ratón sale del área del mapa, se oculta el *tooltip*.

```html
<!DOCTYPE html>
<html lang="en">
  <head>
    <meta charset="UTF-8" />
    <title>onmousemove Demo</title>
  </head>
  <body>
    <div id="map">
      <div id="tooltip">Info about the country</div>
    </div>

    <script>
      const map = document.getElementById("map");
      const tooltip = document.getElementById("tooltip");

      map.addEventListener("mousemove", function (event) {
        tooltip.style.display = "block";
        tooltip.style.left = event.clientX + "px";
        tooltip.style.top = event.clientY - 30 + "px";
      });

      map.addEventListener("mouseout", function () {
        tooltip.style.display = "none";
      });
    </script>
  </body>
</html>
```

Ejemplo **6.14.** Utilización del evento OnMouseMove.

6.3.3. OnMouseOver y OnMouseOut

El evento onmouseover se activa cuando el cursor del ratón entra en el área de un elemento específico, es decir, cuando el ratón "se posa sobre" ese elemento. A diferencia de onmousemove, que se dispara con cualquier movimiento del ratón sobre un elemento, onmouseover solo se dispara una vez cuando el cursor entra en el elemento. Este evento es especialmente útil cuando quieres proporcionar alguna interacción cuando el usuario pasa el ratón por encima de un área específica, como resaltar un botón, mostrar un *tooltip* o desplegar un menú.

El evento onmouseover es comúnmente utilizado en combinación con su contraparte, onmouseout, que se dispara cuando el cursor del ratón sale del área del elemento. Juntos, estos eventos permiten una amplia gama de interacciones basadas en la ubicación del cursor.

Un ejemplo de aplicación práctica es una galería de imágenes en un sitio web. Al pasar el ratón por encima de una imagen, se muestra una breve descripción de esta en un cuadro flotante. En el Ejemplo 6.15 el contenedor *"gallery"* contiene varias imágenes, cada una de las cuales tiene una descripción asociada que, por defecto, está oculta. Se añade un manejador del evento onmouseover a cada imagen. Cuando el ratón se posa sobre una imagen, se muestra su descripción correspondiente. Al mover el ratón fuera de la imagen, la descripción se oculta nuevamente gracias al evento onmouseout.

```
<!DOCTYPE html>
<html lang="en">
  <head>
    <meta charset="UTF-8" />
    <title>onmouseover Demo</title>
  </head>
  <body>
    <div id="gallery">
      <div class="image">
        <div class="description">Description for Image 1</div>
      </div>
      <div class="image">
        <div class="description">Description for Image 2</div>
      </div>
    </div>

    <script>
      const images = document.querySelectorAll(".image");

      images.forEach((image) => {
        image.addEventListener("mouseover", function () {
          const description = this.querySelector(".description");
          description.style.display = "block";
```

```
        });

        image.addEventListener("mouseout", function () {
          const description = this.querySelector(".description");
          description.style.display = "none";
        });
      });
    </script>
  </body>
</html>
```

Ejemplo 6.15. Utilización de los eventos MouseOver y, MouseOut.

6.3.4. OnMouseUp

El evento onmouseup ocurre cuando se suelta un botón del *mouse* sobre un elemento después de presionarlo. Es comúnmente utilizado en combinación con el evento onmousedown para llevar a cabo acciones específicas en función de interacciones con el *mouse*, como arrastrar y soltar elementos, o para indicar el fin de una acción, como resaltar texto o dibujar en una interfaz gráfica.

En el Ejemplo 6.13 se mostró cómo al soltar el botón del ratón se dejaba de arrastrar un componente sobre un lienzo.

6.4. Eventos de teclado

El teclado es otro de los elementos de entrada más importantes en la interacción con los usuarios. En el lenguaje JavaScript existen principalmente tres eventos para gestionar el teclado: onkeydown, onkeypress y onkeyup. El orden en el que estos eventos se producen al pulsar el tecleado es el mismo que el enumerado anteriormente.

6.4.1. OnKeyPress

El evento onkeypress ocurre cuando un usuario presiona una tecla sobre un elemento del documento. A diferencia de keydown y keyup, onkeypress está principalmente asociado con acciones que tienen como resultado la inserción de un carácter, aunque esto puede variar dependiendo del navegador y del sistema operativo. Es utilizado en muchas situaciones donde es importante detectar la entrada de texto específico, como la validación de formatos en tiempo real o la creación de atajos de teclado personalizados.

Un ejemplo concreto sería cuando se está desarrollando un formulario en una página web y se quiere asegurar de que un campo de entrada solo acepte números. Se debe proporcionar retroalimentación inmediata a través de una alerta cada vez que el usuario intenta introducir un carácter que no sea un número. En el Ejemplo 6.16, se ha definido un campo de entrada (`<input>`) para que los usuarios introduzcan números. El evento `onkeypress` está vinculado a este campo y, cada vez que se presiona una tecla, se verifica si el carácter asociado a esa tecla es un número. Para determinar qué tecla se ha presionado, primero se obtiene el código de la tecla con `event.which` o `event.keyCode`, luego lo convertimos en una cadena con `String.fromCharCode(charCode)`. Después, se verifica si esta cadena es un número mediante una expresión regular. Si el carácter no es un número, se muestra una alerta y se utiliza `event.preventDefault` para evitar que el carácter no deseado se introduzca en el campo de entrada. Este es un enfoque simple pero efectivo para validar la entrada del usuario en tiempo real.

```
<!DOCTYPE html>
<html lang="en">
 <head>
  <meta charset="UTF-8" />
  <title>onkeypress Demo</title>
 </head>
 <body>
  <input type="text" id="numberInput" placeholder="Introduce
solo números" />

  <script>
   const numberInput = document.getElementById("numberInput");

   numberInput.addEventListener("keypress", function (event) {
    const charCode = event.which || event.keyCode;
    const charStr = String.fromCharCode(charCode);

    if (!/^[0-9]$/.test(charStr)) {
     alert("Por favor, introduce solo números.");
     event.preventDefault();
    }
   });
  </script>
 </body>
</html>
```

Ejemplo 6.16. Utilización del evento KeyPress.

6.4.2. OnKeyDown

El evento onkeydown es disparado en el momento en que una tecla es presionada hacia abajo. Este evento es particularmente útil para detectar la acción inicial de presionar una tecla, a diferencia de onkeypress que está más asociado con la entrada de caracteres y onkeyup que detecta cuando una tecla es liberada.

Considera que se está desarrollando un juego en línea y se desea que el personaje se mueva hacia la izquierda cuando el usuario presione la tecla de flecha izquierda. Para ello, se hace uso del evento onkeydown para detectar esta acción específica y mover al personaje en consecuencia.

En el Ejemplo 6.17 se ha creado un "personaje" como un div con un fondo azul. El objetivo es mover este div hacia la izquierda cada vez que se presione la tecla de flecha izquierda. Para lograr esto, se ha añadido un manejador de eventos onkeydown a todo el documento. Cuando se detecta la tecla de flecha izquierda (cuyo código es 37), se actualiza la posición left del div *character*, moviéndolo 10 píxeles hacia la izquierda.

```html
<!DOCTYPE html>
<html lang="en">
  <head>
    <meta charset="UTF-8" />
    <title>onkeydown Demo</title>
    <style>
      #character {
        width: 50px;
        height: 50px;
        background-color: blue;
        position: relative;
        left: 0;
      }
    </style>
  </head>
  <body>
    <div id="character"></div>

    <script>
      const character = document.getElementById("character");

      document.addEventListener("keydown", function (event) {
        const LEFT_ARROW_KEY_CODE = 37;

        if (event.keyCode === LEFT_ARROW_KEY_CODE) {
```

```
      // Mueve el personaje 10px hacia la izquierda
      character.style.left = character.offsetLeft - 10 + "px";
    }
  });
  </script>
 </body>
</html>
```

Ejemplo 6.17. Utilización del evento KeyPress.

6.4.3. OnKeyUp

El evento **onkeyup** se activa en el momento en que una tecla, previamente presionada, se libera. Este evento es especialmente útil para casos en los que se necesita detectar cuando el usuario ha completado una acción de tecla específica, por ejemplo, para realizar validaciones de entrada en tiempo real o para activar ciertas funciones tras la liberación de una tecla.

Un buen caso de uso es cuando se está desarrollando un campo de búsqueda en una página web. Debemos mostrar resultados en tiempo real conforme el usuario teclea. Sin embargo, para evitar una sobrecarga en las peticiones al servidor, se decide hacer la consulta un breve instante después de que el usuario haya dejado de escribir en el campo de búsqueda. El evento onkeyup es perfecto para detectar cuando el usuario ha liberado una tecla y, en combinación con un pequeño retraso (setTimeout), se puede optimizar la carga de los resultados. En el Ejemplo 6.18, se ha implementado el campo de entrada simple para simular la búsqueda. Cada vez que el usuario libera una tecla (evento onkeyup), se configura un temporizador para esperar 300 milisegundos antes de mostrar resultados. Si el usuario vuelve a presionar una tecla antes de que esos 300 milisegundos hayan transcurrido, el temporizador anterior se borra, evitando así consultas innecesarias y mostrando resultados solo cuando el usuario ha dejado de escribir.

Este enfoque es una técnica común llamada "*debounce*", que ayuda a optimizar la interacción en tiempo real y reducir cargas innecesarias, especialmente útil cuando se hacen llamadas a una API o servidor.

```
<!DOCTYPE html>
<html lang="en">
  <head>
    <meta charset="UTF-8" />
    <title>onkeyup Demo</title>
  </head>
```

```
<body>
  <input type="text" id="searchBox" placeholder="Escribe para
buscar..." />

  <div id="results"></div>

  <script>
    const searchBox = document.getElementById("searchBox");
    const results = document.getElementById("results");
    let timeout;

    searchBox.addEventListener("keyup", function (event) {
      clearTimeout(timeout); // Limpia el temporizador anterior
      timeout = setTimeout(() => {
        // Aquí iría una llamada a una función que busca en el
servidor o en un array local.
        // Para el ejemplo, solo mostramos un mensaje fijo.
        results.textContent = "Resultados para: " + searchBox.
value;
      }, 300); // Espera 300ms después de que el usuario haya
dejado de escribir para mostrar resultados
    });
  </script>
</body>
</html>
```

Ejemplo 6.18. Utilización del evento KeyUp.

6.5. Eventos de enfoque

Los eventos de enfoque se centran en cuando un elemento tiene el foco de la página sobre él o no. De hecho, existen dos eventos tradicionalmente para gestionar esta característica.

6.5.1. OnBlur

El evento onblur es disparado cuando un elemento pierde el foco. En otras palabras, se activa cuando un usuario deja de interactuar con un elemento en el que previamente tenía interacción, como un campo de texto, un área de texto, un botón, entre otros. Este evento es fundamental cuando se trata de validaciones de formularios o cualquier interacción que requiera realizar una acción cuando un usuario deja de interactuar con un elemento específico.

Supongamos que se está desarrollando un formulario de registro y necesitamos proporcionar retroalimentación inmediata sobre la validez de la dirección de correo electrónico que ingresó el usuario. En lugar de esperar hasta que el usuario envíe el formulario, se utilizará el evento `onblur` para verificar el formato del correo electrónico tan pronto como el usuario haga clic fuera del campo de correo electrónico.

El Ejemplo 6.20 muestra cuando el usuario deja el campo de entrada del correo electrónico (evento `onblur`), es en ese momento cuando verifica si el valor ingresado cumple con un patrón de una expresión regular que representa la estructura general de un correo electrónico. Si el correo no es válido, se muestra un mensaje de error y se cambia el estilo del campo de entrada para indicar la invalidez. Si es válido, cualquier indicador de error previo se elimina.

Es importante señalar que, en aplicaciones reales, es posible que desees utilizar una biblioteca o función de validación de correo electrónico más avanzada, ya que el patrón de una expresión regular utilizado aquí es bastante básico y no cubre todos los casos posibles de direcciones de correo válidas.

```html
<!DOCTYPE html>
<html lang="en">
  <head>
    <meta charset="UTF-8" />
    <title>onblur Demo</title>
    <style>
      .invalid {
        border-color: red;
        background-color: #ffe6e6;
      }

      .message {
        color: red;
        display: none;
      }
    </style>
  </head>
  <body>
    <input
      type="email"
      id="emailInput"
      placeholder="Introduce tu correo electrónico"
    />
    <div class="message" id="errorMessage">
      Por favor, introduce una dirección de correo válida.
    </div>
```

```
  <script>
    const emailInput = document.getElementById("emailInput");
    const errorMessage = document.
getElementById("errorMessage");

    emailInput.addEventListener("blur", function (event) {
      const emailRegex = /^[a-zA-Z0-9._-]+@[a-zA-Z0-9.-]+\.[a-zA-Z]
{2,6}$/;
      if (!emailRegex.test(emailInput.value)) {
        emailInput.classList.add("invalid");
        errorMessage.style.display = "block";
      } else {
        emailInput.classList.remove("invalid");
        errorMessage.style.display = "none";
      }
    });
  </script>
  </body>
</html>
```

Ejemplo 6.19. Utilización del evento OnBlur.

6.5.2. OnFocus

El evento onfocus se dispara cuando un elemento recibe el foco, ya sea a través de una acción del usuario, como hacer clic con el ratón o navegar con el teclado, o programáticamente, a través del código de JavaScript. Es lo opuesto al evento onblur. Este evento es útil cuando deseas realizar acciones específicas en el momento en que un elemento gana atención, tal como mostrar información adicional, resaltar el elemento o preparar el elemento para la entrada del usuario.

El caso práctico donde se puede centrar este evento sería cuando se está construyendo un formulario y se desea proporcionar ayuda contextual al usuario. Cada vez que un usuario enfoca un campo, puede mostrar un cuadro de ayuda relacionado con ese campo específico para guiar al usuario sobre cómo completarlo correctamente. En el Ejemplo 6.20, existen dos campos de entrada: uno para el nombre de usuario y otro para la contraseña. Junto a cada campo, hay un cuadro de texto de ayuda que proporciona indicaciones sobre cómo completar cada campo. En el momento que un usuario hace clic (o navega mediante el teclado) en uno de los campos, el evento onfocus se activa, mostrando el cuadro de texto de ayuda correspondiente. Cuando el usuario se mueve fuera del campo, el evento onblur se dispara, ocultando el cuadro de ayuda.

Esto ayuda a guiar al usuario en tiempo real mientras completa el formulario, proporcionando instrucciones claras y contextuales para cada campo según sea necesario.

```html
<!DOCTYPE html>
<html lang="en">
  <head>
    <meta charset="UTF-8" />
    <title>onfocus Demo</title>
    <style>
      .help-text {
        display: none;
        border: 1px solid #ccc;
        padding: 10px;
        background-color: #f9f9f9;
        margin-top: 5px;
      }
    </style>
  </head>
  <body>
    <input type="text" id="usernameInput" placeholder="Nombre de usuario" />
    <div class="help-text" id="usernameHelp">
      El nombre de usuario debe tener entre 6 y 12 caracteres.
    </div>

    <input type="password" id="passwordInput" placeholder="Contraseña" />
    <div class="help-text" id="passwordHelp">
      La contraseña debe contener al menos un número y una letra mayúscula.
    </div>

    <script>
    const usernameInput = document.getElementById("usernameInput");
    const usernameHelp = document.getElementById("usernameHelp");

    const passwordInput = document.getElementById("passwordInput");
    const passwordHelp = document.getElementById("passwordHelp");

    usernameInput.addEventListener("focus", function () {
```

```
      usernameHelp.style.display = "block";
    });
    usernameInput.addEventListener("blur", function () {
      usernameHelp.style.display = "none";
    });

    passwordInput.addEventListener("focus", function () {
      passwordHelp.style.display = "block";
    });
    passwordInput.addEventListener("blur", function () {
      passwordHelp.style.display = "none";
    });
  </script>
 </body>
</html>
```

Ejemplo 6.20. Utilización del evento OnFocus.

6.6. Eventos de formulario

Los dos principales eventos asociados a las acciones de un formulario son los asociados al reinicio de un formulario (reset) y el envío (submit).

6.6.1. OnReset

El evento *onreset* se produce cuando un formulario es reiniciado (*reset*). En el Ejemplo 6.21 se muestra una página con un formulario y un botón de reinicio. Al pulsar sobre el botón de reinicio, el formulario disparará el evento que es gestionado por el manejador, lo único que sucede es que el manejador invoca a una ventana emergente (*alert*). Observe que el comportamiento por defecto del botón de reinicio no ha sido anulado, sino que el formulario sigue reiniciándose. Para evitar el comportamiento por defecto del evento, se debe invocar al método *preventDefault* del objeto *event*.

El evento onreset se activa cuando se restablece un formulario. Esto generalmente ocurre cuando el usuario hace clic en un botón de reset (<input type="reset">) en un formulario. Este evento es útil para ejecutar *scripts* antes de que se restablezcan los valores del formulario, como mostrar una confirmación al usuario, registrar la acción o realizar alguna otra lógica específica.

Supongamos que ese está desarrollando un formulario de encuesta. Si el usuario decide hacer clic en el botón de reset para comenzar de nuevo, podría ser útil preguntar si realmente desea descartar todas las respuestas proporcionadas antes de continuar. En el Ejemplo 6.21, hay un formulario sencillo de encuesta con dos preguntas. Hay un botón de submit y un botón de reset. Cuando el usuario hace clic en el botón de reset, el evento onreset se dispara. En el manejador de eventos, usamos la función confirm para mostrar un cuadro de confirmación preguntando al usuario si realmente desea restablecer el formulario. Si el usuario elige "Cancelar", se invoca el método preventDefault en el objeto event, lo que evita que el formulario se restablezca.

De esta manera, se da una capa adicional de interacción al usuario antes de realizar una acción que podría descartar los datos que ya ha introducido.

```html
<!DOCTYPE html>
<html lang="en">
 <head>
  <meta charset="UTF-8" />
  <title>onsubmit y onreset Demo</title>
 </head>
 <body>
  <form id="surveyForm">
   <label for="question1">¿Te gusta la programación?</label>
   <select id="question1">
    <option value="" disabled selected>Selecciona una opción</option>
    <option value="yes">Sí</option>
    <option value="no">No</option>
   </select>
   <br /><br />

   <label for="question2">Lenguaje de programación favorito:</label>
   <input type="text" id="question2" placeholder="Ejemplo: JavaScript" />
   <br /><br />

   <input type="submit" value="Enviar" />
   <input type="reset" value="Restablecer" />
  </form>

  <script>
   const surveyForm = document.getElementById("surveyForm");

   surveyForm.addEventListener("reset", function (event) {
    const isConfirmed = confirm(
```

```
        "¿Estás seguro de que deseas restablecer el formulario y
    descartar tus respuestas?"
        );
        if (!isConfirmed) {
          event.preventDefault();
        }
    });

    surveyForm.addEventListener("submit", function (event) {
        const question1Answer = document.
    getElementById("question1").value;
        const question2Answer = document.
    getElementById("question2").value;

        if (!question1Answer || !question2Answer) {
          alert("Por favor, responde a todas las preguntas antes de
    enviar.");
          event.preventDefault();
        }
    });
    </script>
  </body>
</html>
```

Ejemplo 6.21. Utilización del evento OnReset y OnSubmit.

6.6.2. OnSubmit

El evento **onsubmit** se produce cuando un formulario es enviado (*submit*). En el Ejemplo 6.21, se muestra una página con un formulario y un botón de envío. Al pulsar sobre el botón de envío, el formulario disparará el evento que es gestionado por el manejador; lo único que sucede es que el manejador invoca a una ventana emergente (*alert*). El funcionamiento en este caso es idéntico al presentado en la sección anterior.

El evento `onsubmit` se dispara cuando un formulario intenta enviar datos, generalmente después de hacer clic en un botón de envío (`<input type="submit">`). Este evento es esencial para la validación del lado del cliente, ya que permite a los desarrolladores verificar los datos del formulario antes de enviarlos. Si los datos no cumplen ciertos criterios, puedes usar `preventDefault` para evitar que el formulario se envíe, dándote la oportunidad de mostrar un mensaje de error al usuario.

En el Ejemplo 6.21 se ha añadido un manejador de eventos para `onsubmit` en el formulario. Antes de enviar el formulario, este manejador de eventos verifica si ambas preguntas han sido respondidas. Si alguna de las respuestas falta, se muestra una alerta y se evita que el formulario se envíe mediante `preventDefault`.

6.7. Eventos de ventana

6.7.1. OnMove

El evento onmove se produce cuando la posición de la esquina superior izquierda de un elemento ha cambiado. Este evento es solo compatible con Internet Explorer (ya desaparecido), y es un evento en total desuso. **No debe utilizarse.**

6.7.2. OnResize

El evento `onresize` se dispara cuando se cambian las dimensiones de la ventana del navegador o de un elemento (como un `iframe`). Es especialmente útil cuando deseas realizar acciones específicas basadas en las dimensiones actuales de la ventana, como adaptar la disposición de los elementos, cargar diferentes imágenes según el tamaño de la ventana o actualizar gráficos y visualizaciones para que se adapten al nuevo tamaño. Para obtener el tamaño de un elemento se utilizan las propiedades presentadas en secciones anteriores, tales como `clientWidth`, `clientHeight`, `innerWidth`, `innerHeight`, `outerWidth`, `outerHeight`, `offsetWidth` y `offsetHeight`.

Un ejemplo de aplicación se daría cuando se dispone de un gráfico en la página web que muestra la distribución de visitantes según su país de origen. Si un usuario cambia el tamaño de su ventana, es posible que el gráfico, en su tamaño original, ya no se ajuste adecuadamente. Usando el evento `onresize`, se detecta este cambio y redimensiona el gráfico para que se adapte al nuevo tamaño de la ventana y siga siendo legible y estéticamente agradable. En el Ejemplo 6.22, disponemos de un `div` que simula ser un gráfico. Al cambiar el tamaño de la ventana del navegador, el evento `onresize` se dispara, y la función `resizeChart` se encarga de adaptar el ancho del gráfico. Si la ventana es menor a 600 píxeles, el gráfico ocupará el 100 % del ancho; si es más grande, ocupará el 80 %. Esta es una manera simple de mantener una presentación adecuada del gráfico independientemente del tamaño de la ventana.

```
<!DOCTYPE html>
<html lang="en">
 <head>
```

```html
    <meta charset="UTF-8" />
    <title>onresize Demo</title>
    <style>
     #chart {
       width: 80%;
       height: 300px;
       background: lightgrey;
       margin: 20px auto;
       position: relative;
     }
    </style>
  </head>
  <body>
    <div id="chart">
      <p style="text-align: center">Gráfico de visitantes por
país</p>
    </div>

    <script>
      function resizeChart() {
        const chart = document.getElementById("chart");
        if (window.innerWidth < 600) {
          chart.style.width = "100%";
        } else {
          chart.style.width = "80%";
        }
      }

      window.addEventListener("resize", resizeChart);
    </script>
  </body>
</html>
```

Ejemplo 6.22. Utilización del evento OnResize.

6.8. Otros eventos

Además de todos los eventos que se han ido presentando, existen otros muchos eventos en JavaScript. En esta sección se presentan algunos de los más relevantes.

6.8.1. OnUnload

El evento onunload se produce cuando la página web está siendo descargada por el navegador. Este evento se dispara, por tanto, cuando se accede a otra página o porque se han utilizado los botones del navegador avanzar/

retroceder en los que se produzca la descarga de la página web. No obstan-te, este evento no funciona de manera adecuada desde 2011, puesto que se le retiró el soporte a este evento por parte de los principales navegadores, ya que puede resultar inseguro y/o molesto.

6.8.2. OnLoad

El evento `onload` es uno de los eventos más utilizados en JavaScript, y se dispara cuando un recurso y sus recursos dependientes han terminado de cargarse. Tradicionalmente, se utiliza en el objeto `window` para determinar cuándo se ha cargado completamente una página web, incluidos todos sus estilos, imágenes y otros recursos. Sin embargo, también puede ser utiliza-do en imágenes, *scripts* u otros objetos para detectar cuándo se han cargado.

Un caso de uso frecuente es el que tenemos que crear un sitio web con una gran imagen de fondo que tarda un tiempo considerable en cargarse. Además, no deseas mostrar el contenido del sitio hasta que la imagen esté completa-mente cargada para garantizar que el usuario tenga la mejor experiencia visual. Usando el evento onload, puedes detectar cuándo la imagen se ha cargado por completo y luego mostrar el contenido del sitio. En el Ejemplo 6.23, inicialmen-te, el contenido del body está oculto (`display: none`). Cuando la página, in-cluida la imagen, esté completamente cargada, el evento onload del body se activará, ejecutando la función `displayContent`. Esta función simplemente cambia la propiedad `display` del body a `block`, mostrando el contenido.

Por tanto, el evento `onload` permite garantizar que todos los elementos y re-cursos estén completamente cargados antes de realizar acciones que depen-dan de esos recursos.

```html
<!DOCTYPE html>
<html lang="en">
  <head>
    <meta charset="UTF-8" />
    <title>onload Demo</title>
  </head>
  <body onload="displayContent()">
    <div>
      <h1>Bienvenido a mi sitio</h1>
      <p>
        Este es un contenido que solo se mostrará una vez que la página se haya
        cargado completamente.
      </p>
```

```html
    <img
      src="https://images.unsplash.com/photo-1564135624576-
c5c88640f235"
      alt="Una imagen de Unsplash"
      width="500"
    />
  </div>

  <script>
    function displayContent() {
      document.body.style.display = "block";
    }
  </script>
  </body>
</html>
```

Ejemplo 6.23. Utilización del evento OnLoad.

6.8.3. OnClick

El evento `onclick` es uno de los eventos más utilizados en el desarrollo web. Se dispara cuando se hace clic en un elemento específico, generalmente un botón, un enlace o cualquier otro elemento que el desarrollador decida hacer clicable. Es muy versátil y se utiliza para una amplia variedad de tareas, desde la simple navegación entre páginas hasta el control de elementos interactivos en aplicaciones web.

Un caso de uso de este evento es cuando se está construyendo una tienda *online*. En la página de detalle de un producto, desarrollamos un botón "Agregar al carrito", cuando se haga clic, el producto se añade a su carrito de compras y se muestra una notificación confirmando la acción. En el Ejemplo 6.24 se ha vinculado el evento clic al botón con el ID `addToCartBtn`. Cuando se hace clic en el botón, se muestra una notificación al usuario para confirmar que el producto ha sido agregado al carrito. Después de 2 segundos, la notificación desaparece automáticamente.

```html
<!DOCTYPE html>
<html lang="en">
  <head>
    <meta charset="UTF-8" />
    <title>onclick Demo</title>
  </head>
  <body>
```

```
  <button id="addToCartBtn">Agregar al carrito</button>
  <div id="notification">Producto agregado al carrito con
éxito!</div>

  <script>
    const cartButton = document.getElementById("addToCartBtn");
    const notification = document.getElementById("notification");

    cartButton.addEventListener("click", function () {
      notification.style.display = "block";
      setTimeout(() => {
        notification.style.display = "none";
      }, 2000);
    });
  </script>
 </body>
</html>
```

Ejemplo 6.24. Utilización del evento OnClick.

6.8.4. OnDragDrop

El proceso de "Arrastrar y soltar" o *"Drag and Drop"* es una interacción del usuario que ha sido parte de las interfaces gráficas durante mucho tiempo. HTML5 y JavaScript brindan una API completa para implementar esta funcionalidad en aplicaciones web, haciendo posible la creación de interfaces más interactivas y dinámicas. La API consta de varios eventos que se disparan en diferentes etapas del proceso de arrastrar y soltar. Los eventos principales son:

* **dragstart**: se activa cuando el usuario comienza a arrastrar un elemento.

* **drag**: se activa mientras el elemento está siendo arrastrado.

* **dragend**: se activa cuando el usuario suelta el elemento.

* **dragenter**: se activa cuando un elemento arrastrado entra en un área designada como destino.

* **dragover**: se activa cuando un elemento arrastrado está sobre un área designada como destino.

* **dragleave**: se activa cuando un elemento arrastrado deja el área de un destino.

Un ejemplo sencillo es el de construir una interfaz de usuario para una aplicación de planificación de tareas. Deseamos permitir a los usuarios reorganizar tareas arrastrando y soltando. En el Ejemplo 6.25, hay dos tareas que se pueden arrastrar. Cada tarea tiene el atributo `draggable` configurado en *true*, lo que indica que se pueden arrastrar. Cuando el usuario comienza a arrastrar una tarea, se dispara el evento `dragstart`, y el código guarda el ID de la tarea en el objeto `dataTransfer`. El área *dropzone* es donde el usuario puede soltar las tareas. Usamos el evento `dragover` y llamamos a `preventDefault` para indicar que esta área es un destino válido para soltar. Finalmente, cuando el usuario suelta la tarea en *dropzone*, el evento `drop` recupera el ID de la tarea del objeto `dataTransfer` y mueve la tarea al área de destino. Los otros eventos (como `dragend`, `dragenter` y `dragleave`) se pueden agregar de manera similar para proporcionar retroalimentación adicional o funcionalidad.

```html
<!DOCTYPE html>
<html lang="en">
  <head>
    <meta charset="UTF-8" />
    <title>Drag and Drop Demo</title>
  </head>
  <body>
    <div id="tasks">
      <div class="task" draggable="true" id="task1">Tarea 1</div>
      <div class="task" draggable="true" id="task2">Tarea 2</div>
    </div>

    <div id="dropzone">Suelta aquí para cambiar el orden</div>

    <script>
      const tasks = document.querySelectorAll(".task");
      const dropzone = document.getElementById("dropzone");

      tasks.forEach((task) => {
        task.addEventListener("dragstart", function (e) {
          e.dataTransfer.setData("text/plain", e.target.id);
        });
      });
      dropzone.addEventListener("dragover", function (e) {
        e.preventDefault();
      });
      dropzone.addEventListener("drop", function (e) {
        e.preventDefault();
        const taskId = e.dataTransfer.getData("text/plain");
        const task = document.getElementById(taskId);
        dropzone.appendChild(task);
```

```
    });
  </script>
  </body>
</html>
```

Ejemplo 6.25. Utilización del evento OnDragDrop.

6.8.5. OnError

El evento onerror es un mecanismo global para capturar errores no mane-
jados que ocurren en el contexto de una ventana o recurso específico. Este
evento es extremadamente valioso para detectar errores en tiempo de ejecución, especialmente los relacionados con la carga de recursos, como imágenes, *scripts* o cualquier otro archivo que pueda no cargarse correctamente.
Además de los errores de carga, también puede detectar errores de sintaxis y
otros errores no capturados en el código JavaScript.

El ejemplo que se puede desarrollar es aquel en el que se debe garantizar
que todas las imágenes de los productos se carguen correctamente. Si alguna imagen no se carga debido a un error 404 o cualquier otra razón, se reemplaza con una imagen predeterminada y registrar el error para solucionarlo
más tarde. En el Ejemplo 6.26, existe una imagen que se intenta cargar. Si
hay algún problema con la carga, el evento onerror asociado con el elemento
de imagen se activará, llamando a la función handleImageError. La función
handleImageError registra el error en la consola y reemplaza la ruta de la
imagen con una imagen predeterminada.

```
<!DOCTYPE html>
<html lang="en">
  <head>
    <meta charset="UTF-8" />
    <title>onerror Demo</title>
  </head>
  <body>
    <!-- Imagen inexistente para simular un error -->
    <img id="image" src="imagen-inexistente.jpg" alt="Imagen
principal" />

    <script>
      const image = document.getElementById("image");

      image.addEventListener("error", function () {
```

```
  // Utilizamos una imagen real de Unsplash como imagen de
reemplazo.
    this.src =
     "https://unsplash.com/photos/4dpAqfTbvKA/
download?force=true";
    console.error(
     "Ocurrió un error al cargar la imagen principal. Se ha
reemplazado con una de respaldo."
    );
   });
  </script>
 </body>
</html>
```

Ejemplo 6.26. Utilización del evento OnError.

6.8.6. OnAbort

El evento **onabort** se dispara cuando se interrumpe la carga de un recurso antes de que este termine. Esto puede suceder, por ejemplo, si un usuario detiene la carga de una imagen antes de que esta se complete. Es una manera efectiva de manejar situaciones donde se requiere tomar medidas específicas en caso de interrupciones.

En el Ejemplo 6.27 se muestra una imagen grande que se está cargando. Si el usuario detiene la carga de la página mientras la imagen todavía se está cargando, el evento **abort** se activará. El manejador de este evento simplemente registra un error en la consola. En un escenario del mundo real, se puede enviar una notificación al servidor para rastrear cuántas veces los usuarios interrumpen las cargas.

```
<!DOCTYPE html>
<html lang="en">
 <head>
  <meta charset="UTF-8" />
  <title>onabort Demo</title>
 </head>
 <body>
  <img
   id="largeImage"
   src="https://unsplash.com/photos/4dpAqfTbvKA/
download?force=true"
   alt="Imagen grande"/>
```

```html
<script>
  const largeImage = document.getElementById("largeImage");

  largeImage.addEventListener("abort", function () {
    console.error("La carga de la imagen fue interrumpida.");
// Aquí podrías, por ejemplo, enviar una notificación al
servidor para registrar la interrupción.
  });
</script>
</body>
</html>
```

Ejemplo 6.27. Utilización del evento OnAbort.

ACTIVIDADES

6.1. Crea un formulario con dos campos desplegables (`select`). En el primero, el usuario debe seleccionar un país y, en el segundo, una ciudad de ese país. Las ciudades deben ser cargadas dinámicamente a partir del país.

6.2. Diseña un formulario de registro con campos como nombre, correo electrónico y contraseña. Utiliza el evento `onSelect` para mostrar información adicional o consejos sobre el campo seleccionado. Por ejemplo, al seleccionar el campo de contraseña, muestra un mensaje que indique los requisitos para una contraseña segura.

6.3. Crea una página con varios párrafos de texto. Al pasar el ratón sobre un párrafo, cambia su color de fondo. Al mover el ratón fuera del párrafo, restablece el color de fondo original.

6.4. Diseña una galería de imágenes donde cada imagen se muestre en tamaño pequeño. Al hacer clic en una imagen, muestra la imagen en un tamaño más grande en un modal o en un área designada de la página.

6.5. Crea un lienzo en blanco en la página. Al mantener presionado el botón del ratón y moverlo, permite que el usuario dibuje en el lienzo. Al soltar el botón del ratón, detén el dibujo.

6.6. Crea un área de texto (*textarea*) y, debajo de ella, muestra un contador que indique cuántos caracteres ha escrito el usuario.

6.7. Diseña una página con varias acciones (como cambiar de color, mostrar/ocultar elementos, etc.). Implementa atajos de teclado usando el evento onkeydown para activar estas acciones. Por ejemplo, al presionar Ctrl + B, cambia el color de fondo de la página.

6.8. Crea un campo de entrada que solo acepte números. Utiliza el evento onkeypress para prevenir la entrada de cualquier otro carácter que no sea numérico.

6.9. Diseña un campo de búsqueda. A medida que el usuario escribe, muestra sugerencias basadas en lo que ha escrito hasta ahora, como un autocompletado.

6.10. En un formulario, resalta el campo activo (por ejemplo, cambiando su borde a un color más brillante).

6.11. Crea un formulario de registro. Al salir de un campo, valida su contenido. Por ejemplo, si es un campo de correo electrónico, verifica que tenga un formato válido y muestra un mensaje si no es así.

6.12. Diseña un formulario con varios campos. Al enfocarse en un campo, muestra un *tooltip* relacionado con ese campo específico. Al perder el enfoque, oculta el *tooltip*.

6.13. Crea una lista de elementos. Al pasar por cada elemento con la tecla Tab (enfocándolos), cambia su estilo para indicar que están seleccionados. Al presionar Shift + Tab y moverse en sentido inverso, el estilo también debe cambiar.

6.14. Proporciona varios campos de entrada en una página. Cada vez que un campo gana el enfoque, incrementa un contador. Muestra este contador en alguna parte de la página para indicar cuántas veces los campos han sido enfocados.

6.15. Crea un formulario de registro. Antes de enviar el formulario, muestra un cuadro de diálogo pidiendo al usuario que confirme si realmente desea enviar la información.

6.16. Diseña un formulario con campos como nombre, correo electrónico y contraseña. Validar todos los campos estén no vacíos antes de enviar el formulario.

6.17. Cuando el usuario intenta cerrar la ventana o pestaña (evento `onbeforeunload`), muestra un mensaje advirtiendo sobre la posible pérdida de datos si no ha guardado.

6.18. Al cargar completamente la página, muestra un mensaje de bienvenida en un cuadro de diálogo o modal.

6.19. Muestra en tiempo real las dimensiones actuales de la ventana en algún lugar visible de la página.

6.20. Implementa una barra de navegación fija en la parte superior de una página larga. Utiliza el evento `onscroll` para cambiar el color o el estilo de la barra de navegación cuando el usuario se desplace más allá de un cierto punto.

6.21. Muestra un mensaje o ícono indicando si el usuario está en línea o fuera de línea.

6.22. Utiliza el evento `onload` para mostrar una animación o un indicador de carga mientras se carga la página. Una vez que la página esté completamente cargada, oculta la animación o el indicador.

6.23. Crea una página con dos cajas rectangulares. Una caja contendrá un icono o texto que represente un objeto (por ejemplo, un libro). La otra caja actuará como una "cesta" o "contenedor". El objetivo es permitir a los usuarios arrastrar el objeto y soltarlo dentro de la cesta. Cuando el objeto se coloca correctamente en la cesta, muestra un mensaje de éxito en la página.

6.24. Si una imagen no se carga correctamente, reemplázala automáticamente con una imagen de respaldo o muestra un mensaje indicando el error.

6.25. Crea un botón que, al hacer clic, aborte la carga de un recurso específico (por ejemplo, una imagen o un video).

7. Búsqueda y análisis de *scripts*

Contenido

7.1. Búsqueda en sitios especializados.

7.2. Operadores booleanos.

7.3. Técnicas de búsqueda.

7.4. Técnicas de refinamiento de búsquedas.

7.5. Reutilización de *scripts*.

Actividades.

Introducción

El dinamismo inherente al desarrollo de aplicaciones web implica que un único libro o manual no puede encapsular todos los conocimientos requeridos, y menos aún retener su relevancia a medida que avanza el tiempo. Una habilidad esencial para todo desarrollador es la capacidad de localizar documentación actualizada y referencias pertinentes que reflejen las innovaciones más recientes. Si bien este capítulo destaca algunas de las fuentes más cruciales en la actualidad, es probable que en el futuro emerjan recursos clave que aún no conocemos. Es fundamental tener en mente que las grandes empresas y organizaciones, al estar a la vanguardia de la definición de estándares y novedades, suelen ser las fuentes más confiables para obtener información actualizada. Adicionalmente, este capítulo ofrece técnicas de búsqueda que, cuando se aplican en los buscadores web, facilitan al desarrollador la tarea de encontrar información específica para apoyar su trabajo.

7.1. Búsqueda en sitios especializados

7.1.1. Páginas oficiales

Generalmente, detrás de cada lenguaje de programación hay una empresa o fundación que lo respalda. Sin embargo, en el caso de JavaScript, no está respaldado por una única entidad, sino que su estándar es definido por una organización dedicada. Las implementaciones en los navegadores se basan en estas especificaciones. No obstante, existe el desafío de que los navegadores a veces pueden desviarse o adaptar estas especificaciones a su conveniencia. A pesar de esto, con el tiempo, los navegadores se han ido alineando más estrechamente con las especificaciones establecidas. En esta sección, exploraremos las páginas oficiales de las principales entidades autorizadas para discutir y debatir sobre JavaScript.

ECMAScript

ECMAScript es la especificación del lenguaje de programación y es publicada por ECMA International. El desarrollo de JavaScript se remonta al año 1996 en el que la compañía *Netscape Communications Corporation* comenzó su estandarización. Desde que se lanzara la primera versión en 1997, han existido diferentes versiones 2, 3, 5 y 6 (la 4 fue abandonada). En junio de 2015 se cerró el estándar de la versión 6, el cual es el más revolucionario hasta el momento. En la actualidad se hace una revisión anual del estándar añadiendo nuevas funcionalidades, basado principalmente en la del año 2015. De este modo, encontramos versiones para 2016, 2017, etc. Es importante, tener en cuenta que el estándar es revisado por la comunidad y las novedades que se incorporan tratan de no provocar *breaking changes*, es decir, cambios que rompan el funcionamiento de JavaScript más antiguo. La mayoría de los navegadores de Internet basan su implementación en ECMAScript y respetando el estándar el código podrá funcionar adecuadamente.

Referencia: http://www.ecma-international.org/publications/standards/Ecma-262.htm.

Mozilla Developer Network (MDN)

La fundación Mozilla ofrece a los desarrolladores un portal oficial conocido como Mozilla Developer Network (MDN). MDN es uno de los recursos más respetados y confiables para los desarrolladores web, proporcionando documentación, estándares y proyectos respaldados por Mozilla. Aunque el sitio se estableció oficialmente en 2005, ha evolucionado significativamente con el tiempo. Hoy en día, MDN es más que una simple base de recursos; también alberga foros de discusión y comunidades para profesionales y entusiastas del desarrollo. En MDN, los desarrolladores pueden acceder a documentación técnica de vanguardia relacionada con tecnologías web, incluyendo HTML5, JavaScript, CSS y Web API. Además, MDN cubre una amplia gama de otros temas relevantes para el desarrollo web y las tecnologías relacionadas.

Referencia: https://developer.mozilla.org/es/.

World Wide Web Consortium (W3C)

El World Wide Web Consortium (W3C) es un consorcio internacional que elabora estándares y recomendaciones para la World Wide Web. Fundado en 1994 por Sir Tim Berners-Lee, quien es reconocido por haber inventado la web y desarrollado tecnologías esenciales que forman su núcleo, tales como la URL (*Uniform Resource Locator*), el HTTP (*HyperText Transfer Protocol*) y el HTML (*HyperText Markup Language*). W3C trabaja para asegurar que las tecnologías web sean abiertas, accesibles y utilizables por todos, orientando su misión hacia la creación de un internet coherente y en constante evolución.

Referencia: http://www.w3.org/.

7.1.2. Tutoriales

W3Schools

W3Schools es una web enfocada a los desarrolladores web en la que se incluyen tutoriales y hojas de referencias para temas relacionados con el desarrollo web como son HTML, CSS, JavaScript, PHP, SQL y jQuery. El nombre de la página puede llevar a error al pensar que tiene relación con la W3C, pero no es así, sino que el W3 proviene de *World Wide Web* (W3). En W3Schools se pueden encontrar miles de ejemplos, que pueden ser incluso modificados a través de un editor *online* que dispone para cada uno de sus ejemplos.

Además de la página web, W3Schools creó en 2014 un canal de YouTube para seguir dando formación a los desarrolladores de aplicaciones web. No obstante, W3Schools ha recibido muchas críticas por ser demasiado básica en algunos temas del desarrollo web y al estar soportada por una empresa privada en lugar de una organización sin ánimo de lucro.

MDN tutoriales

MDN dispone de un espacio dedicado exclusivamente al aprendizaje de JavaScript desde lo básico hasta alcanzar la profundidad del lenguaje. Las primeras partes son explicaciones básicas entrelazándolas con ejemplos, para posteriormente realizar codificaciones más avanzadas. Algunos de los temas que se abarcan son:

- **JavaScript básico**. Esta primera parte presenta el lenguaje para hacerte una idea de qué puedes hacer con el lenguaje.

- **JavaScript básico (repetición)**. No es que se repitan los contenidos, es que se vuelven a presentar los mismos conceptos, pero con un punto de vista más amplio, puesto que ya se ha dado un paseo por los elementos de JavaScript.

- **Guía de JavaScript**. Están los temas clasificados por bloques temáticos y se puede acceder a consultarlos de un modo más eficiente.

- **Referencia de JavaScript**. Una completa página con la referencia a cada palabra clave/concepto del lenguaje.

- **Programación orientada a objetos**. Una guía de cómo desarrollar bajo el paradigma orientado a objetos en JavaScript.

Referencia: https://developer.mozilla.org/en-US/Learn/JavaScript.

WebPlatform

WebPlatform es una comunidad apoyada por la W3C que trata de crear un sitio de referencia para los estándares web. Este proyecto está desarrollado conjuntamente por empresas como Adobe Systems, Apple Inc., Facebook, Google,

HP, Microsoft, Mozilla, Nokia y Opera Software. Esta plataforma nació en 2012 y contiene documentación sobre conceptos web, HTML, CSS, Accesibilidad, JavaScript y SVG.

Referencia: http://www.webplatform.org/.

Microsoft Developer Network (MSDN)

Microsoft Developer Network (MSDN) es la plataforma para desarrolladores proporcionada por Microsoft. El objetivo de esta plataforma es resolver dudas y problemas que aparecen a los desarrolladores. En la plataforma, al igual que en los otros sitios de aprendizaje, se encuentra una gran cantidad de información técnica, códigos, artículos y guías de referencia.

Referencia: https://msdn.microsoft.com.

JavaScript.info

El sitio web JavaScript.info se presenta como una guía exhaustiva para aprender JavaScript, desde lo más básico hasta los conceptos avanzados. Con un enfoque claro y didáctico, aborda tanto los fundamentos del lenguaje como las características más modernas, ofreciendo a los lectores ejemplos prácticos, ejercicios interactivos y descripciones detalladas. Además de cubrir el *core* de JavaScript, el sitio también explora temas relacionados, como el DOM, los eventos en navegadores y las promesas. Es especialmente recomendado para aquellos que buscan una comprensión profunda de JavaScript, ya que el contenido está estructurado de manera que los lectores pueden construir su conocimiento paso a paso, con cada tema construido sobre el anterior.

Referencia: https://www.javascript.info.

FreeCodeCamp

FreeCodeCamp.org es una plataforma educativa de código abierto que ofrece un currículo completo y autocontenido para aquellos que desean aprender desarrollo web y ciencias de la computación. Con miles de lecciones interactivas en codificación, proyectos prácticos y certificaciones, la plataforma permite a los estudiantes adquirir habilidades en JavaScript, HTML, CSS, bases de datos, Git & GitHub, Node.js, React.js y D3.js, entre otros. Más allá de la simple instrucción, FreeCodeCamp destaca por su comunidad global y solidaria. Los estudiantes tienen la oportunidad de trabajar en proyectos reales para organizaciones sin fines de lucro después de completar ciertas secciones del currículo, proporcionando una experiencia práctica invaluable. Además, con foros, artículos y vídeos asociados, se convierte en una herramienta esencial no solo para aprender a codificar, sino también para formar parte de una comunidad que fomenta el aprendizaje continuo y el apoyo mutuo.

Referencia: https://www.freeCodeCamp.org.

CSS-Tricks

CSS-Tricks es un sitio web dedicado principalmente a proporcionar trucos, consejos y recursos relacionados con CSS, pero también aborda una amplia gama de temas relacionados con el desarrollo web en general. Fundado en 2007, ha crecido exponencialmente y se ha convertido en uno de los destinos preferidos de diseñadores y desarrolladores web que buscan mejorar sus habilidades. El sitio se compone de artículos detallados, tutoriales, vídeos y un almanaque que descompone y explica las propiedades de CSS en profundidad. CSS-Tricks también cuenta con un foro comunitario muy activo y un boletín regular. Además de su enfoque en CSS, el sitio también aborda temas de JavaScript, SVG y herramientas y tecnologías modernas relacionadas con el diseño y desarrollo web. En resumen, CSS-Tricks es una fuente invaluable tanto para principiantes que buscan familiarizarse con los conceptos básicos de diseño web como para profesionales experimentados que desean mantenerse actualizados con las últimas tendencias y técnicas en la industria.

Referencia: https://www.css-tricks.com.

7.1.3. Foros

Stack Overflow

Stack Overflow es un sitio web utilizado por la comunidad de desarrolladores para realizar consultas y otros desarrolladores ayudan a resolver los problemas. Esta plataforma no es un simple foro en el cual un usuario plantea una cuestión y se responden sin más, sino que las respuestas que dan los usuarios pueden ser debatidas en microhilos, para no ensuciar el hilo principal. Las respuestas planteadas obtienen puntuación por otros desarrolladores y por la persona que planteó la cuestión, haciendo subir en puntuación la respuesta mejor valorada, en lugar de estar ordenadas cronológicamente. Además, cada persona tiene una puntuación (reputación) que le hace tener mayor relevancia que otros usuarios, puesto que su reputación se basa en las experiencias pasadas.

Referencia: http://www.stackoverflow.com.

Foros del Web

Foros del Web es una comunidad hispana de desarrolladores de aplicaciones. Foros del Web es pionero, puesto que están activos desde 1998. Actualmente cuenta con cerca de 1 millón de temas abiertos, más de 4 millones de respuestas y cerca de 600 000 usuarios registrados. Es una comunidad activa que engloba problemas más allá de los meramente de desarrollo web, puesto que se encuentran hilos sobre administración de sistemas o desarrollo de aplicaciones en lenguajes de escritorio.

Referencia: http://www.forosdelweb.com/.

7.1.4. Bibliotecas

El conjunto de bibliotecas de JavaScript es enorme y es raro que no haya algún desarrollador independiente o gran empresa que no haya desarrollado una solución al problema que se te plantea resolver. En esta sección se van a enumerar algunas bibliotecas de JavaScript como muestra del crecimiento de bibliotecas.

jQuery

jQuery es posiblemente la biblioteca de JavaScript más famosa, puesto que ha supuesto un antes y después en el desarrollo de aplicaciones web. El objetivo de jQuery es simplificar la manipulación del árbol DOM, manejar eventos, desarrollar animaciones y realizar interacción con AJAX. Esta biblioteca nace en el año 2006.

Además de ser una biblioteca que simplifica el uso de JavaScript en el lado del cliente, jQuery ofrece una experiencia uniforme en diferentes navegadores, abordando las incompatibilidades entre navegadores y proporcionando soluciones consistentes a problemas comunes.

Las ventajas de usar jQuery son las siguientes:

- **Facilidad de uso**: gracias a su sintaxis simple y sus métodos de encadenamiento, es posible escribir menos código y lograr más.

- **Consistencia entre navegadores**: una de las mayores ventajas de jQuery es que abstrae muchas de las incompatibilidades entre navegadores, permitiendo a los desarrolladores escribir código que funcione de manera consistente en todos los navegadores más comunes.

- **Eficiente manipulación del DOM**: jQuery ofrece una amplia variedad de métodos para seleccionar y manipular elementos del DOM.

- **Animaciones y efectos**: jQuery viene con una suite de animaciones y efectos visuales que facilitan la creación de interfaces de usuario dinámicas.

- **Facilidad de integración con AJAX**: jQuery simplifica el proceso de hacer llamadas AJAX, lo que permite una web más dinámica y con contenido cargado de manera asíncrona.

- **Amplia base de *plugins***: la comunidad ha creado una amplia variedad de *plugins* y *widgets* que se pueden agregar fácilmente a cualquier proyecto, ampliando las funcionalidades de la biblioteca.

- **Documentación**: la documentación de jQuery es robusta, detallada y está acompañada de ejemplos prácticos.

Por otro lado, los inconvenientes del uso de jQuery hoy en día son los siguientes:

- **Tamaño de la biblioteca**: incluso si solo se utiliza una pequeña parte de jQuery, se debe incluir toda la biblioteca, lo que puede afectar el tiempo de carga de una página.

- **Rendimiento**: algunas operaciones en jQuery pueden ser más lentas que su contraparte en JavaScript puro, especialmente si se abusa de ciertas funcionalidades.

- **Curva de aprendizaje**: a pesar de que jQuery simplifica muchas cosas, todavía hay una curva de aprendizaje para los principiantes, sobre todo para entender conceptos como el encadenamiento y las promesas.

- **Evolución del JavaScript nativo**: muchas de las características que hicieron popular a jQuery ahora están presentes en JavaScript puro (por ejemplo, las promesas, el manejo de eventos, las consultas al DOM), lo que hace que en muchos casos jQuery no sea necesario.

¿Se utiliza jQuery hoy en día (2024-en adelante)?

Sí, jQuery todavía se utiliza ampliamente en muchos proyectos, sobre todo en aquellos que fueron desarrollados hace años y que continúan en mantenimiento. Sin embargo, la tendencia en el desarrollo web moderno se inclina hacia *frameworks* y bibliotecas más modernas y especializadas, como React, Vue.js y Angular, que ofrecen arquitecturas más avanzadas y soluciones para el desarrollo de aplicaciones de una sola página (SPA).

Dicho esto, muchas empresas aún prefieren jQuery para proyectos más pequeños o para agregar funcionalidades específicas a sitios web más grandes debido a su simplicidad y versatilidad. Sin embargo, es importante que los desarrolladores evalúen la necesidad real de jQuery en nuevos proyectos, dado que muchas de sus características ya están disponibles en JavaScript nativo y en otros *frameworks* más modernos.

Un ejemplo de uso de jQuery sería aquel en el que queremos crear un botón que, al hacer clic en él, se muestre y oculte un párrafo. En el Ejemplo 7.1 se muestra el código usando esta biblioteca, en primer lugar, se incluye la biblioteca jQuery usando la etiqueta <script>, utilizando el CDN oficial. Por otro lado, se dispone de un botón con el ID `toggleButton` y un párrafo con el ID `sampleParagraph` que inicialmente está oculto (`style="display:none;"`). En el *script* se hace uso del selector `$('#toggleButton')` para seleccionar el botón por su `id`, el resultado de este selector es el mismo que el que obtendríamos haciendo uso del método `getElementById` del objeto `document`. El siguiente paso es hacer uso del método `click` para agregar un manejador de eventos que se activa cuando se hace clic en el botón. Dentro de este manejador de eventos, se hace uso del método `$('#sampleParagraph').toggle`. La función `toggle` de jQuery muestra u oculta el elemento seleccionado, según su estado actual. En este caso, muestra u oculta el párrafo cuando hacemos clic en el botón.

La facilidad y legibilidad del código es un testimonio del poder de simplificación de jQuery. En JavaScript puro, esta tarea habría requerido más líneas de código y no habría sido tan intuitiva.

```html
<!DOCTYPE html>
<html lang="en">
  <head>
    <meta charset="UTF-8" />
    <title>jQuery Demo</title>
    <script src="https://code.jquery.com/jquery-3.6.0.min.
js"></script>
  </head>
  <body>
    <button id="toggleButton">Mostrar/Ocultar Párrafo</button>
    <p id="sampleParagraph" style="display: none">
      Este es un párrafo de muestra.
    </p>

    <script>
      $("#toggleButton").click(function () {
        $("#sampleParagraph").toggle();
      });
    </script>
  </body>
</html>
```

Ejemplo 7.1. Utilización de jQuery.

Referencia: https://jquery.com/.

Utilidades básicas

JavaScript incorpora clases propias para manejar elementos tales como *strings* o fechas; no obstante, es cierto que pueden dar problemas a la hora de crear aplicaciones de mayor tamaño. Se han construido pequeñas bibliotecas que permiten facilitar las tareas repetitivas.

- **Lodash** (https://lodash.com). Es una de las bibliotecas de utilidades más populares. Ofrece herramientas modulares para manipular estructuras de datos, manejar funciones, manipular *strings*, entre otras. Su principal uso es la manipulación de *arrays*, objetos y funciones.

  En el Ejemplo 7.2, el *array* `students` contiene objetos con un nombre y un promedio. Se hace uso del método `_.chain` para encadenar varias funciones de Lodash juntas. El método `.filter` filtra el *array* para mantener solo los estudiantes con un promedio superior a 80. El método `orderBy` ordena a los estudiantes filtrados en orden descendente según su promedio. Finalmente, el método `.value` finaliza la cadena y retorna el resultado. El resultado se muestra en la consola y presenta a los estudiantes con un promedio superior a 80 en orden descendente.

```js
const students = [
  { name: "John", average: 75 },
  { name: "Jane", average: 90 },
  { name: "Smith", average: 82 },
  { name: "Emily", average: 88 },
  { name: "Robert", average: 60 },
];

const topStudents = _.chain(students)
  .filter((student) => student.average > 80)
  .orderBy(["average"], ["desc"])
  .value();

console.log(topStudents);
// Expected output:
// [ { name: 'Jane', average: 90 },
//   { name: 'Emily', average: 88 },
//   { name: 'Smith', average: 82 } ]
```

Ejemplo 7.2. Utilización de Lodash.

- **VocaJS** (https://vocajs.pages.dev). Es una biblioteca de JavaScript que proporciona métodos útiles para manipular y trabajar con cadenas de texto. Ofrece una amplia gama de funciones para manipulaciones de cadenas, como cambiar el caso, recortar, truncar, escapar y mucho más. Es similar a lo que *lodash* es para las colecciones, pero específicamente para cadenas de texto.

En el Ejemplo 7.3 se ve cómo la biblioteca crea una variable global llamada v, la cual tiene los métodos sobre los que operar con cadenas de caracteres.

```javascript
// Convertir una cadena a mayúsculas
const upperCaseString = v.upperCase("hola mundo");
console.log(upperCaseString); // Imprimirá "HOLA MUNDO"

// Capitalizar la primera letra de cada palabra
const capitalizedString = v.capitalize("hola mundo");
console.log(capitalizedString); // Imprimirá "Hola Mundo"

// Repetir una cadena
const repeatedString = v.repeat("hola ", 3);
console.log(repeatedString); // Imprimirá "hola hola hola "

// Recortar espacios en blanco de ambos lados de una cadena
const trimmedString = v.trim("   hola mundo   ");
 console.log(trimmedString); // Imprimirá "hola mundo"
```

Ejemplo 7.3. Utilización de VocaJS.

- **Chance.js** (https://chancejs.com/). Es una biblioteca de JavaScript que genera datos aleatorios de varios tipos, como números, cadenas, fechas, entre otros. Es útil para pruebas y simulaciones donde se requieren datos aleatorios.

```javascript
// Generar un número entero aleatorio entre 1 y 100
const randomInteger = chance.integer({ min: 1, max: 100 });
console.log(randomInteger);

// Generar una cadena aleatoria de 5 caracteres
const randomString = chance.string({ length: 5 });
console.log(randomString);

// Generar una fecha aleatoria entre dos fechas específicas
const startDate = new Date(2020, 0, 1); // 1 de enero de 2020
```

```
const endDate = new Date(2022, 11, 31); // 31 de diciembre de
2022
const randomDate = chance.date({ min: startDate, max:
endDate });
console.log(randomDate);

// Generar una dirección de correo electrónico aleatoria
const randomEmail = chance.email();
console.log(randomEmail);
```

Ejemplo 7.4. Utilización de ChanceJS.

- **Numeral.js** (http://numeraljs.com/). Es una biblioteca de JavaScript que proporciona herramientas para formatear y manipular números. Es especialmente útil para formatear números como monedas, porcentajes, fechas y más.

```
const formattedCurrency = numeral(1234567.89).format("$0,0.00");
console.log(formattedCurrency); // Imprimirá "$1,234,567.89"

// Formatear un número como porcentaje
const formattedPercentage = numeral(0.123).format("0%");
console.log(formattedPercentage); // Imprimirá "12%"

// Formatear un número con separadores de miles
const formattedNumber = numeral(1000000).format("0,0");
console.log(formattedNumber); // Imprimirá "1,000,000"

// Convertir una cadena formateada de nuevo a un número
const numberFromString = numeral("$10,000.50").value();
console.log(numberFromString); // Imprimirá 10000.5
```

Ejemplo 7.5. Utilización de Numeral.js.

- **Immutable.js** (https://immutable-js.com/). Es una biblioteca de JavaScript que proporciona estructuras de datos persistentes inmutables. Estas estructuras de datos son altamente eficientes y no se pueden cambiar una vez creadas, lo que puede ayudar a mejorar la calidad y claridad del código, especialmente en aplicaciones complejas.

```
// Crear una lista inmutable
const list1 = Immutable.List.of(1, 2, 3);
console.log(list1.toArray()); // Imprimirá [1, 2, 3]

// Agregar un elemento a la lista inmutable (esto creará una
nueva lista)
const list2 = list1.push(4);
 console.log(list2.toArray()); // Imprimirá [1, 2, 3, 4]
// Crear un mapa inmutable
const map1 = Immutable.Map({ a: 1, b: 2, c: 3 });
console.log(map1.toObject()); // Imprimirá {a: 1, b: 2, c: 3}

// Cambiar un valor en el mapa inmutable (esto creará un
nuevo mapa)
const map2 = map1.set("b", 50);
console.log(map2.toObject()); // Imprimirá {a: 1, b: 50, c: 3}
```

Ejemplo 7.6. Utilización de Immutable.js.

- **List.js** (http://www.listjs.com/). Es una biblioteca de JavaScript que proporciona capacidades de búsqueda, filtrado y clasificación para listas, tablas y cualquier otra estructura en HTML. Es ligera y tiene un alto rendimiento, lo que la hace ideal para mejorar la interactividad de las listas y tablas en las páginas web sin depender de sistemas más pesados.

```
<!DOCTYPE html>
<html lang="en">
 <head>
   <meta charset="UTF-8" />
   <title>Ejemplo con List.js</title>
   <!-- Inclusión de la biblioteca usando el CDN -->
   <script src="https://cdnjs.cloudflare.com/ajax/libs/list.
js/2.3.1/list.min.js"></script>
 </head>
 <body>
   <!-- Estructura básica para la lista -->
   <div id="usersList">
     <input class="search" placeholder="Buscar..." />
     <ul class="list">
      <li>
        <h3 class="name">Juan Pérez</h3>
        <p class="age">25 años</p>
      </li>
      <li>
```

```
      <h3 class="name">Ana García</h3>
      <p class="age">30 años</p>
    </li>
    <li>
      <h3 class="name">Luis Rodríguez</h3>
      <p class="age">28 años</p>
    </li>
  </ul>
</div>

<script>
  const options = {
    valueNames: ["name", "age"],
  };
  const userList = new List("usersList", options);
</script>
</body>
</html>
```

Ejemplo 7.7. Utilización de List.js.

- **Underscore.js** (http://underscorejs.org). Es una biblioteca de JavaScript que proporciona una amplia gama de funciones útiles para trabajar con colecciones, *arrays,* funciones y objetos. Es una de las bibliotecas de utilidades más populares y ha inspirado muchas otras bibliotecas, como Lodash.

El uso básico de esta biblioteca incluye las siguientes funcionalidades:

— `_.filter(numbers, function(num) {...})`: filtra el *array* `numbers` para obtener solo los números mayores que 3.

— `_.map(numbers, function(num) {...})`: crea un nuevo *array* donde cada número del *array* `numbers` se multiplica por 2.

— `_.find(numbers, function(num) {...})`: encuentra el primer número en el *array* `numbers` que sea mayor que 4.

— `_.every(numbers, function(num) {...})`: verifica si todos los números en el *array* `numbers` son positivos.

```
// Array de números
const numbers = [1, 2, 3, 4, 5, 6];

// Filtrar números mayores que 3
```

```
const filteredNumbers = _.filter(numbers, num => num > 3);
console.log(filteredNumbers); // Imprimirá [4, 5, 6]

// Mapa para duplicar cada número
const doubledNumbers = _.map(numbers, num => num*2);
console.log(doubledNumbers); // Imprimirá [2, 4, 6, 8, 10, 12]

// Encontrar el primer número mayor que 4
const firstNumber = _.find(numbers, num => num > 4);
console.log(firstNumber); // Imprimirá 5

// Verificar si todos los números son positivos
const areAllPositive = _.every(numbers, num => num > 0);
console.log(areAllPositive); // Imprimirá true
```

Ejemplo 7.8. Utilización de Underscore.

- **date-fns** (https://date-fns.org/). Es una biblioteca moderna de manipulación de fechas en JavaScript. Proporciona una amplia gama de funciones para trabajar con fechas de manera más sencilla y eficiente. Es una alternativa popular a otras bibliotecas de fechas como Moment.js, pero con un enfoque en la inmutabilidad y la modularidad.

```
// Obtener la fecha actual
const now = new Date();
console.log("Fecha actual:", now);

// Formatear la fecha al formato 'dd/MM/yyyy'
const formattedDate = dateFns.format(now, "dd/MM/yyyy");
console.log("Fecha formateada:", formattedDate);

// Sumar 15 días a la fecha actual
const addedDays = dateFns.addDays(now, 15);
console.log("Fecha después de sumar 15 días:", addedDays);

// Restar 3 meses a la fecha actual
const subtractedMonths = dateFns.subMonths(now, 3);
console.log("Fecha después de restar 3 meses:",
subtractedMonths);

// Diferencia en días entre dos fechas
const startDate = new Date(2022, 0, 1); // 1 de enero de 2022
```

```
const differenceInDays = dateFns.differenceInDays(now,
startDate);
console.log(
  "Diferencia en días desde el 1 de enero de 2022:",
  differenceInDays);
```

Ejemplo 7.9. Utilización de date-fns.

Imágenes, gráficos y mapas

Las imágenes son fundamentales en las páginas web puesto que si son atractivas pueden atraer a clientes, o si son muy pesadas y tardan mucho en cargar la página pueden hacer que el usuario pierda el interés por nuestro sitio.

- **SVG.js** (https://svgjs.dev). Es una biblioteca de JavaScript ligera y fácil de usar para manipular y animar SVG (*Scalable Vector Graphics*). SVG es un formato de imagen basado en XML que permite la creación de gráficos vectoriales escalables, lo que significa que puedes redimensionar estos gráficos sin perder calidad.

```
// Crear un canvas SVG de 300x300 píxeles
const draw = SVG().addTo("#drawing").size(300, 300);
// Dibujar un rectángulo rojo
const rect = draw.rect(100, 100).attr({ fill: "red" });

// Dibujar un círculo azul y moverlo a la posición (150, 150)
const circle = draw.circle(50).attr({ fill: "blue" }).move(150,
150);

// Animar el círculo para moverlo a una nueva posición
circle.animate(1000).move(100, 100);
```

Ejemplo 7.10. Utilización de SVG.js.

Es muy importante suministrar a los usuarios gráficas o representaciones visuales en lugar de tablas de datos para conseguir transmitir nuestra información de un modo más ameno para ellos. En esta sección se presentan bibliotecas que ayudan a generar gráficos y trabajar con los mapas de Google.

- **Chart.js** (http://www.chartjs.org/). Chart.js es una biblioteca de JavaScript que permite la creación de gráficos interactivos y visualmente atractivos directamente en el navegador. Es fácil de usar y es compatible con una variedad de tipos de gráficos.

```html
<!DOCTYPE html>
<html lang="en">
  <head>
    <meta charset="UTF-8" />
    <title>Ejemplo con Chart.js</title>
    <!-- Inclusión de la biblioteca Chart.js usando el CDN -->
    <script src="https://cdn.jsdelivr.net/npm/chart.js"></script>
  </head>
  <body>
    <!-- Canvas donde se renderizará el gráfico -->
    <canvas id="myChart" width="400" height="200"></canvas>

    <script>
      // Datos de ejemplo para el gráfico
      const data = {
        labels: ["Enero", "Febrero", "Marzo", "Abril", "Mayo"],
        datasets: [{
          label: "Ventas",
          data: [12, 19, 3, 5, 2],
          backgroundColor: [
            "rgba(255, 99, 132, 0.2)",
            "rgba(54, 162, 235, 0.2)",
            "rgba(255, 206, 86, 0.2)",
            "rgba(75, 192, 192, 0.2)",
            "rgba(153, 102, 255, 0.2)"],
          borderColor: [
            "rgba(255, 99, 132, 1)",
            "rgba(54, 162, 235, 1)",
            "rgba(255, 206, 86, 1)",
            "rgba(75, 192, 192, 1)",
            "rgba(153, 102, 255, 1)",
          ],
          borderWidth: 1,
        },
        ],
      };
      // Configuración del gráfico
      const config = {
        type: "bar",
        data: data,
        options: {
          scales: {
            y: {
              beginAtZero: true,
            },
          },
```

```
    },
  };
  // Crear el gráfico
  const ctx = document.getElementById("myChart").
getContext("2d");
  const myChart = new Chart(ctx, config);
  </script>
 </body>
</html>
```

Ejemplo 7.11. Utilización de Chart.js.

- **GoogleChart**. (https://developers.google.com/chart/). Es la solución aportada por Google para la creación de gráficas. La estética que se obtiene es la utilizada por Google en otros proyectos.

```
<!DOCTYPE html>
<html lang="en">
 <head>
  <meta charset="UTF-8" />
  <title>Ejemplo con Google Charts</title>
  <!-- Cargar la biblioteca de Google Charts -->
  <script
    type="text/javascript"
    src="https://www.gstatic.com/charts/loader.js"></script>
  <script type="text/javascript">
    // Cargar el paquete de gráficos de barras
    google.charts.load("current", { packages: ["corechart",
"bar"] });
    google.charts.setOnLoadCallback(drawChart);
    function drawChart() {
      // Datos de ejemplo para el gráfico
      const data = google.visualization.arrayToDataTable([
        ["Mes", "Ventas"],
        ["Enero", 12],
        ["Febrero", 19],
        ["Marzo", 3],
        ["Abril", 5],
        ["Mayo", 2],
      ]);

      // Opciones para personalizar el gráfico
      const options = {
        title: "Ventas Mensuales",
```

```
    hAxis: {
      title: "Mes",          },
      vAxis: {
      title: "Ventas",
      },
    };

    // Crear y dibujar el gráfico
    const chart = new google.visualization.ColumnChart(
      document.getElementById("chart_div")
    );
    chart.draw(data, options);
    }
  </script>
 </head>
 <body>
  <!-- Div donde se renderizará el gráfico -->
  <div id="chart_div" style="width: 800px; height: 600px"></div>
 </body>
</html>
```

Ejemplo 7.12. Utilización de GoogleChart.

7.2. Operadores booleanos

La mayoría de los usuarios de Internet están familiarizados con Google, Bing y Yahoo! como principales motores de búsqueda. En muchos países, Google es el motor de búsqueda dominante. Aunque Bing y Yahoo! solían ser competidores, ahora son esencialmente el mismo motor de búsqueda debido a un acuerdo entre Microsoft y Yahoo! A lo largo de los años, han surgido y desaparecido numerosos motores de búsqueda, reflejando la evolución constante de la web.

Los operadores booleanos son herramientas esenciales en la búsqueda avanzada. Permiten a los usuarios combinar términos de búsqueda y utilizar símbolos específicos para refinar y especificar sus consultas.

7.2.1. Funcionamiento de los operadores booleanos

Los operadores booleanos, también conocidos como operadores de búsqueda, son palabras o símbolos que se emplean para establecer relaciones específicas entre los términos de una búsqueda en motores de búsqueda de Internet. Estos operadores permiten obtener resultados más precisos y relevantes. A continuación, se describen los principales operadores booleanos:

- **Término concreto**: al introducir un término o una serie de términos, el motor de búsqueda intentará encontrar coincidencias exactas con la frase o término proporcionado. Por ejemplo, al buscar "Tienda de animales", se intentará encontrar coincidencias exactas con esa frase, evitando resultados como "Tienda de música".

- **Y lógico (AND)**: el operador AND se utiliza para encontrar recursos que contengan todos los términos de búsqueda especificados. Por ejemplo, al buscar "comprar AND vender", se devolverán resultados que contengan ambos términos, "comprar" y "vender".

- **O lógico (OR)**: este operador permite buscar recursos que contengan uno de los términos especificados o ambos. Al buscar "Azúcar OR Sacarina", se devolverán resultados que contengan "Azúcar", "Sacarina" o ambos términos.

- **NO lógico (NOT)**: el operador NOT se utiliza para excluir un término específico de los resultados de búsqueda. Es necesario especificar al menos un término de búsqueda antes de usar NOT. Por ejemplo, al buscar "Sacarina NOT Azúcar", se devolverán resultados que contengan el término "Sacarina", pero que no contengan el término "Azúcar".

7.2.2. Utilización en distintos buscadores

Tal y como ya se indicó, hace unos años hubo una dura guerra (que aún sigue) por hacerse por el liderazgo en los motores de búsqueda. Hoy en día existen principalmente dos líderes: Google, por un lado, y Bing y Yahoo! fusionados, por otro lado. Los metacaracteres y búsquedas booleanas son idénticas en ambos entornos de trabajo.

Los buscadores omiten algunos caracteres y palabras como son las preposiciones "de", "al", "a", tildes, etc. Del mismo modo, los buscadores no distinguen entre mayúsculas y minúsculas. Por lo tanto, se obtienen los mismos resultados en las búsquedas "aNimal", "Animal" y "animal".

- **Patrón concreto.** Para buscar un patrón concreto, se utiliza el entrecomillado. De este modo, si se busca "Objetos en JavaScript", se buscarán las páginas que incorporen esos términos exactamente.

- **O lógico.** Para especificar el o lógico, se puede utilizar la palabra reservada "OR" o el símbolo "|". Así que buscar por Zapatos o Chanclas se formalizaría del siguiente modo "Zapatos OR Chanclas" o "Zapatos | Chanclas".

- **Y lógico.** En los buscadores no existe el Y lógico como tal sino que se puede buscar por patrones concretos introduciéndolo entre comillas dobles.

De este modo, si se quiere buscar por los términos *perros* y *gatos*, se debe realizar la búsqueda como "perros" "gatos".

- **NOT lógico.** Para excluir páginas con ciertos términos se debe utilizar el símbolo – delante del término. De este modo si se desea buscar por *perros* y que no aparezca el término *gato*, se debe realizar la siguiente búsqueda "perro –gato".

A lo largo de los años, ha habido una intensa competencia entre los motores de búsqueda para liderar el mercado. Actualmente, Google es el líder indiscutible en el ámbito de los motores de búsqueda, mientras que Bing, de Microsoft, sigue siendo un competidor relevante. Yahoo!, aunque en su momento fue un motor de búsqueda prominente, ha perdido relevancia con el tiempo. Los motores de búsqueda han evolucionado en su capacidad para interpretar y procesar consultas de los usuarios. Aunque algunos caracteres y palabras, como preposiciones y tildes, pueden ser omitidos en las búsquedas, es esencial entender cómo funcionan los operadores booleanos para obtener resultados más precisos:

- **Patrón concreto**: al usar comillas dobles, se busca una coincidencia exacta de la frase o términos especificados. Por ejemplo, al buscar "Objetos en JavaScript", se mostrarán resultados que contengan esa frase exacta.

- **O lógico (OR)**: se puede utilizar la palabra "OR" o el símbolo "|". Por ejemplo, buscar "Zapatos OR Chanclas" o "Zapatos | Chanclas" mostrará resultados que contengan cualquiera de los dos términos.

- **Y lógico**: aunque no hay un operador "AND" explícito en la mayoría de los motores de búsqueda, al introducir dos términos sin ningún operador entre ellos, generalmente se interpreta como un "AND". Por ejemplo, buscar "perros gatos" mostrará resultados que contengan ambos términos.

- **NOT lógico**: al usar el símbolo "-", se excluyen los resultados que contienen el término especificado después del símbolo. Por ejemplo, "perro -gato" mostrará resultados relacionados con perros, pero excluirá aquellos que mencionen gatos.

7.3. Técnicas de búsqueda

7.3.1. Expresiones

Las expresiones avanzadas en los motores de búsqueda permiten refinar y especificar las consultas para obtener resultados más precisos. A continuación, se describen algunos de los operadores y técnicas más utilizados:

- ~: este operador solía añadir sinónimos a la búsqueda en Google. Por ejemplo, ~cansado podría haber buscado términos como *agotado* o *fatigado*. Sin embargo, Google ya no soporta este operador.

- **Filetype**: permite filtrar los resultados por tipo de archivo. Por ejemplo, filetype:pdf mostrará solo archivos en formato PDF.

- **Near**: este operador busca palabras que estén cercanas entre sí en el texto. Aunque Google no lo implementa, otros motores de búsqueda como Bing pueden hacerlo.

- **Fields**: los motores de búsqueda pueden buscar términos en diferentes partes de una página web:

   — **Intitle**: busca el término en el título de la página.

   — **Inanchor**: busca el término en los hiperenlaces de la página.

   — **Inurl**: busca el término en la URL de la página.

   — **Intext**: busca el término solo en el contenido de la página, excluyendo otros elementos como el título o la URL.

- ..: este operador permite buscar por rangos, como fechas. Por ejemplo, Motos GP 2011..2012 buscará información relacionada con "Motos GP" entre los años 2011 y 2012.

- **Cache**: esta opción busca en la versión almacenada en caché de una página en servidores como los de Google. Es útil si la página original no está disponible.

- **Link**: muestra las páginas que contienen enlaces a la URL especificada. Por ejemplo, link:www.paraninfo.es.

- **Related**: encuentra páginas con temáticas o contenidos similares a la URL especificada.

- **Info**: combina información de caché, enlaces y páginas relacionadas para una URL dada.

7.3.2. Definiciones de búsquedas

A continuación, se describe una secuencia de pasos recomendable para realizar búsquedas más productivas:

1. **Definición del tema**: antes de iniciar cualquier búsqueda, es esencial tener claro el tema que deseas explorar. Evita temas demasiado amplios o generales; en su lugar, opta por temas específicos y directos.

2. **Brevedad y concreción**: una vez que hayas definido el tema, descríbelo de manera breve y concisa. Utiliza pocas palabras, pero asegúrate de que sean palabras clave relevantes para el tema.

3. **División en subtemas**: para obtener resultados más precisos, divide el tema principal en subtemas. Esto te permitirá encontrar información específica de manera más directa y en diferentes fuentes. Recuerda que no toda la información sobre un tema estará en un solo lugar.

4. **Consideración de la fecha de publicación**: la fecha en que se publicó una fuente puede influir en su relevancia. Por ejemplo, la información de 2016 puede no ser tan pertinente como la de 2024. Siempre verifica y considera la fecha de publicación al consultar fuentes.

5. **Uso de operadores lógicos y expresiones**: aprovecha los operadores lógicos y las expresiones que se presentaron en secciones anteriores para refinar aún más tus resultados de búsqueda. Estos operadores te ayudarán a obtener resultados más precisos y relevantes.

7.3.3. Especificaciones

Al embarcarse en una búsqueda en línea, es fundamental seguir ciertas pautas para garantizar resultados precisos y relevantes. A continuación, se presenta una guía optimizada sobre cómo llevar a cabo estas especificaciones:

- **Conceptualización del tema**: antes de sumergirte en la búsqueda, es fundamental identificar y comprender los conceptos principales del tema que estás investigando. Estos actuarán como tu brújula, guiándote hacia la información más pertinente.

- **Selección de palabras clave**: con los conceptos en mente, determina las palabras clave que están intrínsecamente ligadas a esos conceptos. Estas serán tus herramientas primarias para filtrar y refinar los resultados de búsqueda.

- **Ampliación con sinónimos**: no te restrinjas solo a un conjunto de palabras clave. Identifica y utiliza sinónimos relacionados con esas palabras. Esto no solo ampliará tu alcance, sino que también te proporcionará una visión más holística del tema.

- **Incorporación del inglés**: aunque tu búsqueda pueda estar centrada en otro idioma, considera la posibilidad de incluir términos en inglés. Dado que una gran proporción de la web está en inglés, es probable que descubras una abundancia de recursos valiosos en este idioma.

- **Variabilidad en la forma de las palabras**: al introducir tus palabras clave, asegúrate de probar tanto su forma singular como plural. Los motores de búsqueda a menudo interpretan y responden de manera diferente a estas variaciones, lo que podría llevarte a conjuntos de resultados distintos.

7.4. Técnicas de refinamiento de búsquedas

7.4.1. Utilización de separadores

El principal separador en los buscadores web es el espacio en blanco, que actúa como el operador OR. Por ejemplo, al buscar "perro gato", el buscador mostrará resultados que contengan "perro" y/o "gato". Es importante tener en cuenta que los buscadores suelen omitir ciertos caracteres que tradicionalmente han sido considerados separadores, como la coma (,) y el punto y coma (;). Si se desea especificar la búsqueda, es útil utilizar operadores lógicos o modificadores.

7.4.2. Utilización de elementos de unión

Los elementos de unión que se han explicado para realizar las búsquedas son el NOT, AND y OR. En la Figura 7.1 se muestra la representación gráfica de los resultados obtenidos tras aplicar dichos operadores sobre diferentes términos. Por ejemplo, el conjunto A es el generado como resultado de la búsqueda de un término, mientras que el B es el generado como resultado de otra búsqueda. Observe que cuando se lleva a cabo la operación OR se muestran los resultados obtenidos por los dos términos. Por otro lado, cuando se realiza la operación AND solamente se muestran los resultados que contienen los términos A y B. Finalmente, cuando se realiza una operación NOT lo que se hace es substraer los resultados del término B a los resultados obtenidos a partir del término A.

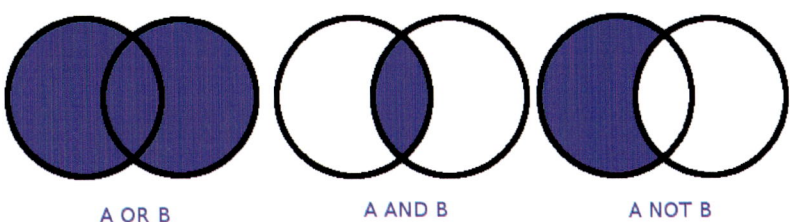

A OR B   A AND B   A NOT B

Figura 7.1. Operaciones lógicas sobre conjuntos.

7.5. Reutilización de *scripts*

7.5.1. *Scripts* gratuitos

En la Sección 7.1.4, se presentaron diversas bibliotecas de código abierto disponibles para ser reutilizadas por desarrolladores. Antes de la popularización de Git (https://git-scm.com), la forma más común de compartir *scripts* era alojarlos en servidores web para su descarga. Sin embargo, en 2005, Linus Torvalds introdujo una revolución en la gestión de código con el desarrollo de Git, una herramienta de control de versiones. Esta herramienta no solo fue diseñada para rastrear cambios en el código, sino también para facilitar la colaboración entre desarrolladores ubicados en diferentes partes del mundo.

GitHub (https://www.github.com) se ha consolidado como una plataforma líder para alojar y compartir código. Funciona como una especie de "red social" para desarrolladores, permitiendo no solo el acceso a innumerables repositorios de código, sino también la colaboración y mejora de estos proyectos. De hecho, muchas de las bibliotecas mencionadas en este capítulo tienen sus repositorios en GitHub, ofreciendo a los desarrolladores la oportunidad de descargar, usar y contribuir a su mejora.

7.5.2. Generalización de códigos

Con el avance constante de la tecnología web, la estructura y organización del código en JavaScript ha evolucionado significativamente. La introducción de módulos en ECMAScript 2015 (o ES6) marcó un hito en cómo los desarrolladores estructuran y reutilizan su código.

Módulos en JavaScript

Antes de ES6, los desarrolladores dependían principalmente de patrones de diseño, como el patrón de módulo inmediatamente invocado (IIFE), para encapsular y organizar su código.

```javascript
(function() {
   const privateVariable = "I'm a private variable";
   // Lógica del código aquí
})();
```

Ejemplo 7.13. Uso de IIFE para encapsular código.

Con ES6, el soporte nativo para módulos permite a los desarrolladores importar y exportar funciones, objetos o valores específicos de un módulo a otro, facilitando la reutilización y mantenibilidad del código.

```javascript
// archivo mathModule.js
export function sum(a, b) {
   return a + b;
}

// archivo main.js
import { sum } from './mathModule.js';
console.log(sum(2, 3));   // Salida: 5
```

Ejemplo 7.14. Uso de módulos en JavaScript.

Separación de lógica y estructura

Una práctica recomendada en el desarrollo web es mantener la lógica (JavaScript) separada de la estructura (HTML). Esto no solo mejora la legibilidad y mantenibilidad del código, sino que también permite una mayor flexibilidad al trabajar en equipos.

```javascript
<!-- index.html -->
<button id="myButton">Haz clic en mí</button>

<!-- script.js -->
document.getElementById("myButton").addEventListener("click",
function() {
   alert("Botón presionado!");
});
```

Ejemplo 7.15. Separación de lógica y estructura en JavaScript.

Inclusión de archivos externos

La incorporación de bibliotecas y *scripts* externos sigue siendo esencial en el desarrollo web moderno. Mediante el uso del elemento <script> y su atributo src, los desarrolladores pueden enlazar a archivos JavaScript externos.

```
<!-- index.html -->
<script src="https://code.jquery.com/jquery-3.6.0.min.js"></script>
<script src="script.js"></script>
```

Ejemplo 7.16. Inclusión de archivos externos.

En resumen, la generalización y modularización del código en JavaScript es esencial para crear aplicaciones web escalables, mantenibles y eficientes. Al adoptar las prácticas y características modernas del lenguaje, los desarrolladores pueden garantizar que sus proyectos estén a la vanguardia de la tecnología web.

ACTIVIDADES

7.1. Visita la página oficial de ECMAScript y navega en la última especificación del lenguaje.

7.2. Navega por la sección de aprendizaje de JavaScript en MDN. Realiza uno de los tutoriales o guías disponibles, como "JavaScript básico" o "Programación Orientada a Objetos". Comparte tu experiencia y lo que aprendiste en un foro o grupo de discusión.

7.3. Investiga sobre las últimas recomendaciones publicadas por el W3C relacionadas con tecnologías web. ¿Cómo influyen estas recomendaciones en el desarrollo actual de sitios y aplicaciones web?

7.4. Elige un tema de tu interés en W3Schools, como CSS, JavaScript o SQL. Realiza uno de los tutoriales y aplica lo aprendido en un proyecto pequeño.

7.5. Regístrate en FreeCodeCamp y establece un plan para completar uno de sus certificados.

7.6. Explora CSS-Tricks y encuentra tres técnicas o trucos de diseño que te parezcan interesantes. Aplica estas técnicas en un sitio web o proyecto personal y comparte los resultados.

7.7. Realiza las siguientes búsquedas:

- Busca documentos PDF sobre ordinogramas.

- Busca documentos Word sobre eventos de JavaScript.

- Busca documentos PDF sobre ejercicios de eventos de JavaScript que estén comprendidos entre 2023 y 2025.

- Busca documentos (cualquier tipo) en cuyo título incluya la palabra ordinograma.

- Busca documentos Word en cuyo cuerpo aparezcan las palabras ejercicios (o sinónimos) de JavaScript.

- Busca documentos (cualquier tipo) en cuyo cuerpo aparezcan la palabra ejercicios (o sinónimos) de JavaScript, no aparezca la palabra eventos y estén comprendidos entre 2020 y 2024.

- Instala y configura las siguientes bibliotecas en un proyecto web, creando un ejemplo básico de las mismas: Lodash, Underscore, vocaJS, date-fns.